传承·才俊

百年体育与中国崛起

副　主　编 ◎ 何文暹

本册主编 ◎ 刘旭辉

丛书主编 ◎ 谢　军

天津出版传媒集团

天津科学技术出版社

图书在版编目(CIP)数据

传承·才俊 / 刘旭辉主编. -- 天津：天津科学技术出版社，2023.6

(百年体育与中国崛起丛书 / 谢军主编)

ISBN 978-7-5576-9978-9

Ⅰ.①传… Ⅱ.①刘… Ⅲ.①运动员-生平事迹-中国-现代 Ⅳ.①K820.7

中国版本图书馆 CIP 数据核字(2022)第 053542 号

传承·才俊

CHUANCHENG CAIJUN

策划编辑:韩　瑞

责任编辑:陈　雁

责任印制:兰　毅

出版：天津出版传媒集团
　　　天津科学技术出版社

地址:天津市西康路 35 号

邮编:300051

电话:(022) 23332390

网址:www.tjkjcbs.com.cn

发行:新华书店经销

印刷:天津印艺通制版印刷股份有限公司

开本 787×1092　1/16　印张 14.25　字数 77 000

2023 年 6 月第 1 版第 1 次印刷

定价:168.00 元

中国体育　薪火相传
拼搏精神　永放光芒

新中国的体育事业,经历了一个从无到有、从弱到强的过程。如今的中国已成长为世界体育强国,在发展过程中,新老运动员的传承是个非常重要的纽带。

1978 年,18 岁的郎平进入中国女排队,敢打敢拼的她得到了来自孙晋芳、张蓉芳等老队员的帮助。1984 年,郎平成为国家队的副队长,又转身去帮助新队员尽快融入到团队、融入到战术体系中。

1986 年,退役后的郎平担任助理教练,协助张蓉芳获得世锦赛冠军。此后的 1994 年和 2013 年,郎平两度担任国家队主教练,前后任期达到 13 年,为中国女排发展和传承贡献了自己的力量。

中国体育是个大的团队,每个新人进入团队后,都会从老队员那里汲取营养,而当新人成长为老队员时,又会把自己学得的技能、团队的荣耀和永不放弃的精神传承给下一代新人。

2021 年举行的东京夏奥会上,参加过从 1984 年到 2004 年 6 届夏奥会的王义夫,看着冠军领奖台上的庞伟,高兴地说:"这是我的学生,他的教练林忠仔也是我的学生。"2004 年那个年轻的女枪手杜丽也已成长为一名出色的教练,她的学生张常鸿获得东京夏奥会男子 50 米步枪三姿金牌。无论是王义夫还是杜丽,以及其他项目上的优秀教练,都在无私地把中国体育几十年来积累起来的战术指导思想以及比赛经验、技巧,一代又一代传承下去。

随着技战术一起传承的还有团队的荣耀,在光荣与梦想的时代,一代代运动员获得一个又一个荣誉,集合起来是一座高山仰止的丰碑。每一支队伍的冠军墙让每一代人感到自信,也让每一代人体会到责任感,荣誉也会给对手带来震慑力,让对手从内心深处胆怯和敬畏。

传承最重要的部分是拼搏精神。永不放弃是我们的座右铭,无论是输还是赢,那旺盛的斗志永不熄灭。

刘国梁小的时候,他的父亲常给他讲世界冠军的拼搏故事,容国团的"人生能有几回搏",给幼年的刘国梁留下深刻的印象,他从小就立志长大要当世界冠军、为国争光。如今走上教练岗位的刘国梁,又把这种精神继续传递发扬下去。

在东京夏奥会,参加女子10米气步枪决赛的杨倩在最后一枪前还落后,这情形和17年前雅典夏奥会一模一样,当时的杜丽在最后一枪顶住压力、冷静扣动扳机,实现反超。这种拼搏精神如今也传递到杨倩肩头,同样是冷静的一枪,同样实现反超获得冠军。

正是这种生生不息的传递,让中国体育越来越有生机,也越来越有魅力,成为世界体育一股不可撼动、不可摧毁的力量。

一同成长的还有中国的体育迷、中国体育的支持者,他们有不变的一面,也有变的一面。

不变的是中国体育迷的拳拳爱国心,无论中国体育运动员在哪里比赛,体育迷都和他们心连心,永远支持、永远爱护。从20世纪五六十年代听比赛广播到20世纪七八十年代大家拥挤在一个黑白电视机前,再到21世纪初面对彩电独坐沙发,如今更是用各种各样的设备看网络直播,了解比赛的渠道变了,但和中国运动员同呼吸共命运的心没有变。

中国体育迷也有变的一面,祖国富强了,文化教育水平也提高了。大家开始对运动员越来越宽容,也越来越理解,不再是曾经的金牌至上论。苏炳添在男子100米决赛中获得第六名,这是历史性突破,大家很兴奋;肖若腾在男子体操个人全能比赛中获得亚军,裁判有不公正打分嫌疑,大家替肖若腾愤慨;傅园慧在游泳比赛中用尽"洪荒之力",大家为她高兴;四届跆拳道元老、妈妈选手吴静钰首轮被淘汰,大家仍报以敬意。

改变的还有大家的参与度。曾经中国体育迷一度被笑称为"沙发运动员",随着经济实力提升,越来越多人意识到健康的重要性。每年的各种马拉松赛事,报名者云集,像北京马拉松这样的热门赛事,往往参赛名额非常难得。越来越多的孩子在家长的带领下,拿起网球拍,穿上跆拳道服,站上剑道,在参与运动的同时,也从中领悟到拼搏精神、学习到礼仪。

中国体育强盛，是经济繁荣发展的结果。中国运动员在赛场上展示自我的同时，也向世界传递了中国发展的面貌。无论是在夏奥会和冬奥会，中国体育健儿以高昂的斗志、顽强的作风、精湛的技能不断挑战自我，超越自我，在取得了辉煌的成绩的同时，也在生动地讲述着赛场上的中国故事，他们勇于拼搏、永不放弃、团结奋进的体育精神，完美诠释了新时代的中国力量、中国智慧和中国精神。

他们在赛场上表现出的对规则的遵循，给予对手的尊重和友好，不仅体现了和平、友谊、进步的奥林匹克精神，更展现出了从容自信、开放大气的中国形象。赛场上的中国故事，让世人们深刻感受到日新月异的中国、欣欣向荣的中国、朝气蓬勃中国！

目　录

PART 1

第一部分

夏奥会项目

时代的精神

集体项目，因对抗性强、群众基础广泛，影响非常深远。集体项目更能体现团队协作，对每个人的团队精神也是一种考验。

在中国，以足球、篮球、排球为首的大球运动广受欢迎，而手球、棒球、橄榄球等项目仍有待发展。

排球

最受广大中国球迷关注的依然是中国女排。从 1981 年获得世界冠军开始，中国女排一直是中国体育的排头兵。

2013 年开始，郎平接手中国女排，开始了一个新的周期。郎平刚上任时，中国女排正处于低谷，在亚洲，日、韩实力不减，泰国横空出世；放眼世界，强敌林立，俄罗斯、美国、巴西等老牌球队一直实力强劲；意大利和塞尔维亚两支劲旅常常搅动世界排坛格局；而荷兰、土耳其等欧洲新贵也有非常强大的冲击力。

郎平新建国家队后，信任老将、重用新人，重新打造中国女排王者之师，2014 年世锦赛闯入决赛，2015 年世界杯 10 胜 1 负获得冠军。2016 年夏奥会，在小组赛 2 胜 3 负的不利局面下，郎平率队力挽狂澜，在淘汰赛战胜两届奥运冠军、东道主巴西女排，最终 12 年后又一次获得奥运冠军。

2019 年女排世界杯，强队云集，中国女排以 11 战全胜的战绩获得冠军，为即将到来的新中国 70 周年纪念日献上隆重的贺礼。回国以后，中国女排受到中共中央总书记、国家主席、中央军委主席习近平接见，并在新中国成立 70 周年庆典的群众巡游活动中登上"祖国万岁"花车。郎平也成为两次登上巡游花车的中国体育人士。

中国男排在20世纪七八十年代也曾经叱咤国际排坛，在1977和1981年世界杯上都获得了第五名，涌现出了一些像汪嘉伟、沈福麟这样的优秀球员。1981年男排世界杯预选赛中国队反败为胜逆转韩国队，从而进军该届世界杯，他们的精彩表现也激励了一代人。在北京，北大学子喊出了"团结起来，振兴中华"的时代最强音。应该说，中国男排在中国体育史上也曾写下过重要的一笔。

然而时至今日，由于种种原因，中国男排不但始终无法在国际赛场再现昔日的风采，在亚洲范围内也逐渐远离了第一梯队。进入21世纪，除2008年以东道主身份进军夏奥会，其他几次冲奥之旅均失之交臂。

足球

足球运动，中国开展较晚，而欧洲、南美洲都有非常成熟的培养体系。中国男足在2002年进军世界杯后，20年来仍为冲出亚洲、走向世界而努力。虽然中国足协也曾采取过多种措施，但振兴中国男足仍然任重道远。

中国女足在20世纪末曾取得过辉煌成就，进入21世纪后，中国女足进入调整期。近两届夏奥会，中国女足分别取得第8名和第10名。中国女足仍待复兴，目前中国足球采用走出去的办法，送多名女足姑娘前往欧洲踢球，在复兴的道路上迈出了可喜的一步。

篮球

中国篮球曾多次创造辉煌，中国男篮在夏奥会和世锦赛上多次闯入八强。中国女篮在夏奥会中曾取得银牌的佳绩。

新的时代有了新的变化，奥运篮球新增了三人篮球，增加对青少年的吸引力，是可喜的变化。东京夏奥会，中国男、女三人篮球进入正赛，是个新的突破，中国女子篮球队也获得东京夏奥会参赛资格。

在东京夏奥会上，由王丽丽、万济圆、张芷婷和杨舒予组成中国女子三人篮球队,虽然在半决赛不敌强大的俄罗斯女队,但在三四名决赛中 16 比 14 战胜法国队,获得铜牌创造奇迹。

中国男子篮球虽然没能进入东京夏奥会,但在新任主帅杜锋带领下,逐渐找回了昔日亚洲霸主的锐气。

中国女排:时代最强音

2019 年 10 月 1 日,庆祝中华人民共和国成立 70 周年大会隆重举行,在阅兵仪式后的花车巡游环节,郎平和中国女排全体将士登上"祖国万岁"方阵的花车,手持鲜花向全国人民致意。

这是郎平第二次亮相国庆庆典。1984 年,刚刚随中国女排夺得洛杉矶夏奥会金牌的郎平,就曾与队友们佩戴奥运金牌,站在国庆 35 周年庆典的花车上。

35 年过去了,当年风华正茂的"铁榔头"已年近花甲,又一次戴着金牌站在国庆游行的花车上,郎平的努力和坚持令人动容。

花车驶过长安街,路边的解放军战士整齐地高喊:"中国女排,世界第一!"这是全国人民对新一代女排队员的褒奖,更是向四十年间为中国女排奋斗的几代人致敬。

参加花车巡游的中国女排,此前以 11 连胜的成绩获得第 13 届女排世界杯冠军。夺冠后,她们连夜飞回祖国,并在第二天接受中共中央总书记、国家主席、中央军委主席习近平接见。在接见中,总书记给予中国女排极高评价,称她们"喊出了为中华崛起而拼搏的时代最强音"。总书记特别指出:"特别在低谷时仍有一批人默默工作、不计回报。正是因为有这么一批人,才有了中国女排今天的成绩。"

这支中国女排正是从低谷中走出的王者之师,是一批排球工作者在默默工作、不计回报,最终带领她们走出低谷。这些工作者里包括女排功勋人物、两度成为主帅的郎平。

出山

2013 年,中国女排进入里约奥运周期,但国家队迟迟没有组建。中国女排面临的困境,大家有目共睹。

在伦敦夏奥会上,中国女排在四分之一决赛中2比3惜败老对手日本队,无缘四强。在亚洲杯上,中国女排不敌泰国队。仿佛一夜之间,中国女排在亚洲被日本队、韩国队和泰国队压制,别说在夏奥会取得好成绩,连走出亚洲都成了难题。谁能带中国女排走出低谷呢?

在困局当中,大家想起了郎平。郎平1978年入选中国女排,1981年和队友一起为中国赢得第一个集体项目的世界冠军,1984年和队友一起获得洛杉矶夏奥会冠军。1986年郎平退役后,几次在中国女排陷入困境的时候,大家都会想起她。1995年,郎平正是在中国女排陷入低谷的时候,担任中国女排主帅,两年时间就将球队带进了夏奥会女排比赛的决赛。

郎平能出山吗?

郎平此时正在广州带领一支女排俱乐部。3月27日上午,她接到了排管中心的电话,邀请她再次出任中国女排主教练。郎平拒绝了。

4月1日中午,老队友张蓉芳来电,告诉郎平,1981年一起夺得世界冠军的队友陈招娣去世了。一起奋斗过的队友离世,让郎平泪流满面。

在陈招娣告别仪式上,郎平看到现场自发赶来为陈招娣送行的人群,深深体会到大家对中国女排的深厚感情。面对老队友和大家的殷切希望,郎平有了再次带领中国女排起航的愿望。

但郎平的身体此时也不允许她太过于劳累,她从颈椎到膝关节,仅清理手术就做了10次。中国女排主教练的压力之大、责任之重,她的身体能扛得住吗?

尽管困难重重,但郎平一想到自己的成就离不开中国女排这个集体的培养,如今中国女排陷入低谷,自己有责任再次带领女排崛起,再大的困难都必须克服。

2013年4月15日,郎平出现在中国女排主教练竞聘会现场,她的竞聘报告题为《传承女排精神,走出低谷,再创辉煌!》。在报告中,郎平拿出了四年计划:①用一年时间完成选材;②到2014年底在亚洲取得领先优势;③2015年力争冲出世界二流集团,争取进入或靠近第一集团;④2016年夏奥会力争突破。

这份计划,逻辑清晰,目标明确。

正式出任中国女排主教练,郎平给女排姑娘们准备了一份调查问卷,里面既有关于个人的问题,比如各自的性格特征、技术特点,也有关于球队的问题,比如国家队在里约夏奥会的奋斗目标等等。郎平希望通过这份调查问卷,先对运动员有个基础了解。在正式带队的前一个晚上,郎平仔细看着每一份问卷,从字里行间中揣摩每一位运动员的性格。

5月10日，郎平正式带队的第一天，她比通知全队的训练时间提早15分钟到达训练馆。馆里的灯已经全亮了，墙上鲜艳的五星红旗和"艰苦奋斗 刻苦训练 顽强拼搏 为国争光"的16个红底黄色大字标语格外醒目。

郎平换好训练服和球鞋，在队员们到来之前，又从包里掏出笔记本，在训练计划下面写了几句。看到队员们陆续走入，郎平像老熟人一样和每一位队员打招呼，这让队员们很吃惊。

看队员们都准备得差不多了，郎平站起身，用有力的嗓音招呼大家集合。队员们迅速按身高排成两行，新任命的队长惠若琪站在队伍最前列。郎平没有再专门进行开场白，而是直奔主题布置上午的训练安排。

从准备活动开始，郎平一直站在场边观察，看到哪个队员拉伸动作不标准、不到位，她都会走上去轻声提醒，及时纠正动作。每次新接手一个球队时，郎平都是从纠正错误动作、改掉坏习惯入手。郎平认为，如果动作是错的，那么练得越多，离目标就越远。

有球训练开始后，郎平亲自上手扣球，不停提醒着队员："防守尽量不要倒地！""努力保持身体平衡！""注意先动脚！"……

一次训练课下来，郎平的嗓子就哑了。有人建议郎平买个无线麦克风。不过郎平没同意，她觉得，一旦要分组训练时，不可能让全场都听自己一个人的声音，还是自己克服、适应一下。

尽管很快就要有比赛，但郎平在周日的时候还是给大家放了假，"还是让她们休息休息吧！"郎平觉得，讲太多效率并不会高，需要留时间给队员们消化一下。

5月13日，是女排正式组队的第四天，也是出征四国赛前的最后一次训练。年轻的二传姚迪在训练中不慎崴了脚，她坐在地上捂着脸哭起来。队医过来诊断了一下，认为没有大碍。郎平让队员把姚迪扶到场边，帮她敷上冰袋。看着姚迪脸上的泪珠，郎平摸着姚迪的头，眨了眨眼睛，幽默地说："孩子，是不是练累了想休息啊？下次你想歇着就直接跟我说，我给你放假，崴脚多疼啊。"第一次体会到郎平的幽默和乐观，姚迪一下子就放松下来。

在以后的几年时间里，郎平常常用她幽默的话语，化解了很多队员心中的疙瘩，帮她们放下包袱轻装上阵。

对于姚迪崴脚的事情，郎平并没有轻易放过。当了解到姚迪平时没有脚踝力量训练时，郎平告诉负责身体训练的助理教练，要求平时重视起来小关节力量训练，不能只靠护具。

对于马上开始的比赛，郎平在训练中结合了实战。防守训练开始前，郎平把队员们聚在一起,让队长惠若琪说一下泰国队的进攻特点。惠若琪回答后,郎平就开始布置针对性的防守训练。细节结合实战,队员们进步很快。

北仑、深圳两站精英赛,中国女排六战全胜,尤其是两胜泰国队,让许许多多热爱中国女排的人看到了希望。不过郎平恳求媒体:千万不要把中国女排称为"郎家军"。郎平表示:"中国女排,不是哪一个人的球队。女排能有今天,是所有人一起努力的结果。"

调整

比赛回来后,郎平加紧球队的训练,她不光练技术,还非常在意练队员的意志品质。

最考验人的是单人防守训练,在球队里也叫"单兵"。教练和队员通常把"单兵"和惩罚联系在一起,可见这项训练有多么不受欢迎。

因为训练中的一个失误,郎平让颜妮做一组"单兵"。作为国家队 26 岁的大龄新兵,颜妮因为放弃一个球挨罚,她感觉很委屈。

"单兵"训练开始,颜妮占据一半场地,场地另一边的教练不断把球扣向颜妮。按照规则,颜妮要在半个球场救起 20 个球,球不仅要救起,质量还要好。一开始,颜妮还能救起球,但随着难度加大、体能下降,人高马大的颜妮渐渐跑不动了,每一次竭尽全力倒地救球,地上都留下汗水。一次倒地救球,颜妮摔在地上半天没爬起来。郎平从 10 开始倒计时,如果数到 0 还没有爬起来,那就要减掉一个好球。在队友的鼓励声中,颜妮用尽力气挣扎着爬起来,去迎接下一个球。20 个好球完成后,颜妮已经走不动了,被队友搀扶着离开场地,她一面喘着气一面掉眼泪。

在场边,郎平一脸严肃,她曾多次告诉队员:"比赛场上对手绝不会跟你妥协,有些坎儿必须自己过。"

随着训练的深入,训练量也逐渐加大。郎平非常看重队员的训练态度和作风。越是队员害怕的地方,郎平追得越紧,丝毫不松懈。

白天训练结束后,晚上郎平还会约个别队员去看自己的比赛录像。和白天训练紧张、严肃不同,这时郎平非常有耐心,尽管有些队员的比赛出现较大问题,郎平仍会安慰队员,要她们相信自己,不断努力,一定会越来越好。

当 7 月份队员们再次集中训练时,二传沈静思发现她的室友换成了小她 5 岁的河南女孩朱婷。为此郎平还特意嘱咐沈静思,朱婷年纪小,刚刚入队,一定要多关心照顾她，"周末你出去玩带着她，不能把她一个人留在屋里。"

三年前，在郎平带队打女排联赛时，曾注意到河南队有一个弹跳力出众、动作协调的小姑娘，后来知道她叫朱婷。再次执教中国女排后，郎平决定把这个小姑娘调过来练一下。

尽管很多人并不知道朱婷是谁，但她已经引起国际排联的注意。

2013年春，刚满18岁的朱婷随国家青年队一起参加了瑞士女排精英赛，自认为在同年龄段是中等水平的朱婷在比赛中突然发挥非常稳定，一战成名。在此后的世界青年锦标赛上，朱婷和队友们一起八战全胜不失一局获得冠军，朱婷自己获得最佳得分手、最佳扣球手和最有价值球员三项大奖，国际排联称呼朱婷为"未来的超级巨星"。

7月23日，朱婷第一次参加训练，她默默背着包、拿着球鞋跟在沈静思后面进入训练馆。看着别人有说有笑做着准备，朱婷还很腼腆，默不作声，只有别人问到她，她才会低声回应。

在上网扣球训练时，大家都想挑战朱婷的高度。结果大姐姐们发现，在朱婷面前，不论早跳晚跳、快跳慢跳全是徒劳。自由人张娴总结："你的手始终在她下面。真的，全都是超手！"看见大姐姐们都笑出了眼泪，朱婷仍然很淡定。

一周后，中国女排出征澳门，参加世界女排大奖赛第一周的比赛。首战对阵保加利亚女排，朱婷一记重扣为中国女排拿下第一分。3比0完胜对手后，朱婷独得18分成为全场得分王，她一战锁定国家队主力位置。

朱婷的出色发挥让大家看到复兴希望，但面对媒体，郎平表示："这孩子条件很不错，但是距离成才还早着呢，现在才哪儿到哪儿，只掌握这些东西，拿到国际赛场上过不了多久就被制住了。"郎平对朱婷有着长远的规划，她认为现在离成功还差得远着呢。

世界女排大奖赛，中国女排连战连捷，澳门站、香港站、武汉站，中国女排均以全胜战绩获得第一。大奖赛分站赛结束以后，中国女排以九战全胜、分站赛第一的成绩进军总决赛。

在比赛中，郎平不断尝试各种阵容，三站比赛，全队22人有21人获得上场机会。所有队员中，只有主二传沈静思场场首发，但是没有一个人打满全部比赛。

在日本札幌进行的总决赛前，郎平问大家参赛的目标。姑娘们纷纷表示全力去拼每一场球，一定要争取最好成绩。郎平总结时表示，总决赛的对手都很强，每一场球都不好打。对于目标，郎平很现实地表示：我们不能垫底。

郎平解释："奥运冠军、世界冠军是中国女排的，但不是你们的，那些耀眼的光环是在老一辈女排身上。作为一支年轻的球队,我们要有超越前人的梦想,但是更要找到自己的位置。现阶段我们参加的每一次比赛,都不能只盯着成绩。"

总决赛的前四场比赛,中国女排接连战胜了塞尔维亚、意大利、美国和日本,最后一轮将面对同样四连胜的两届奥运冠军巴西队,谁赢谁就是最后的冠军。

自从郎平出山以来,精英赛获得六连胜,大奖赛的分站赛获得九连胜,总决赛前四场四连胜,总共获得了十九连胜。这一战绩,让队员们的心气特别高,大家都非常渴望获得一个冠军。更何况,从2008年世界女排大奖赛北仑战后,中国女排再也没能战胜过巴西女排,12连败,姑娘们需要这一场胜利,每个人都很期待。

就在大家渴望一战的时候,郎平在赛前决定让一直担任主力的惠若琪、徐云丽和朱婷休战,派一个全新的阵容出场。

雪藏主力的中国女排果然0比3不敌巴西队,最终无缘冠军。赛后,郎平对用替补阵容参赛做了解释,她表示拿大奖赛冠军不是最终目的,中国女排还有很长的路要走。

郎平的解释并没让所有人都满意,外界普遍不认可她的说法,认为应该去拼一下巴西队。

这场比赛过后不久,很多人没想到,中国女排很快就迎来又一次失利,这次失利动摇了很多人的信心,甚至有人发出"郎平下课"的声音。

阵痛

以大奖赛总决赛亚军的身份,中国女排出发前往泰国参加亚锦赛。按说亚锦赛级别并不高,但这几年泰国女排崛起,已经几次战胜中国女排,何况这次又是在主场作战,中国女排困难重重。

2013年是调整年,世界女排大奖赛可以不重视,但郎平对亚锦赛不得不重视起来,她带上球队里状态最好的12名队员,但仍感觉把握不大。郎平比较担心的是,一旦在比赛中有了压力,球员心态起变化,那球队的弱点短处就很容易暴露,在那种情况下想顶住很难。

这次比赛,郎平最担心是东道主泰国队,对手的快速多变和疯狂的主场氛围,将是对中国女排一次严峻的考验。其实在2009年亚锦赛之前,泰国女排还不是亚洲强队,中国女排从未输过对手,从来都是3比0赢得干净利落。

但在2009年越南亚锦赛上,泰国女排在半决赛爆冷战胜卫冕冠军日本队,后又以 3 比 1 战胜中国队，历史上首次赢得亚洲冠军。此后三年，中国女排多次在比赛中输给泰国队。

和中国女排同一小组的分别是伊朗队、印度队、菲律宾队，这几支队伍都不是亚洲强队，中国女排取胜不成问题。但郎平并不满意队员们在场上的状态和发挥。比赛中，郎平甚至在暂停的时候用起了激将法："你们这种臭水平打谁啊！"

让郎平更为头痛的是，尽管对手不强，但两名球员在比赛中先后受伤，让队伍变得人员不整……

小组赛结束后，中国女排以小组第一身份进入复赛，与韩国和中国台北队混编为 F 组。

在和韩国队争夺 F 组第一时，朱婷的表现让人眼前一亮，这是她第一次和当时的世界第一主攻手韩国名将金软景正面对决。朱婷打得非常主动、有气势，"她打我一个，我就打她一个！"战胜金软景领衔的韩国队，朱婷非常兴奋，但她也清醒认识到，自己的 24 分是来自于队友的全力支持。

9 月 19 日，是中国的传统节日中秋节。不过每年中秋节都是国家队的比赛期，大家都早已习惯离家在外比赛的日子。在这一天，中国女排在 1/4 决赛中战胜越南队，半决赛将遭遇泰国队。中秋之夜，郎平和队员们完全没有心思过中秋节，把时间都投入到与泰国队的赛前准备中，啃两口月饼就当过节了。

9 月 20 日是星期五，中国女排和泰国队的半决赛被安排在下午 5 点，体育馆里早已座无虚席，现场球迷震耳欲聋的锣鼓声和呐喊声快让人喘不上气来。朱婷第一次见识到这样可怕的主场阵势，她按照郎平赛前的提醒，努力让自己平静下来。

中国女排第一局 25 比 19 获胜，但随后两局，姑娘们压力越来越大，失误也明显增多，连输两局。局面对中国女排很不利。

第四局，背水一战的中国女排扳回了一局，双方来到决胜局。这时郎平和队员们的嗓音早已嘶哑，朱婷紧张得耳根发烫。队中的几位老将也非常紧张，她们几年来曾多次输给泰国女排，她们想赢，但是更怕输。

决胜局，中国女排开局就先丢 4 分，由于决胜局只比到 15 分，这 4 分差距已显得非常大。虽然中国女排打得很艰苦，但一直是被动在追分。到局末时，泰国女排已经手握两个赛点，尽管中国女排连得 2 分顽强扳成 14 平，但泰国队最终以 16 比 14 获胜，3 比 2 让中国女排前进的脚步戛然而止。

做好充分的赛前准备，带着必胜的信念，最终却输球，让女排姑娘们内心非常难受，觉得输的太窝囊。这种心情一直到第二天的三四名决赛也没能调整过来，中国女排在对阵被日本队淘汰的韩国队时，竟然在先赢两局的情况下连输三局，最终没能站上亚锦赛领奖台。这是中国女排自 1975 年以来 38 年的最差战绩。然而这个糟糕战绩居然能与郎平联系在一起，很多人大惑不解。郎平遭到了第一次信任危机，不断有人发出要求她下课的声音。

很多队员觉得对不起郎平的培养，回国都向郎平表达了歉意。主力副攻徐云丽考虑了很久，给郎平发了一条消息："郎导，对不起，我们辜负了您的期望，辜负了您为我们付出的那么多，都是我们不争气。"

郎平第一时间回复了徐云丽："既然选择回来执教，我就已经做好了困难准备，这只是我们的开始，我会竭尽全力和大家共同奋发努力，做好每一天、每一个过程。我不求回报，只希望中国女排能不断成长进步，这个时候我们要荣辱与共，一起加油，大家需要互励互勉，我自己也要自励自强。"

10 月末，郎平在全国女排范围内进行人才选拔，来了不少新生力量。最引人注意的是刚刚获得世少赛最有价值球员的副攻袁心玥调入队中。这时袁心玥还不到 17 岁，身高已达到 1.99 米。

除了海选队员以外，郎平也在选择教练班子，通过考核选定了新的助理教练。此外，郎平还从美国联系了顶级的体能师、康复师和运动创伤医生，希望他们能在 2014 年中国女排集训开始前到位。

尽管外界还有质疑声，但郎平义无反顾，只要选择复出，再多困难也不会阻挡她前进的脚步。

2014 年的中国女排，是一个生机勃勃、充满希望的队伍，既有刚刚成长的新人，也有仍想为国效力的老将，她们汇集在一起，就等待郎平出发的号角。

重建

郎平在 2014 年重新组队时，进行了大刀阔斧的变革。

联赛期间，郎平对全国的排球人才进行重新考察，最终组建了一支 27 人的大国家队。参加过伦敦夏奥会的球员，郎平只保留了 6 人，其中最引人注目的当数魏秋月。

魏秋月已两度征战夏奥会，伦敦夏奥会的失败经历，让魏秋月一心准备退役。当听到郎平出山的消息，魏秋月一下激起对胜利的渴望，她准备重新开始，拼搏 2016 年里约夏奥会。但 2013 年第一期国家队集训名单中并没有魏秋月。这消息让魏秋月非常失落，她跑到电影院里一个人看电影，一边看一边偷偷落泪。

联赛前，魏秋月鼓起勇气第一次给郎平发了一条短信，表达想为国效力的愿望,郎平则回消息予以鼓励。备受鼓舞的魏秋月在联赛中表现神奇,帮助天津队脱胎换骨。新一届的国家队集训名单,魏秋月果然找到了自己的名字。

2014年的瑞士精英赛,新的中国女排第一次亮相赛场。赛前郎平注意每一个细节。赛前适应训练时,她把助理教练安家杰、吴晓雷和两名队医叫到一起,做了细致分工,以便在正式比赛时好协助队员热身。首战对阵俄罗斯,比赛服颜色确定后,郎平不忘给两位助理教练打电话,让他们把红色比赛服拿到她房间:"我给你们熨一下,别咱们中国教练往那儿一站,衣服褶褶巴巴的。"

郎平也不忘做好新队员的思想工作,二传手丁霞第一次代表中国女排参赛,心里正焦虑。赛前郎平约她饭后去湖边散步,听到丁霞内心的想法后,郎平说:"那你放心吧,肯定打不好。"郎平表示,她很清楚大家什么水平,出来打比赛就是让大家长长见识,因此不要太把比赛成绩当回事。

比赛一开始,各国教练都发现朱婷开始接一传了。在世界排坛,只要攻手接一传,总会影响到进攻能力。对手们觉得找到了压制朱婷的办法,所有的对手发球都是在找朱婷。一传失误连连后,朱婷的攻击力也大受影响,这让朱婷很郁闷。

好在朱婷在郎平的启发下一点点调整心态,她明白想接好一传,就必须得经历这个过程,谁都替代不了,自己努力接好每一个球就行了。

最终中国女排二胜三负排名第四,姑娘们心里憋了一口气。郎平鼓励大家:"现在只能靠自己,加油练,慢慢磨出一批人。"郎平的练兵计划起到了作用,经过一系列赛事的调整,中国女排以全新面貌出现在世锦赛上。

2014年女排世锦赛,是当年最重要的赛事,也是郎平接手中国女排后的第一个世界大赛。

代表中国女排出征世锦赛的14名运动员中,只有徐云丽、魏秋月、沈静思参加过四年前的比赛,徐云丽是唯一的"三朝元老"。抵达意大利巴里市,在赛前务虚会上,魏秋月代表大家说出了力争站上领奖台的心愿,尽管每个人都知道比赛非常艰难,但大家都愿意奋力一搏。

中国女排和日本队同分一个小组,伦敦夏奥会1/4决赛失利,让中国女排遇到日本队不再那么信心满满。

比赛过程一波三折,第一局中国女排获胜,但后两局被日本女排连下两城。由于小组赛的成绩会带到复赛,中国女排已不容再失。第四局开局不久,老将徐云丽被对手一记重扣打在脸上,队医赶紧拿着冰袋入场查看。在郎平考虑换人的时候,徐云丽挣扎着站了起来,表示自己还能坚持。中国女排姑娘们被徐云丽的精神所感动,越打越顺,终于3比2力克日本队,锁定小组第一。获胜以后,队员们激动地抱在一起庆祝胜利,在困境中逆转,让姑娘们充满斗志、众志成城,这意义远超胜利本身。

进入复赛后,中国女排先后战胜同组的德国队和克罗地亚队,率先进入六强赛。复赛最后一场,中国女排对阵东道主意大利队,虽然比赛结果已无关出线,姑娘们仍很想赢下比赛。但那场比赛,场内场外干扰因素太多,最终中国女排 1 比 3 不敌意大利队,赛后,郎平因姑娘们在比赛中受到委屈而潜然落泪。

六强赛中国女排与巴西队以及多米尼加队同组。面对老对手巴西队,中国女排打得毫无还手之力,0 比 3 失利。中国女排想进四强,必须战胜多米尼加队,而且最好 3 比 0 赢,这样才能把出线的主动权抓在自己手里。

中国女排与多米尼加队的比赛打得异常艰苦,对手不仅先胜两局,而且在第三局一路领先,看到了取胜的希望。在危急关头,中国女排放手一搏,最终 3 比 2 战胜多米尼加队。然而在比赛过程中,徐云丽在拦网落地时,踩到了对手伸过来的脚,严重扭伤。

晋级四强后,中国女排半决赛的对手是意大利队。主力副攻徐云丽受伤,中国女排不得不让 17 岁的袁心玥打首发。和袁心玥一个房间的徐云丽躺在床上,给袁心玥补课,看录像、讲技术,教袁心玥如何应对场上复杂的局面,如何判断意大利二传的传球意图……袁心玥一一记在脑子里,徐云丽还不忘安慰她:"慢慢来,还有时间。"

与意大利的比赛,袁心玥超水平发挥,用她自己的话来说就是"徐云丽附体"。在前三局中国 2 比 1 领先、第四局打到 28 平时,袁心玥尖叫着一记高点快球命中拿下关键一分。接着,惠若琪拼尽全力,终于扣死赛点一球!30 比 28!中国女排 3 比 1 战胜意大利队闯入世锦赛决赛!

在决赛中,中国女排最终不敌美国队获得亚军。颁奖仪式上,姑娘们盯着对手举起的冠军奖杯,内心是深深的遗憾。

10 月 14 日,中国女排从米兰返回北京。上百位球迷自发前往机场迎接,在人群中,郎平看到一条醒目的横幅:十六年,青山在,人未老。

伤病

世锦赛获得亚军后,首先要解决的是魏秋月的伤病。魏秋月的膝关节需要手术,再拖下去,会影响她备战里约夏奥会,甚至对她的健康会有影响。

还在米兰的时候,郎平就在米兰大教堂前的广场上,对魏秋月说起去美国手术的想法。魏秋月被膝伤困扰多年但一直抵触手术,她这一次毫不犹豫,当场向郎平表示自己愿意去。

12月9日,魏秋月和妈妈在北京的大风中出现在北京首都机场,前往芝加哥进行手术。

2015年集训,中国女排又增加了不少新人。由于自由人位置不理想,郎平把有培养前途的自由人全都招进队。在训练时,手术归来的魏秋月则一个人在边上接受康复训练。

新人中最值得关注的当属还不到20岁的张常宁。这已是她第二年参加中国女排集训。张常宁出生于排球世家,父亲张友生曾代表中国男排参加过洛杉矶夏奥会,哥哥张晨是中国男排主力选手。

张常宁从小练习排球,14岁就入选沙滩排球国家队。2013年,张常宁被借调到江苏省青年排球队参加全运会比赛,赛后坚决要求去打室内排球。2014年初,张常宁被郎平调入国家队,但在漳州集训后就回去了。因为她很多动作都是打沙滩排球的习惯,需要好好纠正,只是郎平一下子拿不出足够时间盯着她。2014年亚运会,张常宁作为国家二队主力参赛,表现非常出色。2015年集训,郎平决定好好打磨一下张常宁。

然而,就在郎平花心思打磨新人的时候,徐云丽在训练时受到重伤,要离队手术,这给郎平和女排团队非常大的打击。

在一次训练中,正在进行分组对抗的徐云丽在一次进攻后倒地,疼得惨叫,声音撕心裂肺。到医院检查后,医生确诊为右膝前十字韧带断裂,需要手术。郎平立即联系身在美国的侯大夫,请他尽快到北京为徐云丽做手术。

两周后,徐云丽的膝关节消肿了,侯大夫从芝加哥上了飞机。在赖亚文陪伴下,徐云丽回北京手术。

手术前一天晚上,徐云丽收到郎平发来的消息:"一位坚强的斗士倒下了,我们都很难过,但是我们相信只要相互鼓励,坚强面对,我们一定能等到黎明到来!加油小丽!我们等你!"

随着郎平消息到来的,还有队友们发来鼓励的信息。队长惠若琪说:"相信你,棒棒地回来!"魏秋月则在祝福之后加上三个拥抱的表情,作为多年的老队员、仍在术后康复中的魏秋月最能体会徐云丽的心情。

徐云丽手术后,中国女排又进行了阵容调整,招入张晓雅顶替徐云丽的空缺。5月份,中国女排在天津亚锦赛上进行了复仇之战,先后在半决赛和决赛战胜泰国队、韩国队，获得冠军。从哪里跌倒从哪里爬起来，先后战胜上届亚锦赛失利的两个对手后，女排姑娘们信心十足，全力准备8月份在日本进行的女排世界杯。

对于女排世界杯，中国队有不一样的感情。中国女排第一次夺冠就是在1981年女排世界杯，在过去七次夺取世界冠军的历程中有三次是夺取世界杯冠军。女排世界杯还将产生奥运参赛名额，越早取得参赛资格对备战夏奥会越有利，因此中国女排做好充分的准备，势在必得。

就在临出发前，一个令人难过的消息又重创郎平和中国女排：队长惠若琪被查出有严重的心律失常。

惠若琪少年成名，早在2008年就曾入选过国家队，那时她才17岁。进入里约周期后，惠若琪被郎平任命为队长。一年多以来，惠若琪进行技术调整，这是一个非常艰难的过程，惠若琪遭遇了发展的瓶颈，这让她非常痛苦。亚锦赛夺冠后，惠若琪终于感觉到自己跨过了难关，她把目标定在了世界杯站上最高领奖台。

大赛在即，惠若琪却因为心脏问题不得不休战，她难以接受这个残酷的现实。而听到这一消息的女排姑娘们也都愣住了，没有队长的世界杯让中国女排面临前所未有的考验。

最后一堂训练课结束前郎平把大家召集在一起，强忍着内心的痛苦，向队员们做了出征前最后的动员。回到座位上后，郎平突然愣了一下，然后放下背包快步跑向储物间。助理教练们以为郎平要拿什么东西，正想帮她，却看到她满眼是泪冲了进去。几分钟后，郎平擦干眼泪走了出来，"这个时候我必须得挺住。"

8月18日，中国女排出征世界杯。徐云丽和惠若琪商量好，一起为伙伴们送行。凌晨4点，徐云丽和惠若琪已经起床在楼下等着即将出发的队友们。

当女排姑娘们一个又一个拖着行李下来，看见不能出征的两个队友，每个人内心都很复杂。同为副攻的袁心玥和杨珺菁跑过来，和徐云丽紧紧拥抱在一起。

腼腆内向的自由人林莉则偷偷绕道上了大巴，她不是不关心两人，而是怕自己控制不住情绪。林莉和惠若琪住同一个房间，惠若琪不能出征，林莉最难受。

大巴启动后，徐云丽和惠若琪一直笑着挥手，直到大巴驶出大门再也看不见。

冠军

女排世界三大赛，每一个比赛的赛制都不一样，世界杯一共12支球队参赛，采取单循环赛制,所有的球队都将交手一次。这也意味着,任何一轮都有可能是最终的冠、亚军在交手。

中国女排第一个对手就是新崛起的塞尔维亚队,她们在天才少女博斯科维奇的带领下势不可挡。

中国女排开局不利,第一局19比25输球,第二局以10比15落后,郎平手一挥,换上两员名不见经传的小将丁霞和刘晏含。这是两个陌生的球员,自信的塞尔维亚主教练特尔季奇以为中国队要放弃了。

但中国球员们显然不是这么想,丁霞上场时只有一个念头:豁出去拼了! 刘晏含也是第一次在世界大赛中登场,她一上场就进入状态。两个新人上场,锐气十足,激情燃烧着每一个在场的球员。

在张常宁的发球轮,中国女排反超比分。在局末关键分,裁判判罚朱婷扣球出界,朱婷示意教练挑战。慢镜头回放显示,球打在对方手上出界,中国女排拿到局点。此后博斯科维奇出现失误,中国女排1比1扳平比分。在此后的比赛中,中国女排越战越勇,3比1逆转塞尔维亚,获得第一场比赛的胜利。

第二个比赛日,中国女排3比0轻取阿尔及利亚队。赛后,中国女排全力准备第三场对阵美国队的比赛,这时赛场传来好消息,塞尔维亚队3比2力克美国队,其中第五局塞尔维亚15比6大胜。这个消息让女排姑娘们非常兴奋:如果中国女排能战胜美国队,甚至有望提前夺冠。

第三轮,中美两队直接对话。看到队员们有点兴奋,郎平反复提醒大家要把打美国当成普通的比赛来看,别太激动。

作为世锦赛的冠、亚军,美国队与中国队在比赛中都显得不那么淡定,但美国队依靠强攻稳住阵脚,而中国队拦网一直不能奏效。三局下来,中国队0比3,输球的同时也失去了夺冠的主动权。

精心准备的比赛就这么输了,而且被打得毫无还手之力,姑娘们都愣住了,有些年轻球员直接掉下眼泪。

在接下来的第四轮比赛,中国女排对阵韩国队,这仍是艰难的比赛。前三局,中韩两队打成2比1,第四局,朱婷在拦网的时候踩到了对方伸过来的脚,她抱着右脚的踝关节倒地。虽然疼得直掉眼泪,但朱婷很快站起来,自己一瘸一拐走向场边。在场下的朱婷活动着脚踝,一面关注场上局势,一面准备随时上场。

韩国队以14比13反超时,朱婷主动要求上场,看到这一幕,全场观众响起热烈的掌声。在朱婷带动下,中国女排最终以25比23获得第四局比赛的胜利,3比1战胜韩国队。

接下来的几场比赛，中国队的对手都不强，从郎平到队员，紧张的心可以暂时放下来了。

中国队的转机出现了，第七轮比赛，此前全胜的俄罗斯队2比3不敌塞尔维亚队，第九轮比赛，俄罗斯队又3比0战胜美国队。中国女排又把夺冠的主动权抓在了自己手里，只要在最后两轮战胜俄罗斯队、日本队，就将夺冠。

9月5日下午3点，中国女排对阵俄罗斯队。上场时，郎平挨个和每一个出场队员击掌，看到28岁的颜妮，郎平特意拍了拍她。这是颜妮第一次参加世界大赛，她在比赛前一夜做足了准备。

比赛开局后，中国女排开局很顺，8比3领先进入第一次暂停。颜妮拦网的手感尤其好，暂停回来，先后拦住了俄罗斯的几次进攻。到第一局后半段，中国女排曾以20比13大比分领先，不过就在此时，俄罗斯队奋起直追，把比分扳成23平。这时朱婷挺身而出，先是一次强攻得手获得局点；紧接着朱婷和颜妮双人拦网，死死封住俄罗斯强力接应冈察洛娃的扣球。25比23！朱婷兴奋地举着拳头，绕场半周与助教安家杰击掌庆祝。

第二局和第三局，中、俄两队各胜一局。第四局，俄罗斯一直领先，中国女排8比11时，袁心玥替换上场。18岁的袁心玥冲劲十足，一上场就表现了强烈的求胜欲望。第一次触球，袁心玥就完成一次极有杀伤力的扣球，嘴里还大喊："漂亮！"此后她连续两次发球直接得分，帮助中国女排把比分追成12平。

20平后，袁心玥再次轮到发球，落点极佳的发球打乱了俄罗斯队的布防，中国女排趁势连得5分，25比20，最终以3比1的比分战胜俄罗斯队。

离世界冠军只有一步之遥了，无论是场上还是场下，整个中国女排团队都非常兴奋，郎平和助教赖亚文也紧紧拥抱在一起。

最后一轮打日本的比赛，对中国队、塞尔维亚队和美国队都至关重要。中国队如果赢球，将获得冠军，但如果输了，不仅冠军丢了，连里约夏奥会参赛资格都无法提前拿到。

尽管日本队早已与冠军无缘，但日本球迷仍非常热情，不停喊着主力球员的名字助威。

比赛开始了，第一局中国女排25比17获胜，第二局中国女排在领先的时候被对手连追6分，最终22比25失利。看到队员们打不开，郎平在第三局落后时叫了暂停，什么战术都没布置，就是告诉大家笑一笑，别打得太拘谨、太沉重。经过一轮调整后，中国女排找回了霸气，连续打出得分高潮，追上比分并反超，25比21！

第四局，当场上比分显示为24比21时，中国女排迎来3个冠军点。郎平要求换人,把魏秋月换上场。2014年世锦赛后,魏秋月进行了手术,这段时间一直在进行艰难的康复。在世界杯比赛中,魏秋月一直没怎么上场,郎平决定在冠军到来的时刻,让魏秋月能参与进来,让她有更多的信心。被替换下场的丁霞也读懂了郎平的意思,她在换人的时候拥抱了魏秋月,对她进行鼓励。

魏秋月发球,对手顶住并通过进攻得分。24比22,中国女排还有两个冠军点,魏秋月仍在场上,两个回合下来她连续把球传给朱婷,朱婷的第二次扣球奏效了,落地得分。25比22,中国女排3比1战胜日本队,夺得阔别11年的世界冠军。

整个女排团队沸腾起来,大家跑到场地中央,一起笑着、一起抱着转圈,做每一个能想出来的庆祝动作。

这也是郎平第一次以主教练的身份获得世界冠军,面对记者的采访,她一度哽咽:"在困难之中,我的教练袁伟民给我很多鼓励。他说过:作为强者,就要面对所有困难!"

备战

为备战里约夏奥会,2016年集训开始得格外早。1月下旬,新一期国家队集训开始,在训练前,郎平告诉队员们:"世界冠军不是终点,而是全新的起点。"

和前一年相比,队中又多了一位新人,还不到19岁的江苏姑娘龚翔宇被选入队中。新的集训队一共有22人,最终只能有12人前往里约夏奥会,这对大家来说是个无形的压力。

备战夏奥会,最重要的任务就是战胜巴西队。中国女排尽管已经获得世界冠军,但还没能战胜美国队,而巴西队是夏奥会东道主,缺战世界杯。夏奥会的赛制和世界杯的单循环不同,小组赛结束进入八强,直接面临淘汰赛,想拿奖牌,美国队和巴西队都是绕不过去的坎。

突破的重点当数巴西队,从2008年开始,中国女排对巴西队18连败,里约夏奥会巴西队又是东道主,是非常难战胜的对手。

冬训的第一个月被命名为巴西月,专门练怎么打巴西女排。教练组做足了准备,每一节训练课都按巴西队的特点进行安排。

在集训队中,几名有伤在身的队员也在积极康复,以跟上球队训练的步伐。郎平把大家的努力看在眼里。

三月初的一次会上,郎平提到魏秋月和徐云丽,提到她俩手术后能一路坚持,都是一点一点熬出来的。郎平提到徐云丽在术后曾给自己发信息："郎导,别丢下我。"郎平感慨:"一位入队10年的老将,两只脚的韧带都断了,又伤了膝关节,手术康复那么艰难,还是怕掉队,她继续拼搏的愿望有多么强烈!"

说到这里,郎平声音哽咽。这句话勾起了徐云丽的辛酸往事,泪水也不自主地流下来。

队长惠若琪则走了另一条艰辛的康复之路。2015年中国女排出征世界杯之后,惠若琪就开始为心脏手术做好各种准备。她已错过世界杯,不想再错过一年后的夏奥会。

手术异常艰苦,为了找到病灶,惠若琪曾因为术中诱发的心率失常昏厥过去,又依靠电击才苏醒过来。因为全程清醒,惠若琪在特别难受的时候几次想过要放弃,最终她还是挺下来了。

中国女排获得世界冠军时,惠若琪还在医院里,她躺在病床上看直播中队友拿着她的球衣登上领奖台。"看到她们举着我的比赛服,我知道,我得努力恢复,她们还在等着我。"惠若琪说。

术后康复,惠若琪非常努力,再苦再累她都咬牙坚持,她不想错过夏奥会。但惠若琪没想到,一次新的打击仍在等待着她。

女排联赛最后阶段,惠若琪因为心律失常又去了医院,医生诊断下来,认为她还要再次做手术。这时离夏奥会开赛只有半年时间了,如果再做手术,可能夏奥会就赶不上了。想到自己手术后为重返赛场所吃的苦,一切努力可能要化为泡影,惠若琪泪流满面。回到队中,惠若琪在郎平的房间里泣不成声:"郎导,我可能坚持不下去了,可能我追求梦想的道路只能到此为止了……"

听到这个消息,郎平内心也非常难过,但却反过来安慰惠若琪,告诉她哪怕只有一丝一毫的希望,也要去全力争取,"万一奇迹发生了呢?我们的队伍还需要你!"

听到郎平的鼓励,惠若琪决定再搏一次。3月5日,在自己生日的第二天,惠若琪又一次上了手术台,这一次手术很成功。术后,惠若琪加紧康复训练,50多天后,惠若琪神奇般归队了。

5月底,惠若琪和魏秋月、龚翔宇一起参加了瑞士女排精英赛,这是郎平特意安排好的,想看看惠若琪和魏秋月恢复的情况,也想通过比赛考验一下龚翔宇的能力。在比赛中,三名球员发挥出色,最后帮助中国队获得冠军,惠若琪获得了最有价值球员的奖项。看到这一结果,郎平非常高兴,因为惠若琪已通过自己的努力找回了竞技状态。

夏奥会前的世界女排大奖赛是个练兵的赛场,郎平让每个队员都得到了上场机会。队员们心里清楚,这是最后证明自己实力的机会。在澳门站的比赛中,中国女排 3 比 0 战胜巴西队,结束了 18 连败。这给了中国女排非常大的信心。

终于该到出名单的时刻了,这是一个艰难的时候。朱婷、张常宁、袁心玥等新生代入选。刚入队 5 个月的龚翔宇也榜上有名,这让她自己也非常吃惊,顿时觉得有非常大的压力。伤愈复出的三名球员惠若琪、徐云丽和魏秋月也榜上有名,队中只有她们三人有奥运征战经验,郎平细心地安排她们在奥运村中 1 老带 3 新,每个人都分别负责照顾三个没有奥运经验的队友。

出发前,郎平表示:"最后去里约的 12 名球员,不是幸运地把队友 PK 下去了,而是肩扛全队梦想出征,这是使命,更是责任。"

里约

到巴西的里约热内卢参加夏奥会,路程着实不短,连转机时间加在一起,中国女排要飞 30 多个小时。一路艰辛到了里约之后,中国女排投入到紧张的训练中。

夏奥会女排比赛一共有 12 支球队参赛,每 6 个队为一组,小组内进行单循环比赛,小组前 4 名出线,然后进行 8 强赛,由小组第一对阵另一个小组第四,小组第二对阵另一个小组第三……依此规则交叉进行 1/4 决赛后,再进行半决赛、决赛。两个小组的第一名如果要交手,只能在决赛中相遇。

中国女排不仅要出线,还要尽量名次靠前,这样可以不和巴西队提前相遇,作为东道主,巴西很有可能以小组第一的身份出线。

巴西队主帅也认为中、巴两队不会相遇很早,因此向郎平提议和中国队打一场热身赛。双方约定,不论比赛成绩如何,双方都要打满五局。在热身赛上,中国前四局全部失利,只有第五局获胜。郎平发现,替补主攻刘晓彤在第五局上场时,巴西队表现得很不适应,因此她决意在关键时刻把刘晓彤当成奇兵使用。

中国女排小组赛第一个对手是荷兰队,这是一支欧洲新贵,冲击力非常强,但对中国女排战绩不佳。谁也没能想到,中国女排最终以 2 比 3 败北。在回奥运村的大巴上,大家沉默无声。

接连战胜意大利和波多黎各后,中国女排又遭遇了塞尔维亚队。塞尔维亚队世界杯上虽然第一轮就输给中国队,但后面比赛越打越好,取得十连胜,最终获得亚军。打塞尔维亚队，大家想过输球，但最终 0 比 3 稀里糊涂输下来，这是谁也没料到的结果，每个人都觉得心中堵得慌。但让大家更窝心的是，小组赛最后一轮荷兰 3 比 2 战胜塞尔维亚，这意味着中国女排无论与美国打出什么比分，都将是小组第四。这意味着中国女排要提前遭遇已获得另一个小组第一的巴西队。

1 比 3 输给美国队后，每个队员都阴沉着脸，郎平想着如何给大家打气。在与巴西队比赛的前一天，训练结束后，郎平留下了惠若琪、徐云丽、魏秋月三位老将和朱婷，交流第二天与巴西比赛的看法。商议结束后，郎平特意叮嘱三位老队员回房间再关心一下队友。

徐云丽觉得天色已晚，一个一个沟通时间不够了，于是她向同屋的朱婷商议，把住在一个套间的张常宁和丁霞叫到一起聊聊。

当爱吃的瓜子、零食摆在桌子上，每个人都敞开了心里话。徐云丽作为老大姐，开场白也特别坦诚，她告诉大家不要有顾虑，说话对事不对人，有什么话再不说就晚了。

心直口快的丁霞率先说了自己的看法，之后大家你一言我一语说开了，把压在胸口的大石头搬开以后，每个人都觉得压力小了很多。大家聊了很久，茶话会开到最后，大家互相勉励，表达了同舟共济、共渡难关的决心和必胜的信念。当张常宁和丁霞回房间后，朱婷和徐云丽又聊到快天亮。

比赛当天上午的训练结束后，朱婷拒绝了郎平一起散步的邀请，回到房间后，她接到了郎平的消息："朱婷，我们俩师徒一场是缘分，我的徒弟遍布世界各地，你是最令我骄傲的。大战当前，我相信你，你也要相信自己，站在场上你就是最棒的！一切困难都是考验，相信你一定能够战胜困难！加油！"看到这个消息后，朱婷躲进被子里哭了。这恰到好处的眼泪，让朱婷把心中的压力一扫而光。

2016 年 8 月 16 日晚 10 点半，中国女排与巴西女排的 1/4 决赛开赛。第一局比赛，中国队 15 比 25。第二局比赛 18 比 21 落后时，郎平安排刘晓彤上场。作为手中的奇兵，郎平此前已告诉刘晓彤，让她做好随时上场的准备。

这次换人太及时了，刘晓彤刚上场就立功了，她接到朱婷垫过来的球，巧妙平打之后，落在巴西队后区得分。这个球给刘晓彤带来极大信心，也鼓舞了队友。中国女排越打越顺，把比分扳成 23 平。在刘晓彤的发球轮，朱婷先是强攻得手，接着拦住了巴西队核心球员谢拉的进攻。25 比 23，比分变成 1 比 1。这是巴西女排在本届夏奥会丢掉的第一局。

第三局，中国女排找回了信心，进攻频频得手，而巴西队却开始走上了下坡路，不断出现失误。25 比 22，中国队反超比分。第四局末，中国女排没能乘胜追击，大比分 2 比 2。在决胜局，朱婷在中国女排 14 比 13 的赛点上，接魏秋月传球后，把球打在对方指尖上出界。

3 比 2，中国女排淘汰巴西，闯进四强！

这是起死回生的感觉，每个人都觉得刚才要爆炸的心轻松了起来。中国女排队员们拥抱在一起，有的哭有的笑。在热闹非凡的中国队员对面，则是巴西女排流着眼泪在默默收拾东西。

苦尽甘来，冲过巴西队防线的中国女排势如破竹、锐不可当。在半决赛，朱婷获得 33 分，帮中国女排 3 比 1 战胜荷兰晋级决赛。决赛是老对手塞尔维亚队，第一局，中国女排失利，但此后两局中国女排越战越勇，连下两城。第四局，中国女排率先拿到冠军点，张常宁发了一个好球，对方直接垫过网，惠若琪早有准备，起跳打了一个漂亮的探头球，落地得分。

替补席上的球员都跑了上来，惠若琪愣了一下，才明白中国女排夺冠了。历尽苦难后，中国女排终于迎来了胜利的一刻。除了奥运金牌，朱婷还获得夏奥会最有价值球员和最佳主攻两项大奖，林莉则获得最佳自由人。

看着队员们在领奖台上高兴的样子，郎平笑着说："孩子们都长大了。"

连任

里约夏奥会后，中国女排进入了东京奥运周期，郎平在大家的支持声中最终选择了连任。

2017 年，新的中国女排集训队成立，几位老将徐云丽、魏秋月和惠若琪逐渐淡出，而李盈莹、王媛媛等新人加入进来，朱婷成为新一届中国女排队长。

训练馆的墙上换上了新的标语：走下领奖台，一切从零开始。这是郎平希望中国女排学习中国乒乓球队，拿过奥运冠军后，重新出发。

第一节训练课开始前，郎平向队员们强调："中国女排拿里约奥运冠军已经是 8 个月前的事了，肯定要一切归零，重新出发，迎接东京奥运周期的各种挑战。世界排名第一也好，奥运冠军也好，都已经成为过去。从零开始，你就不是世界第一了，大家都在同一条起跑线上，但是因为你之前当过老大，其他对手都会把你当成目标去冲击你。"

2017 年的世界女排大奖赛和大冠军杯赛，锻炼着队伍中的每一个人，新人要尽快提高自己、融入团队，而老将则要适应新角色的变化。朱婷作为新任队长，在场上越来越积极主动，在领先时带动大家，在落后时为大家鼓劲，有争议主动找裁判沟通，努力执行起队长的责任。丁霞、刘晓彤等大队员也开始成为凝聚球队的核心力量。

年底的大冠军杯，中国女排在时隔16年后再次夺冠，为2017年的训练圆满收尾，2018年世锦赛的重头戏还在等着她们。

排名世界第一的中国女排，在世锦赛上的分组不佳。世锦赛的赛制比较特殊，一共有24支球队参赛，分为4个小组，每个小组6支球队，经过单循环比赛后，小组前四名出线，然后与另一个小组前四名混编进入复赛，在复赛中原来同组的球队不再比赛，而是带入小组赛成绩，经过和另一组四支球队较量后，前三名晋级六强。六强经过抽签后分为两组，每组再进行组内单循环，前两名进入半决赛。

因此中国女排想进入四强，就要在自己的半区中至少进入前三名，但这个半区强队林立，同组有欧洲新崛起的土耳其队和复苏的意大利队，同半区还有老牌劲旅俄罗斯队和近几年大赛从未战胜过的美国队。中国女排必须在五支球队中打入前三才能晋级六强。

小组赛果然并不轻松，9月30日，中国女排虽然3比0战胜了土耳其队，但朱婷一直被追发。10月4日小组赛最后一轮，中国女排1比3不敌意大利队，让意大利队获得了头名。

10月10日，中国女排在复赛中遭遇美国队，屈指数来，中国女排在世界大赛上已经12年没能战胜美国队。但没想到中国女排不仅赢了，而且赢得干净利落。

在中国女排最后一场打俄罗斯队之前，美国队已经1比3输给意大利队。这时，中国女排已确保进入六强，而美国队的命运却掌握在中国女排手中。如果中国女排输给俄罗斯队，美国队将无缘六强。

要不要放水挤掉美国队？毕竟美国队也是近些年来中国女排难以战胜的对手，挤掉美国队，对中国队更有利。郎平力排众议，表示中国女排每一场比赛都应该全力以赴，绝不会故意去输球。

最终，中国女排以3比0战胜俄罗斯队，美国队晋级六强。两个小时后抽签结果出炉，美国队再次和中国女排同组，另一个小组第一荷兰队也进入该组。

复赛再遇美国队，中国女排打得格外吃力，第一局局末朱婷发威，帮助中国女排25比22先胜一局。但美国女排那场0比3输后加紧了对中国女排的研究，接下来连胜两局，以2比1反超。

"美国队占上风了，我们必须硬往上顶，努力扛过去。"郎平提醒队员，"没关系,别着急,这球有的打,我们一定要坚持到底。"

第四局,郎平大胆变阵,一连换了两名首发球员。局末的两个制胜分都由李盈莹获得,这个第一次参加世界大赛的新生在机会面前毫不手软,帮中国女排把大比分扳成 2 比 2 平。最后的决胜局中国女排 15 比 9 获胜,3 比 2 艰难战胜美国队。

第二场比赛,中国女排 3 比 1 战胜荷兰,以六强赛小组第一身份出线,将对阵另外一个小组第二意大利队。

才两年时间,意大利队已经不是里约夏奥会上那个被中国女排 3 比 0 轻松击败的队伍了,随着强力接应埃格努的迅速成长,已经成为世界上顶尖强队之一。

与意大利队的比赛,是对两队斗志和意志力的考验,三局过后,中国 1 比 2 落后。第四局,两队在局末陷入拉锯战,你来我往一直打到 29 平。在 30 比 29 中国女排获得局点的情况下,朱婷一次原地起跳的调整攻,球压在意大利的底线上,31 比 29!中国女排把比分扳成 2 比 2 平。然而比赛是残酷的,第五局双方打到 15 平,最终意大利队 17 比 15,以 3 比 2 获得胜利。

离决赛咫尺之遥被挡在门外,每个人都很遗憾,大家沉默不语。"比赛已经结束了,再遗憾可惜都没有用了,我们回去好好总结这场球,下次,我们努力战胜她们!"郎平鼓励大家。

回到酒店,郎平对助教赖亚文和安家杰说,"得赶快带着孩子们从这场球的郁闷中走出来,铜牌战也很重要,打到今天,成绩都是我们一场一场拼来的,不能说没有希望夺冠了就没有精神了。"

在当晚的队会上,郎平给队员们做了一番非常提气的动员,"不能奏国歌了,还是要尽最大努力把国旗升起来。"郎平的话,让大家感动。是呀,虽然不能获得冠军奏国歌,但也要力争第三,赢得为祖国升国旗的机会。在会上,大家积极表态,要打好三四名决赛。

最终,中国女排 3 比 0 战胜荷兰,拼得一枚宝贵的铜牌。

争锋

2019 年,世界女排大奖赛升级为世界女排联赛。由于意大利队缺席世界杯,于是他们决定在世界女排联赛上和各强队掰掰手腕。

在第三站香港站比赛中,中国女排和意大利队相遇,意大利队派出了全部主力,中国女排则上了全奥运冠军阵容,两队14名首发,除了中国队自由人林莉外,和2018年世锦赛半决赛的阵容一模一样。

比赛一上来,中国女排就连丢两局。第三局,中国女排连续调整阵容,收到了奇效,25比23扳回一局。随着比赛深入,中国女排也找到了节奏,顶住压力连胜两局,以3比2实现了大逆转。

一个月后的世界女排联赛总决赛,意大利队携全部主力一心想复仇,然而出乎她们意料的是,中国女排派出了替补阵容。看到中国队的阵容,美国队与意大利队颇有微词。这种轻视深深伤害了中国姑娘们的自尊心。

以刘晓彤为队长的中国女排决定全力以赴,决不能让对手轻视自己。对阵意大利,第一局,中国女排就士气如虹,25比17获胜;第二局,中国女排15平后拉开了比分,25比22取得2比0的梦幻开局。在意大利队扳回一局后,中国女排仍毫不手软,在局末阶段,刘晏含连下两分,中国女排拿到赛点,最后一球王媛媛快攻下球,25比21!中国女排以3比1战胜意大利队,这成绩比一个月前全主力阵容打得还要漂亮。赛后,龚翔宇泪如雨下:"那一刻,我是想到我们这次出来比赛的这一拨人,可能我们都不是最好的,但我们是最努力的。"

2019年9月14日,中国女排开始世界杯的征程。首战,中国女排3比0轻取老对手韩国队。在上半区,中国女排打得格外顺,无论是俄罗斯还是多米尼加,中国女排都以3比0的比分获胜。

9月19日,中国女排迎来了上半区最后一个对手东道主日本队。日本媒体给出了中、日对决的资料,这是自从1970年12月12日第六届亚运会以来,两队49年间的第199次对垒。之前的198次,中国女排155胜43负,占有绝对优势。郎平本人在日本也有极高的人气,走在日本街头,常有普通球迷和她主动打招呼。

在与日本队的比赛中,中国女排打得格外顺利,尤其第二局张常宁连续8个发球,使中国女排取得23比7遥遥领先的优势。3比0后,郎平有清醒的认识,她告诉队员:"一个球打得漂亮,并不值得高兴,可能对手又防回来呢,只要球没有落地,就要集中精力。赢一局不算赢,要赢一场;赢一场不是胜利,拿下整个比赛才叫胜利!"

9月23日,中国女排迎来美国队的考验。在2018年世锦赛上,中国女排曾两次战胜美国队。到了2019年,美国女排进行大换血,首发七个人居然换了五个。在世界女排联赛,新的美国女排两度战胜中国女排。

在制定作战方案时,郎平特别在"攻坚克难"四个字下面加了着重符号,她要求每个队员发球要有使命感:"在发球的时候要想着你的队友,你的球发不出性能,你的队友要用多大的努力去拦,去防!"除了"攻坚克难",郎平还送给队员四个字:智勇双全。

比赛一开始,中国女排用高效的发球压制住了对手进攻。前两局,中国女排赢得畅快、流利。第三局,美国女排变阵,但中国女排队员们坚决贯彻教练意图,打得坚决果断,在局末,朱婷稳定发挥,帮中国女排 3 比 0 获胜。

9 月 27 日,中国女排在大阪 3 比 1 战胜了最后一个有威胁的对手荷兰女排,世界杯冠军已近在咫尺。大阪是中国女排的福地,中国女排的第一个世界冠军就是 1981 年在大阪取得的。

九连胜以后,中国女排还剩塞尔维亚队与阿根廷队两个对手,只要能在第十场战胜塞尔维亚队,就将提前一轮登顶。现场很多中国球迷手中都拿着一面五星红旗,他们期待在新中国成立 70 周年之际,能亲眼目睹中国女排获得第十个世界冠军。

在中国球迷的呐喊声中,中国女排以 3 比 0 战胜塞尔维亚队,提前一轮锁定冠军。就在现场球迷想和中国女排一起庆祝时,女排姑娘们却在简单放松后就匆匆离开。在训练房中,中国女排队员们正在按计划进行训练,因为她们还有最后一个对手阿根廷队。

最后一个比赛日,郎平又送给队员八个字:不忘初心,有始有终。最终中国女排 3 比 0 战胜阿根廷队,以十一战全胜的战绩,登上了世界杯的最高领奖台。在个人奖项中,朱婷获得最有价值球员称号,朱婷、颜妮、丁霞和王梦洁入选最佳阵容。

在领奖台上,中国女排姑娘们准备了一个特别的横幅。出征世界杯的中国女排团体成员最后在领奖台上合影留念,他们一起举着横幅高喊:祖国,祝您生日快乐!

走下领奖台,中国女排收到了中共中央总书记、国家主席、中央军委主席习近平的贺电,贺电中说:"你们在比赛中不畏强手、敢打敢拼,打出了风格、赛出了水平,充分展现了团结协作、顽强拼搏的女排精神。我向你们表示热烈的祝贺和诚挚的问候!"

10 月 1 日,中国女排姑娘们在郎平和赖亚文等教练团队的带领下,一起登上了新中国成立 70 周年庆典巡游花车,登上花车的女排队员一共有:朱婷、张常宁、刘晓彤、李盈莹、刘晏含、袁心玥、杨涵玉、王媛媛、郑益昕、颜妮、龚翔宇、曾春蕾、姚迪、丁霞、林莉、王梦洁等 16 人。

射击项目

吹响为国争光的冲锋号

从 1984 年参加洛杉矶夏奥会开始，中国射击队一直肩负起夺取第一金的重任。

自古以来，"开门红"就在传统文化中留下了强烈的烙印，如果第一仗打得顺利，后面往往会顺理成章取得好的成绩。如果第一仗打得不顺利，就会有兵败如山倒的危险。因此，第一个出征的队伍，往往也肩负着非常大的压力，在中国的奥运史上，射击队的压力最大，而其中的女子 10 米气步枪项目，往往是整个夏奥会的第一金，由此而来的压力可想而知。

在以往的 10 届夏奥会上，中国射击队 6 次获得中国代表团的首金，分别是 1984 年许海峰、2000 年陶璐娜、2004 年杜丽、2012 年易思玲、2016 年张梦雪和 2021 年杨倩(东京夏奥会虽称为 2020 年，但实际是在 2021 年举办)。其中许海峰、杜丽、易思玲、杨倩均获得了该届夏奥会的第一金。

奥运射击史的变迁

射击是最古老的奥运项目之一，在 1896 年雅典夏奥会上，射击就是正式比赛项目之一。

在中国参赛的 10 届夏奥会中，射击项目不断进行调整，无论是项目还是规则都有重大变化。

从项目上说，曾经多个中国选手的优势项目被取消，但中国选手又在新增项目上展示了实力。1984 年洛杉矶夏奥会，中国曾获得 3 金，分别是许海峰、李玉伟和吴小旋，他们当年参赛的项目均已淡出夏奥会。杨凌是1996年亚特兰大和2000年悉尼两届夏奥会男子10米移动靶冠军，他参赛的项目也早已退出奥运舞台。

东京夏奥会，射击项目虽然仍是15枚金牌，却进行了重大调整，新增设了由男、女共同参赛的三个混合项目，分别是混合团体10米气步枪、混合团体10米气手枪以及混合团体多向飞碟三个项目，其中前两项成为中国代表团新的夺金增长点。

在比赛规则上，东京夏奥会也有了重大变化。首先，所有比赛的预赛成绩不再带入决赛，所有选手在决赛中从零开始，站到同一起跑线，不再带入预赛中积累起来的优势。

其次，现行的规则要紧张、激烈得多。比赛中按照成绩逐步淘汰末尾选手，让比赛过程中悬念丛生，对选手也有了更高的要求。

由于淘汰赛阶段开始，每两枪都会有人被淘汰，因此射击比赛精彩度大幅提升，而对于每个选手来说，不能有任何闪失，中途一旦进入低谷，随时可能会被淘汰，失去后面反超的机会，因此紧张程度会更高。

中国始终是强者

无论项目怎么调整，规则怎么更改，中国射击队始终是世界强队。

在参赛的10届夏奥会中，中国选手一共获得26金。中国奥运第一金来自许海峰，中国女选手第一金来自吴小旋，都出自射击队。

在10届夏奥会中，除了汉城夏奥会没有获得金牌，2016年里约夏奥会获得1金外，在其余的每届夏奥会上，均获得至少两金。北京夏奥会上，庞伟、郭文珺、陈颖、杜丽和邱健共获得5枚金牌，是射击队夺冠的最高峰。在2004年雅典夏奥会和2021年举行的东京夏奥会上，射击队均获得4金。

中国选手在步枪、手枪类赛事上优势比较明显，几乎每个项目上都有夺冠机会，即使没能摘金，往往也能站上领奖台。但射击项目偶然性非常大，靶心小不说，受外界环境的影响也非常大。中国能在东京夏奥会10个步枪、手枪类项目上获得4金，在9个项目上站上领奖台，是非常了不起的成绩。

在飞碟领域，中国选手一直在努力寻求突破。张山曾在1992年巴塞罗那夏奥会上，在男女混合参赛的双向飞碟项目上，战胜男选手夺冠，创造性别大战巾帼不让须眉的奇迹。在随后的赛事中，高娥、魏宁、魏萌等选手多次冲击奥运金牌未果，依然展示了中国选手的风采。

在东京夏奥会上，中国射击队一共获得了 4 金 1 银 6 铜的成绩，分别是：

7 月 24 日

金牌　杨倩　女子 10 米气步枪

铜牌　庞伟　男子 10 米气手枪

7 月 25 日

银牌　盛李豪　男子 10 米气步枪

铜牌　杨皓然　男子 10 米气步枪

铜牌　姜冉馨　女子 10 米气手枪

7 月 26 日

铜牌　魏萌　女子双向飞碟

7 月 27 日

金牌　姜冉馨/庞伟　混合团体 10 米气手枪

金牌　杨倩/杨皓然　混合团体 10 米气步枪

7 月 30 日

铜牌　肖嘉芮萱　女子 25 米手枪

8 月 2 日

金牌　张常鸿　男子 50 米步枪三姿

铜牌　李越宏　男子 25 米手枪速射

奥运金牌夫妻

　　女子 10 米气步枪奥运冠军杜丽和男子 10 米气手枪奥运冠军庞伟,是中国第一对夫妻奥运冠军。从 2004 年到 2021 年,这对夫妻在五届夏奥会上取得了四枚奥运金牌。

2004·杜丽

　　自从许海峰在 1984 年夺得洛杉矶夏奥会首金后,连续 4 届夏奥会,中国体育代表团都与首金无缘。在这几届夏奥会上,中国射击队甚至都拿不到中国代表团在该届赛事上的第一金。2004 年雅典夏奥会,中国射击队争夺首金的重任,落在了来自山东 22 岁的姑娘杜丽身上。

　　杜丽 1982 年 3 月 5 日出生在山东省淄博市。上初中时,杜丽因为稳定性和灵活性突出,被县体校教练选中。

　　每天下午放学后,杜丽都要到体校进行训练,星期天的话则要练上大半天。一开始,杜丽的母亲怕耽误学习,并不支持杜丽练习射击。杜丽则非常倔强,希望能圆一个儿时的梦想。原来杜丽的父亲是一名刑警,还是队里的神枪手。杜丽从小就希望能像父亲那样当一名警察,能时常摸枪。在杜丽的坚持下,母亲终于同意了。

　　两年之后,杜丽进入了淄博市体校,1997 年,杜丽在山东省一次射击比赛中获得第一名。第二年,杜丽进入了山东省射击队。

　　2001 年,杜丽代表山东省参加全运会,这是杜丽的第一次全国性比赛,她获得第 8 名。2002 年 2 月,杜丽入选国家队。

　　虽然进入国家队时是默默无闻的年轻队员,但杜丽进步神速。在 2002 年的射击世锦赛上，杜丽获得女子 10 米气步枪的团体冠军以及个人亚军，为中国射击队获得一张雅典夏奥会入场券。

2003 年，杜丽在射击世界杯克罗地亚站获得女子 10 米气步枪金牌，并以 504.9 环打破世界纪录；10 月，她在射击世界杯总决赛中获得女子 10 米气步枪个人亚军。

这样，杜丽成功入选雅典夏奥会中国代表团大名单，承担起冲击奥运首金的重任。和杜丽一起承担冲击首金重任的，还有名将赵颖慧。杜丽是个比赛型选手，越到大赛越稳定。不过临近夏奥会，重任在肩，杜丽希望能给自己减减压。

夏奥会开幕前两周，杜丽有意放下枪，跑到北京市中心逛逛街，放飞一下自我，让一直为训练绷紧的神经休息一下。她从中午一直逛到太阳下山，大包小包装满了给自己和妈妈买的几大兜衣服，心满意足地回了训练基地。

去雅典以前，夏奥会首金是杜丽唯恐避之不及的话题。平时队友开什么玩笑，杜丽都可以接受，但就是不能提夏奥会，提金牌，一提准急。对此，杜丽有自己的想法，她认为这并不是一种回避，只是缓解压力和自我调节的手段。

2004 年初的奥运封闭集训，射击队管得非常严，不允许队员私自接受采访，以免影响他们的训练状态。杜丽也严格要求自己，能不去的社会活动就尽量不去，有时连电话都不轻易接。

从 2003 年底开始，杜丽连续换了几个电话号码，除了家里和几个非常好的朋友，很少有人知道她的联系方式。杜丽希望自己能安下心来训练，免受外界的打扰。

但绝对的封闭并不能起到良好的效果，因此队里也会酌情给大家放一下假，出来调剂一下心情。

到了雅典以后，在比赛的前一天，杜丽并没有参加训练，那天晚上她睡得很香。这是杜丽练习射击多年后养成的习惯，也是教练组在北京时就定下的策略，杜丽借此放松心情、调整自己的赛前状态，毕竟睡个好觉也很重要。

2004 年 8 月 14 日上午，女子 10 米气步枪预赛开始。女子 10 米气步枪比赛分为预赛和决赛两部分，在当年的射击比赛中，选手们先要打 4 组各 10 发子弹，总成绩前 8 名进入决赛，预赛成绩也将带入决赛。决赛将再比 10 枪，总成绩最高者获得冠军。

在预赛中，杜丽和队友赵颖慧双双获得 398 环，以第二名的成绩进入决赛，预赛第一的选手是俄罗斯名将加尔金娜，成绩是 399 环。虽然落后 1 环，但射击队总教练许海峰认为，这并不是坏事，这样会减轻压力，预赛最好的人受到压力会更大。

预赛结束后半个小时,决赛开始了,杜丽位于二号靶位。决赛和预赛不同,决赛的最小单位是 0.1 环,这个差距比一根头发丝还要细。

第一枪,杜丽的状态并不理想,只有 9.4 环。然而,慢热是杜丽的特性,在 2002 年世锦赛上,杜丽就是在一开始连续射出 9 环的情况下,在最后一枪逆转获得金牌的。

此后,杜丽枪枪在 10 环以上,第 5 枪过后,杜丽已经距离加尔金娜只有 0.1 环了,电视直播的镜头对准了两个人。

然而,加尔金娜第 6 枪和第 7 枪如有神助,连续打出两个 10.8 环。杜丽则分别打出 10.1 环和 10.2 环,差距又被拉大到 1.4 环。

杜丽马上还以颜色,也打出两个 10.8 环,加尔金娜则表现不够稳定,差距又被缩小到了 0.4 环。

这时射击靶场寂静无声,只能听到射击运动员扣扳机的声音,所有人都凝神静气,等待最后一枪。杜丽也进入忘我状态,她完全无视加尔金娜的成绩,眼睛里只有自己的靶位。

杜丽举起枪,瞄准,然后扣动扳机,10.6 环!而此时加尔金娜早已完成了自己的最后一枪,她因为压力过大,仅打出 9.7 环。看到无数双手向自己挥舞,杜丽明白自己赢了。杜丽以 502.0 环的总成绩,创造了新的夏奥会纪录。

在冠军领奖台上,杜丽面带微笑戴上冠军花环,接受了国际奥委会主席罗格授予的奥运金牌。

杜丽赛后透露,她打第一枪的时候还是有点紧张的,“进入决赛靶场的时候感觉就不是很好,不像资格赛时有一种特别稳的感觉,由于太紧张,所以还是不太自信,当打完第一轮 9.4 环后,就感觉自己特别冷静了,后边几发就打得比较自然一点。特别是后几环,感觉打得特别有劲儿。”

由于 4 年后是北京夏奥会,因此许多记者都询问杜丽有没有信心坚持到北京夏奥会,杜丽满怀信心地回答:“有。”然后她又笑着回答,目前这个阶段还是最想家。

颁奖仪式后,杜丽首先想着就是给家里打一个电话,向母亲报一下平安。为了安心训练、备战奥运,杜丽已经很久没见到母亲了。8 月 19 日,杜丽回到北京,看到来接机的母亲,两人紧紧相拥。

2008·庞伟

现在的庞伟,被人称为"老庞",不过他在 2006 年获得世界冠军时,是实实在在的"小庞"。

庞伟 1986 年出生于河北省保定市。庞伟学射击的原因很简单,仅仅是父母想让他锻炼一下身体,并没有太大期望。但接触这项运动后,庞伟的手感非常好,在教练的悉心指导下,进步很快。

2000 年,14 岁的庞伟进入保定市第二重点业余体校,开始正式的射击专业训练。2002 年,庞伟获得全国青少年射击比赛冠军,并进入河北省队。三年后,庞伟进入国家队,师从奥运冠军王义夫,与谭宗亮、林忠仔等名将并肩作战。

2006 年,中国射击队进行世锦赛选拔赛。庞伟刚进国家队不久,就要参加这样的比赛,心里非常紧张,比赛都要开始了,手还有点发抖。王义夫看到这种情况,告诉庞伟,这次比赛对他来说就是见见世面、练练兵,这么小的年龄,就算是选上了也不会让他去的。最后王义夫嘱咐庞伟,让他放开打,打什么样都没关系。

听了教练这么说,庞伟心里踏实了,不再慌张,顺顺利利通过了选拔赛,拿到世锦赛参赛资格。比赛后,王义夫告诉庞伟,他选上了队里肯定会让他去的,当时那么说,就是一种稳定情绪的办法。

在萨格勒布世锦赛,庞伟首次代表中国队亮相。他不负众望,以 683.3 环的成绩获得男子 10 米气手枪金牌,并和队友谭宗亮、林忠仔合作获得团体冠军,可谓一出道就是巅峰。

在世锦赛之后两年时间里,庞伟多次参加射击世界杯分站赛比赛,但都与冠军无缘。

2008 年 3 月的夏奥会选拔赛上,庞伟险些无缘最后的夏奥会阵容。比赛中,庞伟一直处于落后位置,凭借最后一轮比赛才反超对手一分,幸运搭上了夏奥会的末班车。

对此,庞伟觉得,他越是到大赛越能出色发挥,到了北京夏奥会,当别人都开始紧张时,他反而更加兴奋。

果然如庞伟所说,他在北京夏奥会上发挥非常出色,预赛就以 586 环的成绩名列第一,确立了 2 环的优势(当时比赛预赛成绩带入决赛)。在决赛中,庞伟不断扩大领先优势,在最后一枪前,已领先第二名韩国选手4.2环,这对专业选手来说,是一个不可逆转的优势。

最终,庞伟以688.2环的成绩获得冠军,这是中国射击队在北京夏奥会上的第一块金牌。

在庞伟比赛之前,他的女友杜丽肩负着为中国队夺取北京夏奥会首金的重任,但在重压之下,杜丽最终无缘领奖台。

2008 · 杜丽

雅典夏奥会结束后,杜丽开始为新的奥运周期进行准备。2004年到2007年,她在世界杯总决赛连续四年获得冠军,体现了一个优秀运动员稳定的特质。

但进入2008年后,杜丽再一次感受到了巨大的压力。世界杯北京站,铜牌;德国站,第四名;意大利站,再次第四名。神枪手仿佛一下失去准星。

而杜丽的两个对手,加尔金娜和卡捷琳娜·埃蒙斯,2004年雅典夏奥会的银牌和铜牌得主均表现出了上佳的竞技水平。巨大的阴影笼罩着杜丽。

北京夏奥会开赛前两周,杜丽给好友发消息:"这次我有点紧张。"作为卫冕冠军,杜丽一直在咬牙坚持,内心的压力只能自己扛。

2008年8月9日,北京夏奥会正式比赛的第一天,女子10米气步枪决赛准时开赛。

在预赛中,杜丽的成绩非常出色,399环,只比埃蒙斯少一环,又一次以预赛第二名的身份晋级决赛。

杜丽的第一枪,和四年前一样不太理想,9.8环。但四年前的后9枪如有神助,而这次杜丽却无力回天,第7枪后已远远落后。10枪结束,不到500环,杜丽最终名列第5名,冠军是捷克选手卡捷琳娜·埃蒙斯。

"决赛打的感觉不是很好,可能赛前准备不够充分吧。我太想为祖国升起这面国旗了,对不起……"杜丽面对采访泪流满面,声音也哽咽了,说罢她匆匆离开,经过混合采访区的时候没有再接受采访,低着头强忍泪水回到了休息室。

射击队总教练王义夫非常理解杜丽:"13亿人的寄托,压在一个20多岁的姑娘身上,可以想象到她的压力到底有多大。"

按照赛程,庞伟的比赛紧接着杜丽的赛事进行,他专心致志完成自己比赛后,得知了杜丽的消息。庞伟非常能体会杜丽面临的压力,理解她的感受,因此他想尽办法帮杜丽渡过难关。

冲击首金失利后,杜丽全力备战自己的副项女子50米步枪三姿的比赛,谁也不愿意见。在射失金牌那天开始,杜丽感觉这几天过得非常漫长,简直比从2004年到2008年还要久远。

这几天,杜丽接到很多人鼓励的话语,庞伟也通过志愿者送上写着鼓励话语的卡片。这让杜丽非常感动,"有那么多人支持我,我告诉自己不能放弃。最难准备的还是心理这一关,能够度过这个坎儿,真的很不容易。"

8月14日,经过4天调整的杜丽回到射击场,参加女子50米步枪三姿的比赛。

射击比赛中,项目名字中的10米、50米都是指选手枪口到靶心的距离,显而易见,50米离靶远得多,也难得多,靶心也显得更小。三姿则是三种射击的姿势,分别是卧射、跪射和立射。比赛依然分预赛与决赛两部分,预赛是3种姿势每种20发子弹,决赛依然带入预赛成绩,但只比立射10枪。

虽然只是副项,但杜丽并非没有竞争力。在2008年4月,杜丽曾在世界杯北京站上战胜世界纪录保持者施福特和雅典夏奥会冠军加尔金娜。

预赛开始了,杜丽在卧射、跪射和立射中分别打出了196、199和194环的成绩,以589环的总成绩获得资格赛的第一位。

决赛中,虽然第一枪仍不理想,只有8.7环,但杜丽沉着冷静,连续几枪发挥稳定,第六枪居然打出了10.8环的高分数。由于50米离靶心距离太远,10.8环显然比10米气步枪的10.8环含金量高多了。杜丽又回到了第一,主要竞争对手则是5天前的老对手、首金获得者卡捷琳娜·埃蒙斯。

第七枪10.0环、第八枪10.1环,第九枪又是惊人的10.8环。此时还剩最后一枪,杜丽已遥遥领先。最后一枪,杜丽稳稳地端起枪,10.5环,没有给任何人留下翻盘的机会。

放下枪,杜丽转过身,面对观众也面对摄像机,深深鞠了一躬,这一刻眼里满含泪花。

2008年底,庞伟与杜丽公布恋情。2009年11月底,庞伟与杜丽步入婚姻殿堂,成为中国第一对奥运冠军夫妇。2010年8月8日上午11点28分,杜丽生下一子,这是她和庞伟爱情的结晶。

2012年伦敦夏奥会,杜丽没能参赛,庞伟获得了男子10米气手枪第4名。

2016年里约夏奥会,杜丽与庞伟双双出征,杜丽获得了女子10米气步枪比赛银牌和女子 50 米步枪三姿比赛铜牌,虽然与金牌无缘,但杜丽这次笑得特别灿烂。庞伟则在男子 10 米气手枪比赛中获得铜牌。

2021·庞伟、杜丽

2021 年举行的东京夏奥会上,庞伟和杜丽第三次双双出征,只是庞伟已变成老枪,而杜丽则转身为教练。

在 2021 年 7 月 24 日进行的男子 10 米气手枪项目中,庞伟获得了铜牌,这是庞伟在这个项目上的第三枚奖牌。庞伟四次参加男子 10 米气手枪奥运赛事,全部进入最后的决赛,获得一金两铜的成绩,表现得非常稳定。

除了男子 10 米气手枪赛事外,庞伟还参加了混合团体 10 米气手枪比赛,这是东京夏奥会新增加的项目。和庞伟搭档的是比他小 14 岁的上海选手姜冉馨,因为两个人年龄相差有点大,庞伟笑称姜冉馨为"大侄女"。

姜冉馨 12 岁时,被射击启蒙教练侯武彬选中,觉得她是一个有培养潜力的选手,天赋非常好。但一开始,姜冉馨并不喜欢射击,后来在老师的介绍之下,对射击产生了兴趣。2012 年暑假,姜冉馨开始走上靶场进行训练。

姜冉馨把 2000 年悉尼夏奥会冠军陶璐娜视为自己的偶像,她是第一个获得女子 10 米气手枪奥运金牌的中国选手。陶璐娜也非常欣赏姜冉馨的潜力,曾送给姜冉馨一个手枪模型的钥匙链作为鼓励,姜冉馨非常喜欢,把它带在了身边。

2017 年,姜冉馨入选中国射击队。别看她年轻,但在混合团体比赛中已和庞伟搭档两年。在 2019 年射击世界杯北京站的比赛中,姜冉馨/庞伟就曾收获一枚银牌。在 2021 年全国射击冠军赛上,姜冉馨与庞伟携手获得混合团体赛冠军。

混合团体赛是射击项目新增的比赛,是一个全新的赛制,决赛的赛制规则尤其特殊,与以往的射击比赛完全不同。

在资格赛第一阶段,同一组的男选手和女选手各进行 30 枪比赛,前八组选手进入第二阶段。第二阶段每两个选手各进行 20 枪比赛,前两组直接进入金牌争夺战。第三、四组争夺铜牌。

在决赛中,每发射一枪进行一次比较,环数高的组获得 2 分,环数底的组获得 0 分,打平获得 1 分。14 轮比赛后,如果战平会加枪。

在资格赛第一阶段,姜冉馨和庞伟发挥出色,以 581 环的成绩,名列第二,晋级第二阶段。在第二阶段,姜冉馨/庞伟发挥更加稳定,以 387 环的成绩位列第一,进入金牌争夺战，与俄罗斯奥委会选手(国际奥委会禁止俄罗斯选手以国家名义参加东京夏奥会，只能以俄罗斯奥委会的名义参赛)巴特萨拉什基娜和切尔努索夫争冠。

决赛前两轮，姜冉馨与庞伟各有一次失误，被对手俄罗斯奥委会选手两次获胜，0比4。在此后的比赛，中国队开始追分，在第8轮，比分被扳成8比8平。

第9轮，姜冉馨10.5环、庞伟10.4环，这成绩在气手枪比赛中非常出色，中国队总比分反超对手。第12轮比赛后，中国队以14比10拿到赛点，只要在后两轮比赛能有一轮至少战平对手，就将夺冠。

第13轮，姜冉馨10.0环，庞伟9.5环，19.5环的成绩比对手低了0.4环，14比12。随后，中国队请求暂停以平复情绪。暂停后，庞伟依然手感不佳，打出8.9环，对手再次取胜，把比分扳成14比14平。

比赛进入加赛，混合团体赛第一项赛事就如此紧张、激烈，观众也非常兴奋。

加赛一枪时，庞伟顶住了压力，10.1环，姜冉馨则是出色的10.7环，20.8环超越对手的20.3环，中国队以16比14的成绩，获得夏奥会史上第一枚射击混合团体比赛的金牌。

夺冠后，庞伟和"大侄女"姜冉馨拥抱庆祝，随后向观众席挥手致意，观众席上有人举起中国国旗挥舞回应。

庞伟比赛时，杜丽在射击场的一角给丈夫默默助威，由于接下来有自己弟子的比赛，因此杜丽没等比赛结束就起身离去。

在颁奖仪式上，姜冉馨与庞伟展示了温馨的一幕，先是姜冉馨为庞伟戴上金牌，然后庞伟又为姜冉馨戴上金牌，此后两人互赠鲜花。

庞伟赛后吐露，这是他的主意，因为疫情的关系，以前都是由国际奥委会官员颁奖，现在需要自己戴奖牌，互相为对方挂奖牌可以看成是给队友的鼓励。

对于惊心动魄的决赛，姜冉馨表示，开始时有点着急，造成0比4开局的不利局面，但好在后面稳住了。庞伟则对姜冉馨大加褒奖，认为夺冠是基于姜冉馨的发挥稳定："我队友太厉害了，俄罗斯奥委会选手也紧张了。最后一枪我还是比较积极的，知道打出这个水平有机会夺冠。"

姜冉馨表示，庞伟也发挥了积极的作用，两个人的配合与协作是非常重要的，"我不好的时候他顶上去，他不好的时候我顶上去。"

时隔13年再次在奥运赛场夺冠，庞伟感触非常深。庞伟在2016年里约夏奥会后曾进入半退役状态，在2019年初才决定复出，重新投入训练。

庞伟说，2008年第一次参加北京夏奥会时，夺冠很轻松，当时对夏奥会没什么概念,但夺冠之后就知道夏奥会是什么了。在此后的很长时间里,庞伟都感觉自己的能力驾驭不了欲望,经过4届夏奥会的拼搏,庞伟觉得自己对射击运动、对夏奥会来说都有了更深的理解,"这枚宝贵的金牌对我来说意义非凡。"

庞伟结束比赛后,杜丽的赛事还在继续,她的弟子张常鸿将参加男子50米步枪三姿的比赛。

和杜丽一样,张常鸿也来自于山东。2016年,16岁的张常鸿进入国家队。在东京夏奥会的50米步枪三姿比赛中,张常鸿以破世界纪录的成绩获得金牌。看到张常鸿夺冠,杜丽主动上前拥抱了弟子。

第一次以教练身份参加夏奥会,弟子就能站上领奖台,杜丽非常高兴,她表示当运动员的时候要学会控制自己,整个人都沉浸在比赛中,而当教练就比较轻松了,因此她看到弟子夺冠比自己夺冠时更幸福。

谈到庞伟,杜丽笑称俩人的金牌数是2比2,现在张常鸿夺冠,她要比庞伟领先一些。

五届夏奥会四块金牌,奥运冠军夫妇答卷非常完美,他们也正把从上一代选手中学到的本领传承给下一代。

首金献给建党 100 周年

在东京夏奥会,杨倩与 17 年前的杜丽一样,在最后一枪实现逆转,获得奥运首金。

大心脏

杨倩 2000 年 7 月 10 日出生于浙江省宁波市。10 岁那年,杨倩遇到体校教练虞利华来学校选射击苗子,她第一次摸到枪。

虞利华坦言,杨倩最打动他的是眼神。射击选材,专业测试虽然重要,但可以后天培养,而气质则是先天的。虞利华觉得,杨倩的眼睛是独一无二的,当自己和杨倩说话的时候,她会直视自己,不躲闪,这说明她专注、自信、有胆量。

杨倩的心理素质非常好,用体育圈常用的话来形容,这叫"有颗大心脏"。让虞利华津津乐道的是,杨倩在一次全国青少年射击锦标赛参加 50 米步枪三姿比赛的故事。那是 7 月份的大热天,在赛前训练时,虞利华遇上一名裁判,裁判告诉他:"你快去看看吧,你的一个队员睡着了。"虞利华跑到靶位一看,原来是杨倩在练习跪姿的时候竟然睡着了。

虞利华当时就认为,凭着这个心态,杨倩第二天成绩不会差,果然第二天她真的拿了个第二名。

在虞利华培养下,杨倩进步很快。2014 年 10 月,杨倩在浙江省十五运上,以399 环的成绩获得女子气步枪 40 发比赛金牌,这个成绩是世界级的,比满分只差1 环。2015 年 10 月,杨倩在全国第一届青运会上,获得女子 10 米气步枪团体亚军和个人季军。12 月底在浙江省青少年射击冠军赛中,杨倩以 208.1 环的成绩获得女子气步枪 40 发比赛项目冠军,并打破该项目的世界青年纪录。

在学业上,杨倩也非常刻苦。曾是杨倩班主任的王娇娜在接受采访时透露了一个小故事:有次考试前,一天晚上王娇娜去查寝室,因杨倩学习太投入,完全没听见王娇娜在说话。每当文化课考试,杨倩都是最刻苦的一个,抱着试卷学到很晚。

此时,虞利华萌生了送杨倩在清华边读书边练射击的想法,因为清华大学有一支射击队,成绩非常出色,在这里训练,既可以保持高水准的射击水平,又不耽误上学。

2016 年 2 月,杨倩被特招入清华射击队,进入清华附中学习,开始边读书边训练的生活。进入清华附中只是第一步,要进入清华就必须通过高考,杨倩学习、训练都不能放松。每天下午 3 点,杨倩放下书包拿起枪,训练结束后,她又要放下枪,背上书包参加晚自习。

在杨倩高三的下半学期,射击项目冬测推迟到四五月份,与高考时间非常接近。杨倩每日要兼顾训练和复习,看着身边专心复习的同学,她心里充满焦虑,幸好清华射击队的师兄师姐们会主动来辅导杨倩,分享自己的高考经验。2018 年,杨倩顺利通过高考,进入清华大学经济管理学院学习。

2019 年 3 月,杨倩入选中国射击队。8 月 12 日,杨倩在第二届青运会上,获得女子气步枪 60 发比赛冠军,这是她首个全国冠军。9 月,杨倩与队友合作,在 2019 年世界杯巴西站比赛中,获得混合团体 10 米气步枪银牌。

在此后的比赛中,杨倩多次获得全国比赛冠军,但由于新冠疫情的原因,她没能再次参加国际大赛。东京夏奥会延期,也给了杨倩更多提升自己能力的时间。

2020 年 11 月,杨倩参加了中国射击队东京夏奥会初步队伍选拔赛。初步选拔一共有三场比赛,杨倩分别获得一个冠军、一个第 3 名和一个第 5 名,以总分第一的成绩进入该项目的 8 人奥运集训队。

2021 年 2 月开始,杨倩在国内奥运选拔赛上大放异彩,在 4 次选拔赛上均获得冠军,以 295 分的积分位列第一,获得了东京夏奥会女子 10 米气步枪的参赛资格。

值得一提的是,在 2 月 6 日的第二轮选拔赛上,杨倩先是在资格赛上以 634.0 环平了队友赵若竹的资格赛世界纪录,随后在决赛中,她以 253.1 的成绩夺冠,这个成绩超过了印度选手保持的 252.9 环的世界纪录。

但不料,奥运临近时,杨倩却陷入低迷,她在 2021 年 6 月举行的全国射击锦标赛中,在女子 10 米气步枪预赛上位列第 20 名,无缘决赛。很多人不禁对她的奥运前景开始担忧。

　　杨倩教练葛宏砖回忆起来，认为那段时光非常艰苦，为了帮杨倩找回状态，大家都想了不少办法，射击队不停地完善方案，反复落实，给杨倩一个宽松环境，从运动员的角度出发，尽量减轻压力，做好保障。

　　在夏奥会前，中国射击队全体队员参观了射运中心荣誉室，观看了电影《许海峰的枪》，杨倩当即表态称，这次活动更坚定了她作为射击运动员的信念。杨倩表示，从第一天拿起步枪训练的那一刻，她心中就有了站上领奖台为国争光的梦想。

大逆转

　　2021 年 7 月 24 日 8 点 30 分，日本东京朝霞射击场上，夏奥会女子 10 米气步枪预赛开始，中国选手杨倩参赛。

　　东京夏奥会女子 10 米气步枪比赛，预赛从 40 枪提高到 60 枪，每枪最高分从 10 环提升到 10.9 环。

　　在预赛中，杨倩的比赛成绩不太理想，作为"00 后"选手，她缺少大赛参赛经验，需要时间去适应、调整。杨倩一开始曾一度跌出前十名，经过调整才慢慢回到前八。杨倩在赛后回忆，她在失误时会多给自己一些积极的心理暗示，告诉自己是可以的，让自己抛开杂念，投入动作当中去。

　　资格赛冷门迭爆，排名世界第一的印度选手埃拉维尼尔被淘汰出局，挪威选手海格以 632.9 环排名资格赛第一，杨倩以资格赛 628.7 环的成绩位列第 6 名进入决赛。

　　葛宏砖赛后表示，杨倩资格赛的成绩不理想，按照她平时的成绩，并没有完全发挥出来。葛宏砖称，杨倩参加世界大赛不多，这样的表现也算正常。葛宏砖一度认为杨倩会进不了决赛，好在她自己调整过来了。为了让杨倩减轻压力，葛宏砖在资格赛后故意没有告诉她成绩和名次，只是告诉她，进决赛了，好好打。

　　对杨倩有利的是，资格赛成绩并不带入决赛，虽然她落后第一的海格 4.2 环，但在决赛大家从 0 开始，站在同一起跑线上。

　　决赛分为两个阶段，第一个阶段是两组各 5 发子弹的比赛，第二阶段是残酷的淘汰赛，每两枪淘汰一名选手。

　　第一组前 5 发，杨倩 51.9 环，位列第 5，俄罗斯奥委会选手加拉什娜暂居第一。第二组比赛，杨倩 5 发成绩为 52.8 环，以总分 104.7 环超越加拉什娜升至首位,决赛成为杨倩与加拉什娜之间的对决。

淘汰赛阶段开始,淘汰赛每组两枪淘汰一名选手,要想进入最后金牌争夺战并夺冠,至少要打 7 组共 14 枪。在一开始的比赛中,杨倩和加拉什娜比分咬得特别紧,俩人名次交替上升。

淘汰赛第四组开始,加拉什娜取得领先位置。虽然杨倩成绩相当不错,但一直没能反超加拉什娜,到最后的金牌争夺战时,加拉什娜仍领先 0.1 环。

这时射击场上只剩下杨倩和加拉什娜两名选手,比分咬得如此紧,让大家都屏住呼吸。倒数第二枪,杨倩枪响了,10.7 环!加拉什娜也扣动了扳机,10.8 环!一枪更比一枪高,观众席一阵惊呼。差距拉大到 0.2 环。

最后一枪,两人的准备时间都很长,迟迟没有击发。杨倩屏住气,慢慢寻找最佳扣扳机的时机。加拉什娜先崩不住了,她率先击发,却只打出一个 8.9 环的成绩,这在步枪的专业选手中几乎不可想象,加拉什娜把头埋了起来。

杨倩听到观众席嘈杂起来,不太明白发生了什么,她尽量克制住自己,瞄准、击发,9.8 环的成绩不太理想,但已足够超越加拉什娜。杨倩 251.8 环的成绩超越对手 0.5 环,实现逆转,成为杜丽和易思玲之后第三个获得女子 10 米气步枪奥运冠军的中国选手,成功摘取东京夏奥会首金。

一开始,杨倩还以为自己输了,当她看到中国队开始欢呼的时候,才露出笑容,向观众致意。

由于新冠疫情的缘故,东京夏奥会的颁奖仪式,颁奖嘉宾不再把奖牌挂在运动员脖子上,而是举起放有奖牌的托盘,由运动员自己把奖牌挂在胸前。当国际奥委会主席巴赫把装有金牌的托盘递到杨倩面前时,杨倩拿起金牌挂上,随后举起双手,在头上比了一个大大的"心",口罩也挡不住后面那张春光灿烂的笑脸。

在赛后,杨倩表示夺取夏奥会首金对自己来说非常重要:"我感到非常自豪和开心。今年是建党 100 周年,这是献上的最好的礼物。"

能在最后一枪实现逆转,杨倩表示,其实自己并没有大家认为的那么冷静,虽然脸上没有表情,但心中还是挺紧张的,不过在教练指导下,对如何平复心态有自己的解决办法。杨倩赛后介绍,她在比赛中,会通过闭眼睛、深呼吸,来达到平复心情的目的。平时训练时,射击队都会有专门针对性的抗压训练,"专门给我们制造出一种紧张的氛围,让我们去达到一些要求。"杨倩说。

再出发

　　夺取首金三天之后,杨倩又一次站上射击场,她将搭档 25 岁的杨皓然冲击混合团体 10 米气步枪金牌。

　　杨皓然也是一位少年成名的射击运动员。1996 年生于河北省承德市,当时名叫杨浩然。2013 年开始,杨皓然几乎拿到了所有能拿到的冠军。很多业内人士认为他是难得一见的射击天才。

　　但在 2016 年里约夏奥会,杨皓然出人意料地在男子 10 米气步枪预赛中排名第三十一位,无缘决赛。

　　2017 年 6 月,杨皓然更改了名字,把原来的"杨浩然"改成现在的"杨皓然"。从三点水改成白字旁,杨皓然表示,自己要像一张白纸,从头再来。东京夏奥会前的队内选拔赛中, 杨皓然获得第一, 取得了夏奥会男子 10 米气步枪和混合团体 10 米气步枪两项比赛参赛资格。

　　在东京夏奥会男子 10 米气步枪比赛中,杨皓然虽然没能最终登顶,但资格赛创奥运纪录,决赛获得季军站在领奖台,已经是不俗的战绩。

　　与杨皓然相比,同样完成自己第一项比赛的杨倩在混合团体比赛前更需要平静下来。

　　获得奥运首金之后,杨倩一战成名,只要打开电视或者网络,杨倩比心的形象到处可见。对于自己接下来的比赛,杨倩有清醒的认识,她要迅速冷静下来,去面对混合团体赛的挑战。杨倩告诉自己,走下领奖台,一切就要从零开始,要保持初心,做好自己。

　　25 日和 26 日两天,杨倩都没有比赛,但她不敢有任何放松,在教练的安排下,踏踏实实进行赛前的训练。此外,射击队也为杨倩做好保护,避免来自外界的消息影响到运动员备战的心情。

　　杨倩也注重保持良好的心态,她认为,这是自己第一次参加夏奥会,没有成绩上的压力,因此对自己保持好心态非常有帮助。杨倩认为,只要能全神贯注投入到训练和比赛当中,做到心无旁骛,就一定不会差。

　　在混合团体比赛中,杨倩还戴了一个黄色的发卡,三天前夺取奥运首金时,她就带着这个发卡,现在依然戴着。杨倩希望它能为自己带来好运,这是一种积极向上的心理暗示,会让人不知不觉中平静下来。

在资格赛第一阶段,杨倩/杨皓然以总成绩 633.2 环排名第一,晋级第二阶段。在第二阶段比赛中,杨倩虽然开局不利,但很快调整,最终两人以总分 419.7 环的成绩排名预赛第一,进入金牌争夺战,将与美国选手塔克尔和科泽尼斯基争夺冠军。

混合团体 10 米气步枪的比赛采取"抢 16"的规则,即谁先获得 16 分谁夺冠。

三轮过后,杨倩/杨皓然以 4 比 2 领先。此后美国组合开始完美发挥,尽管杨倩和杨皓然每枪都在 10 环以上,但七轮过后,美国组合还是以 9 比 5 领先。

教练葛宏砖叫了暂停,他安慰杨皓然和杨倩,告诉他们,大不了获得银牌,别紧张。暂停起到了效果,此后杨倩和杨皓然成绩稳步提升,到第 13 轮已经以 15 比 11 拿到两个赛点,只要再得 1 分就将锁定胜局。第 14 轮,美国队追回两分。在第 15 轮,杨倩和杨皓然再次有上佳发挥,打出 10.4 环和 10.7 环,战胜美国选手,从而以 17 比 13 的比分获得冠军。

杨倩成为中国射击队第 6 位两金获得者,同时也是第一位在一届夏奥会上获得两金的射击运动员。杨皓然在决赛中发挥稳定,15 枪全部在 10 环以上,为自己夺得第一枚奥运金牌。

比赛结束后,杨倩和杨皓然互相碰拳庆祝。在颁奖仪式上,两人也互戴金牌,先是杨皓然给杨倩戴上,然后杨倩也同样效仿。之后两人手捧鲜花、举起金牌合影留念。

看到弟子们夺冠,葛宏砖如释重负,他连声赞叹杨倩、杨皓然组合做得太好了。

2016 年夏奥会失利时,杨皓然曾说:"奥运金牌就像路边的花一样,你走过去,采着就采着了,采不着就拉倒呗!生活,不只有夏奥会!"时隔五年,当杨皓然再被问到这句话时,他变得很腼腆,表示自己"采到这朵花"时心里挺高兴的。

能在比赛中反超,杨倩表示,自己预赛打得就不顺利,因此后面内心有点忐忑,并不踏实,暂停之后才越打越顺。杨皓然则表示,不管比分是多少,都要尽其所能,只要没输,就不会放弃。

对于夺冠,杨倩和杨皓然都表达了重任在肩、要为国争光的意愿。杨倩按捺不住内心的激动,表示为这样的荣誉感到自豪。

乒乓球项目

国球无双

从 1959 年容国团获得乒乓球世锦赛男子单打冠军以来，中国一跃成为乒乓球项目的强国。

不同历史阶段，中国乒乓球队曾受到过不同队伍的冲击，但失利之后能迅速调整，最终重回巅峰。

20 世纪 90 年代，瑞典男队在瓦尔德内尔的带领下曾获得男团三连冠，随着刘国梁、孔令辉等选手崛起，中国男队再次笑傲世乒赛。

中国女队在 1991 年世乒赛和 2010 年世乒赛两次失去女团冠军，随着队伍成长，很快夺回了冠军。

奥运规则多次改革

乒乓球进入夏奥会时间较晚，1988 年汉城（即韩国首都首尔市）夏奥会，乒乓球第一次进入夏奥会。

由于中国乒乓球队成绩一枝独秀，曾不止一次有声音称夏奥会将会取消乒乓球比赛，但因为乒乓球运动开展非常广泛，参与协会多，因此乒乓球比赛的奥运地位非常稳固。

2000 年后，乒乓球项目进行多次改革，比赛项目、比赛规则、比赛器具等方面都有变化。

1988 年夏奥会设项为男子单打、女子单打、男子双打和女子双打四项比赛。

2008 年北京夏奥会起，国际乒联把男子双打比赛和女子双打比赛调整为男子团体比赛和女子团体比赛。夏奥会团体比赛和世乒赛的团体比赛赛制有所不同，世乒赛团体比赛全部为单打比赛，而夏奥会团体比赛为4场单打与一场双打。

2021年举行的东京夏奥会，在原来的四枚金牌基础上，新增了混合双打比赛。

比赛规则也有很大变化，乒乓球每局比分从21分变成11分，每位选手连续发5球变成连续发2球，5局3胜制比赛则变为7局4胜制。这样的比赛规则让乒乓球比赛悬念更大，比赛也更精彩。同时因为比赛时间变短，也更适合于新时代的直播需要。

此外，乒乓球的直径变大、颜色由白变黄，乒乓球台由绿色改变成蓝色，也引起乒乓球技术的变化。

宝剑锋从磨砺出

金庸先生的《倚天屠龙记》中有这样一句话："武林至尊，宝刀屠龙，号令天下，莫敢不从，倚天不出，谁与争锋。"

其实体育界也是一样，如果没有纳达尔的存在，那么费德勒取得的诸多荣誉就不会像现在这样熠熠生辉。中国乒乓球男队的对手中，也有这样一位人物，他一个人对抗了中国乒乓球队20年之久，他就是被中国球迷称为"老瓦"的瑞典人瓦尔德内尔，作为一代乒坛传奇，他也成就了中国乒乓球队的传奇之路。

瓦尔德内尔1965年出生，从小就迷上了乒乓球。20世纪80年代，由郭跃华、蔡振华、谢赛克、江嘉良等组成的中国队在世界大赛中表现抢眼，具备出众的实力，因此在那个年代来中国学习乒乓球的外国孩子络绎不绝。1980年，不满15岁的瓦尔德内尔来到上海参加乒乓球夏令营，在这里的3个月，他"贪婪"地汲取着乒乓球教练给予的"养分"，不断学习中国乒乓球的长处，也在寻找自己的弱点，并加以研究。不久，瓦尔德内尔在欧锦赛上取得了不俗的战绩，已经展现出了卓越的乒乓球天赋。

20世纪80年代末90年代初，在瓦尔德内尔的带动下，瑞典乒乓球队进步神速，佩尔森、卡尔松等人也迅速崛起，瑞典男队在1989年、1991年和1993年连续3次夺得世乒赛团体冠军，在乒坛缔造了一个"瑞典王朝"。

1992年巴塞罗那夏奥会上，瓦尔德内尔在决赛中击败了法国选手盖亭，夺得金牌。这使得他也成为了首位世乒赛、世界杯、奥运会男单大满贯得主，他的运动生涯也达到了巅峰。

也就是在这样一个背景下,蔡振华执教的中国男乒,就把瓦尔德内尔当做了榜样和目标,每到大赛前,翻越这座"大山",就成为中国队的重要"课题"。为了能够战胜"老瓦",中国乒乓球队充分解放思想,不断创新,刘国梁的"直拍横打"技术也正是在此时诞生并发扬光大。

瓦尔德内尔参加了五届夏奥会,跨越16年,1988年汉城(现称首尔)夏奥会止步八强,1992年巴塞罗那夏奥会获得冠军,1996年亚特兰大夏奥会意外负于加拿大选手黄文冠,2000年悉尼夏奥会决赛负于孔令辉获得亚军,2004年雅典夏奥会负于王励勤获得第四名。

"老瓦"自1983年在第37届东京世乒赛上鏖战蔡振华开始,至2004年雅典夏奥会铜牌争夺战负于王励勤,长达21年,他始终是中国乒乓球界非常看重的"对手",也是非常尊重的朋友。作为中国乒乓球队的"磨刀石",瓦尔德内尔是集技术、球品于一身的优秀球员,他在中国球迷中始终享有极高的声誉。

中国乒乓球队独立潮头

中国乒乓球队在奥运比赛中优势非常明显。截至东京夏奥会,乒乓球项目一共产生37枚奥运金牌,中国乒乓球队获得其中的32枚,占有绝对领先优势。其余的5枚奥运金牌,韩国队获得3枚,瑞典队和日本队各获得1枚。

在九届夏奥会上,中国乒乓球队从未失去过女子单打奥运金牌,先后产生了邓亚萍、王楠、张怡宁等世界顶级选手。

中国男子单打曾在1990年前后陷入低谷,在刘国梁等球员崛起后,中国男子单打人才济济,每个时代都有数名顶尖选手,刘国梁与孔令辉双星闪耀,马琳、王皓、王励勤三强鼎立,传承了中国乒乓球队光辉传统。

中国乒乓球队是最注重传承的运动队之一,每一届夏奥会,中国乒乓球队都会安排以老带新的阵容,传承乒乓球队独步天下的技术和拼搏精神。

2004年夏奥会,21岁的王皓在老将孔令辉和王励勤的指引下出征雅典。8年后,已29岁的王皓带领24岁的马龙等人征战伦敦。在2021年东京夏奥会上,马龙把从前辈手中学习到的奥运参赛经验再给到下一代球员。

在东京夏奥会上,中国乒乓球队一共获得了 4 金 3 银的成绩,分别是:

7 月 26 日

银牌　许昕/刘诗雯　乒乓球混合双打

7 月 29 日

金牌　陈梦　乒乓球女子单打

银牌　孙颖莎　乒乓球女子单打

7 月 30 日

金牌　马龙　乒乓球男子单打

银牌　樊振东　乒乓球男子单打

8 月 5 日

金牌　陈梦/孙颖莎/王曼昱　乒乓球女子团体

8 月 6 日

金牌　马龙/许昕/樊振东　乒乓球男子团体

经历风雨方见彩虹

　　2010 年世乒赛女团决赛,丁宁第一个上场就输球,最终女团不敌新加坡队获银牌,这让丁宁饱受质疑。2012 年伦敦夏奥会,丁宁在女单决赛中,因为发球违例多次被罚分,最终泪洒赛场。但丁宁两次经历风雨后都守得彩虹开。

担当

　　丁宁的父母都曾是运动员,她的父亲曾是短道速滑选手,母亲则曾是黑龙江女篮的主力后卫。

　　1990 年,丁宁出生在黑龙江大庆市。6 岁的时候,她母亲把丁宁带到单位练习乒乓球。不过丁宁的母亲希望女儿将来打篮球,练乒乓球是为了培养她的灵活性和应变能力。

　　一开始,丁宁对乒乓球兴趣不大,但教练想了一个办法,每当她成功完成一个任务后,就奖励她一个乒乓球。这下丁宁来了兴趣,她总是成为赢得乒乓球最多的人。几个月下来,丁宁在训练班同龄的小朋友里就找不到对手了。

　　看到女儿在乒乓球领域展示出天赋,丁宁母亲也不再要求她打篮球,而是帮她想办法提高乒乓球水平。

　　7 岁的时候,丁宁进入大庆市体校。半年后,丁宁在黑龙江省少年乒乓球比赛中获得女单冠军,此后又在全国娃娃杯乒乓球比赛中得到第一名。

　　10 岁时, 丁宁被母亲带到辽宁省进行集训。当时全国的好苗子都集中到辽宁,丁宁训练一阵以后,没能留下。这时,正好北京什刹海体校也在招生,丁宁母亲得到这一消息后,立即带着丁宁赶往北京。

在什刹海体校，女队教练周树森认为丁宁冲劲十足，是个可以打造的苗子，于是决定收下这个有点爱哭的小丫头。丁宁也因此成为张怡宁的同门师妹。

刚到北京队时，丁宁遇到的都是比自己强的对手。一开始，丁宁每次比赛都会输，输球的时候就会哭，但她一边哭着一边还会拼命去打球。

一开始，丁宁在北京队的同一批选手里只能排在倒数第二位。但丁宁训练非常自觉，经常跟别人比着练。往往别人做什么，她也跟着做什么，时间上还要超过对方，生怕自己被落下。

在北京队教练万芳芳的悉心呵护之下，丁宁进步很快，在北京队的排名也一路攀升。2003年，丁宁因成绩优异，进了国家二队。

到了国家二队后，丁宁依然保持住了自己训练积极主动的品质，经常主动给自己加码练习，从来就不甘落后。

2005年，国家队进行改革，一队和二队所有人打大循环比赛，一队最后四名降入二队，二队前四名升入一队。丁宁抓住机会，进入了一队。

当时国家一队人才济济，不仅有比丁宁大一到两代的球员王楠、张怡宁，还有比自己大两岁的郭跃、李晓霞，以及比自己小一岁的刘诗雯。这一批球员，垄断了从2004年到2016年夏奥会女子比赛所有冠军，以及1999年到2019年世乒赛女单冠军。在这样实力强大的队伍中能站稳脚跟，可见丁宁付出的努力相当大。

进了一队以后，教练经常告诉丁宁，不能在比赛中掉眼泪，成人比赛和儿童比赛不一样，对手不会因为你哭泣而乱了阵脚，反而会乘胜追击。丁宁听从教练教导，渐渐开始成熟起来。

2005年全运会，15岁的丁宁成为北京女队的第三单打，跟着大姐姐张怡宁、郭焱一起冲锋陷阵。在女团半决赛对阵辽宁的比赛中，丁宁在危急时刻，出人意料地以3比0战胜比自己实力高出一大块的选手，帮助北京队晋级决赛。在决赛中，丁宁再一次战胜比自己实力强劲的对手，和张怡宁、郭焱一起捧起冠军奖杯。

2007年城运会，丁宁作为一匹"黑马"，连续战胜郭跃和李晓霞，成为女单冠军，在年轻一代球员中脱颖而出。

2007年，乒乓球队内举行"直通萨格勒布"选拔赛，丁宁表现不俗。虽然没能获得世乒赛单打比赛资格，但丁宁获得了锻炼机会，和队友搭档打混双，得到了在世界大赛上崭露头角的机会。

风雨

　　2008年北京夏奥会后，王楠退役；2009年日本横滨世乒赛后，张怡宁淡出国家队。这次国家队的更新换代，给了丁宁锋芒毕露的机会，但残酷的国际赛场也给了丁宁重重一击。

　　2009年队内的"直通横滨"选拔赛，丁宁以第一阶段第三、第二阶段冠军的成绩获得女单参赛资格，但成为夺冠热门之一的丁宁在16进8的比赛中，以1比4的成绩输给了李晓霞。比赛后，丁宁表示自己缺乏大赛经验，还需要更多的比赛促进自己成长。

　　横滨世乒赛，张怡宁最终夺冠，而和丁宁年龄相仿的郭跃、李晓霞和刘诗雯都进入了女单四强。这次挫折，让丁宁暗自伤心，但她没想到，一年后的挫折引起的反响要远大于这次比赛，对她的职业生涯影响深远。

　　2010年，世乒赛团体比赛在莫斯科举行，丁宁已经成长为中国女队主力，随队出征莫斯科。

　　出征莫斯科之前，中国女队在世乒赛女团比赛中已经八连冠。实际上，从1975年葛新爱、张立等球员获得世乒赛冠军以来，35年间，只有1991年因为朝鲜和韩国组成联队，中国女队才失利一次，其余的16届比赛全部夺冠。因此女队获得团体冠军已经成为乒乓球队的传统。

　　2010年5月30日，莫斯科世乒赛女团决赛开赛，对阵双方是中国女队和新加坡女队。中国队抽到了客队，这就意味着，作为第二单打的丁宁将第一个登场，而一旦两队战成2比2平，她又会在第5场、也就是最后一场比赛中再次披挂上阵。

　　丁宁的对手是新加坡队头号选手冯天薇，第一局比赛，丁宁开局顺利，并利用冯天薇的失误以11比8取胜；第二局，丁宁越打越顺，居然以11比3的巨大优势取胜。但第三局开始，风云突变，丁宁居然连输3局，最终以大比分2比3输掉第一场比赛。

　　随后，因队友又输掉两场比赛，丁宁没等来再次上场，中国女队已输掉团体决赛，八连冠的纪录也戛然而止。

　　世乒赛失利后，中国女队饱受质疑，丁宁也非常悔恨。此前对阵冯天薇，丁宁很少输球，这次决赛居然阴差阳错输了，她决心雪耻。

此后,丁宁在教练的指导下,细心磨炼技术,慢慢找回信心。2010年广州亚运会,丁宁与队友合作,获得女团冠军。

2011年,丁宁早早获得鹿特丹世乒赛的参赛资格。在单打比赛中,丁宁在淘汰赛又遇到了冯天薇,她这次赢得干净利落,报了莫斯科世乒赛失利的一箭之仇。进入女单决赛后,丁宁对阵队友李晓霞,上一届世乒赛她就是不敌李晓霞出局。两人之间的比赛非常胶着,前两局都曾打到10比10平未分胜负,最后丁宁以4比2的比分力克李晓霞获得冠军。

赛后,丁宁说:"我希望能成为张怡宁那样伟大的选手。这场比赛双方都有起伏,但我打得更坚决。我很坚定,一分一分地拼下来了。"

2011年11月份,丁宁的世界排名上升到第一位,并保持了22个月之久,直到2013年9月才被超越。

2012年4月1日,德国多特蒙德团体世乒赛进入尾声,中国女队又一次和新加坡女队争夺冠军。丁宁再次打头阵,对手依然是冯天薇。

第一局,丁宁和冯天薇打得异常艰苦,多次战平后,最终以14比12取得胜利。第二局,冯天薇11比8把局分扳成1比1平。随后两局,丁宁打得冯天薇毫无还手之力,11比4和11比3连下两城,以总比分3比1战胜冯天薇。

那场比赛,不仅丁宁打得特别用心,中国女队也表现出色,以3比0的比分战胜新加坡女队,重新夺回女团冠军。比赛后,中国乒乓球队领队黄飚表示,这场比赛的胜利,让丁宁在技术上和心理上都上了一个大台阶。

彩虹

2012年7月底,丁宁顶替有伤在身的郭焱,参加了伦敦夏奥会。

北京时间8月1日晚,丁宁与李晓霞会师决赛。第一局,丁宁在6比8落后时,因发球违例被裁判罚掉一分。此后,丁宁以8比11输掉第一局。

第二局比赛,丁宁在5比8落后时,再一次因发球违例被扣分。丁宁情绪受到影响,上前和裁判进行交涉。此后,丁宁虽曾连追4分,但仍以12比14失利。

第三局,丁宁11比8扳回一局。第四局,丁宁在2比5落后时,尝试改换发球方式,结果又被罚分。丁宁进行抗议,但又被连续罚了两分,2比8落后。此后丁宁泪水夺眶而出,并最终以1比4输掉比赛。领奖台上,丁宁哭过的痕迹非常明显,眼睛一直红肿。

第一部分 夏奥会项目

　　7天以后,丁宁和队友李晓霞、郭跃携手作战,在女团决赛中战胜日本队夺冠。丁宁获得了自己的第一块奥运金牌,她在赛后与李晓霞深情拥抱,也粉碎了两人不和的传言。

　　"哭不是因为输不起,是真情流露吧,赢了会哭输了也会哭,输了有时候问心无愧也会笑,也不需要去改,内心强大才是真正重要的。"团体夺冠后,丁宁回忆了自己单打失利后的心情,"输球之后,教练和周边的人让我感受到集体的温暖,让我觉得我不能够沉浸在单打的失利当中,如果因为自己的原因,而没有在团体赛做好,会很对不起大家。"

　　能在这么短的时间重新站起来,丁宁向大家展示了她阳光、执着的一面。奥运之后,她也在主动改变自己,磨砺发球技术。在此后的几年时间里,丁宁很少会因为发球问题被罚分。

　　2015年苏州世乒赛,丁宁在有伤在身的情况下,闯入女单决赛,并以4比3的总比分战胜队友刘诗雯,第二次获得世乒赛女单冠军。

　　2016年,丁宁以世界第二的排名进入里约夏奥会,她的排名和实力,当时都要比李晓霞逊色。

　　北京时间8月11日上午,丁宁与李晓霞会师女单决赛。前两局,丁宁与李晓霞各下一城,1比1战平。第三局比赛,丁宁在李晓霞两次获得局点时,两次奋力扳平,并最终以14比12扳回一局。第四局,丁宁和李晓霞依旧陷入混战,随后李晓霞手握两个局点,以11比9再次扳成平局。

　　随后两局比赛,丁宁和李晓霞依旧难解难分,3比3平,比赛进入决胜局。在决胜局中,丁宁越战越勇,10比5获得5个冠军点,最终以11比7获胜。这是异常艰苦的一场比赛,双方大战了1小时14分钟,丁宁4比3笑到最后,获得奥运女单冠军的同时,也成为大满贯得主。

　　夺冠一刹那,丁宁跪地高喊,泪水夺眶而出,走向观众席致意时,丁宁仍止不住泪水。

　　丁宁夺冠后,邓亚萍也对她的表现赞叹不已:"丁宁非常不容易,经过四年重返决赛,并且终于拿到金牌,我相信这四年她经历过很多,心理也成熟了很多!"

　　6天之后,丁宁和李晓霞、刘诗雯合作,获得团体冠军,她也获得了个人的第三枚奥运金牌。

　　8月22日,里约夏奥会正式闭幕,丁宁作为中国代表团的旗手出席了闭幕式,这是国乒选手第一次享受这一殊荣。丁宁表示,能够担任旗手是无上的荣耀,这份荣耀是属于整个中国乒乓球队。

六边形战士

作为奥运史上唯一蝉联乒乓球男单金牌的选手,马龙被誉为全球技术最全面的六边形战士。

师徒

马龙,1988年10月出生于辽宁省鞍山市。5岁的时候,他的父亲认为打乒乓球可以锻炼身体又不容易受伤,因此让他开始打乒乓球。

马龙是个听话的孩子,自觉性也非常强。当别人每次练一筐球的时候,马龙已经主动开始要求练两筐。马龙的天赋和球感都很好,教练们都认为他是难得的好苗子。练了两年球以后,马龙获得鞍山市儿童比赛的第一名。

1999年,马龙进入辽宁省体校训练,两年后,他被北京队教练选中,进入北京队。进入北京队后,马龙进步非常快,仅仅用两年的时间就打入了国家青年队。随着国家队改革,一队、二队进行升降级比赛,马龙以二队第二名的成绩升入一队。2004年,马龙获得世青赛单打冠军。

2006年1月,马龙成为秦志戬的弟子。秦志戬是和刘国梁同龄的球员,在国家队时期是一名敢打敢拼的名将。1994年,秦志戬随队获得世界杯男团冠军。2001年世乒赛上,他和杨影搭档,获得混双冠军,此后,秦志戬在2005年退役,马龙是秦志戬的第一个徒弟。

为了带好马龙,秦志戬费尽了心思,为了能让马龙打好比赛少受干扰,他咬咬牙把烟给戒了。听说马龙喜欢听周杰伦的歌曲,秦志戬为马龙搜集了很多周杰伦的歌。一次赛前,秦志戬把马龙比赛的精彩镜头剪辑成一个10多分钟的视频,特意配上了周杰伦的曲子,这让马龙感动不已,也让他充满了斗志。

马龙怕黑,平时睡觉也开着灯。如果和队友同屋住,马龙尽可能让自己在队友睡觉之前先睡着。秦志戬为此动足了脑筋。

在厦门训练时,训练基地背后有座山,山顶上有一个凉亭。有一次,秦志戬在晚饭后找到马龙,说给他准备了一个礼物,但放在了山顶的凉亭上,必须他自己一个人去拿。马龙硬着头皮,在黑暗中登上了山,在凉亭里找了半天,可是什么都没找到。

其实秦志戬在凉亭里给马龙留了一个纸条,上面写着"最可怕的敌人其实是自己",然后用石头压在石桌上。但可惜因为山风太大,吹翻了石头,纸条也无影无踪。尽管马龙空手而归,却在秦志戬用心良苦的教导中明白了道理。

在秦志戬的教导下,马龙很快崭露头角。2006年德国不莱梅世乒赛,马龙随队获得男团冠军。当时一起并肩作战的,还有王励勤、王皓、马琳、陈玘,除了王皓当时是夏奥会亚军外,其余都是清一色的奥运冠军,马龙作为一个新人参赛,机会非常难得。

让马龙特别敬佩的恩师还有刘国梁。马龙2003年进入国家队时,刘国梁正好转型开始当教练。

马龙在接受采访时曾表示,他从小就一直喜欢刘国梁,向往着能像刘国梁那样的大满贯选手。刘国梁对国家队队员要求严格,给马龙留下了深刻印象。马龙开玩笑说,直到如今自己拿了五枚奥运金牌后,依然有点怕刘国梁。到2022年,马龙进国家队已经19个年头,刘国梁也执教了19年,他一步一步看马龙、许昕这批球员成长,再到后面的樊振东、王楚钦,对他们非常了解。

在一次比赛中,马龙输给队友错失冠军。刘国梁提醒马龙,想参加夏奥会就要振作起来。刘国梁让马龙改变打法,把球板和海绵都换了。这让马龙特别为难,他之前试过换海绵,但觉得不好用。

马龙是个非常听话的球员,刘国梁让换,他就必须换掉。尽管3天后就是另外一个比赛,但马龙觉得不管成绩怎么样,先用新球拍打完比赛再说。但是没想到,一上场,马龙觉得手感还可以,竟然一路打到决赛,最终夺得冠军。

师兄

马龙进入国家队时,正是王励勤、王皓、马琳这二王一马争锋的时代,在和这几位师兄训练、比赛中,马龙也学习到很多东西。

二王一马中，王励勤出道最早，他比马龙大 10 岁。2000 年，王励勤和闫森搭档，获得悉尼夏奥会男双冠军，2001 年、2005 年和 2007 年，王励勤三次获得世乒赛男单冠军。马琳比马龙大 8 岁，2004 年和陈玘搭档获雅典夏奥会男双冠军，2008 年北京夏奥会男单冠军。王皓 1983 年出生，2009 年世乒赛男单冠军。这三位选手实力出众，水平旗鼓相当，多次获得那段时间世界大赛的男单冠军。

能和这样水平的师兄们交手，马龙自然受益匪浅。早在 2004 年的全国锦标赛上，16 岁的马龙一路杀入决赛，虽然最终败给了王励勤，但优异表现让人刮目相看。

在师兄们的锤炼下，马龙的水平节节高升，2006 年世乒赛男团比赛，马龙就在几位师兄带领下获得冠军。

2007 年 2 月，马龙在科威特乒乓球公开赛上，先后战胜王皓、施拉格和王励勤，与马琳会师决赛。决赛中，马龙在先下一城的情况下，被马琳连扳两局。此后马龙连追三局，以 4 比 2 的比分逆转马琳，获得冠军。这是马龙第一个公开赛冠军。

2008 年北京夏奥会，是二王一马的巅峰时刻，由于夏奥会赛制改革，以往至少能四人参加夏奥会，但 2008 年夏奥会开始后最多只能三人参赛，其中只有两人能参加单打比赛。

马龙看着马琳在男单决赛中战胜王皓获得冠军。此后马琳、王皓、王励勤合作又获得了男团冠军。马龙憧憬自己有朝一日也能站在奥运领奖台上获得金牌，历史证明，他不仅实现了这一目标，还成为乒乓球奥运史上第一人。

马龙自己在 2008 年也有出色表现，他在 2008 年广州世乒赛上，和队友一起卫冕男团冠军。在年底的国际乒联职业巡回赛总决赛上，马龙接连战胜王皓、马琳、王励勤，获得单打冠军。

2009 年日本横滨世乒赛，马龙获得男子单打并列第三名，这是他第一次在世乒赛的舞台上进入单打前三，获得冠、亚军的分别是师兄王皓、王励勤，马琳并列第三。

2009 年亚锦赛，马龙获得男团和男单冠军，并和许昕搭档获得男双金牌，和李晓霞搭档获得混双金牌。一人在亚锦赛上独得 4 金，马龙追平了 35 年前由中国选手谢赛克创造的纪录。

然而随着伦敦夏奥会临近，马龙却遇到了一定的瓶颈。2010 年世乒赛男团决赛，马龙被德国名将波尔逆转，虽然最终中国队夺冠，但马龙心里却结了一个疙瘩。

2011 年世乒赛男单比赛，马龙依然是第三名。尽管有挫折，马龙却学会了在低谷中成长。2012年德国多特蒙德世乒赛前，马龙已取得56连胜。在男团决赛上，马龙担任第一单打，在第二场比赛中3比0战胜德国名将奥恰洛夫，和队友一起为中国队男团卫冕成功。在世乒赛上，马龙6次登场，出色完成任务。此后，马龙获得了2012年伦敦夏奥会的参赛资格，将和队友王皓等人一起出征男团比赛。

作为奥运新兵，马龙赛前一度有些紧张。作为第三次参加夏奥会的老兵，王皓也给大家详细分享了夏奥会的参赛经验。马龙告诉自己，在夏奥会上不能有任何失误，一定要帮助中国队获得团体比赛冠军。

伦敦时间2012年8月8日傍晚，这正是四年前北京夏奥会开幕的日子，马龙和队友打入了男团决赛，与韩国队争夺冠军。比赛第一场，马龙打头阵，对阵2004年雅典夏奥会男单冠军柳承敏。团体比赛采取5局3胜制，马龙先下两城，虽然柳承敏扳回一局，但在第四局，马龙一开局就取得巨大领先优势，以8比2领先，并最终11比4获胜，以3比1为中国队取得开门红。最终中国男队3比0战胜韩国队夺冠。

获胜后的马龙非常兴奋，他在场上的心理抗压能力有了很大提升。虽然已是奥运冠军，但马龙对冠军的渴望从未停止。

龙队

进入里约奥运周期后，二王一马都逐渐退役，马龙成为中国男队的核心主力球员。和马龙并肩作战的，从比自己年长的师兄，变为和自己年龄相仿的许昕等人。15岁的樊振东进入国家队，正如马龙当年轨迹，跟在比自己大八九岁的师兄后面学习、训练。

2014年，马龙成为国家队的队长，由于名字中有一个龙字，马龙被队友们称为"龙队"。马龙解释，龙是中国的象征，乒乓球是中国的国球，龙队称呼的背后，是更多的责任和担当。

2014年底的乒乓球世界杯上，马龙在男单决赛中3比4不敌对手获得亚军。赛事结束后，刘国梁建议马龙更改技术，换掉反手胶皮。对于一个26岁技术定型的选手来说，这样的改变是非常痛苦的事，但马龙为了能站在奥运男单比赛的最高领奖台上，毅然做出了改变。

2015年苏州世乒赛上，马龙带着新技术，在决赛中战胜师弟方博获得男单冠军。这是马龙在世乒赛男单舞台上，连续三次获得第三名后第一次登顶。2015年马龙的战绩不可阻挡，他相继又获得了世界杯和国际乒联总决赛两大赛事的男单冠军。

2016年在马来西亚首都吉隆坡进行的世乒赛团体赛上，中国男队将与日本队争夺男单冠军。马龙在比赛中发挥出色，3比0战胜日本选手吉村真晴，这是他自2012年世乒赛团体比赛以来第18个3比0。日本媒体《东京乒乓球新闻》做了一张六维雷达图，从力量、速度、技巧、发球、防守、经验六个方面，分析各大乒乓选手实力。马龙雷达图的边框是全满的，所以被称为"六边形战士"，这个称号从此不胫而走。

2016年里约夏奥会，马龙以无可争议的实力获得男单和男团比赛的参赛资格。和马龙一起征战里约的，还有队友许昕等人。

许昕比马龙小2岁。和马龙从小离开家乡去北京打球类似，许昕10岁的时候从家乡江苏省徐州市转入南京学球，12岁的时候又前往上海学球。进入国家队后，许昕的老师也是秦志戬。里约奥运周期，许昕一直是中国男队的主力球员。

2016年里约夏奥会上，马龙在男单决赛中最终战胜对手，夺得奥运金牌，成为中国男选手中又一个获得夏奥会、世乒赛和世界杯男单冠军的大满贯选手。在男团比赛中，马龙、许昕等人组成的中国男队战胜日本队，夺得冠军。

进入东京奥运周期后，王楚钦等一批年轻选手又迎头赶上。马龙继续承担着老大哥的角色，告诉小师弟们如何训练、以什么样的心态来备战，富有责任心的马龙平时没少把自己的经验、教训带给师弟们。

对于东京夏奥会，马龙希望再拼搏一把。在夏奥会乒乓球历史上，既没有能蝉联男单奥运冠军的选手，也没有能在30岁以后还能夺冠的人，马龙想尝试一下。在技术上，马龙也从未放低过自己的要求。在2017年和2019年世乒赛上，马龙分别战胜队友樊振东和瑞典选手法尔克，获得男单三连冠。上一次获得世乒赛男单三连冠的选手，要追溯到50多年前了。

新冠疫情后，东京夏奥会被推迟到2021年，这一次和马龙并肩作战的，除了许昕外，还有比自己小8岁多的樊振东。

在男单半决赛上，马龙遇到了和自己同龄的德国选手奥恰洛夫，两人曾在国际赛场上多次对垒。比赛打到第七局决胜局，比赛双方都已相当疲惫，压力也相当大。比赛关键时刻，刘国梁告诉马龙，放开打，反正奥恰洛夫从未赢过你。受到鼓励后，马龙4比3战胜奥恰洛夫进入决赛，并最终以4比2的成绩战胜队友樊振东，成为第一个蝉联男单奥运冠军的选手。夺冠后，马龙和樊振东一起举起了五星红旗致意。

马龙赛后表示，和樊振东会师决赛，是最没有压力的比赛，因为冠军已经属于中国队，这是出征的第一任务。接下来，马龙将和队友全力以赴准备团体比赛。

在男团半决赛上，中国男队遇到老对手韩国队。马龙作为中国队第二单打出战，在第三场对阵李尚洙。但在马龙 2 比 0 先胜两局的情况下，李尚洙连扳两局，比赛进入了决胜局。在决胜局开始后，马龙也陷入了被动，1 比 3 落后，教练秦志戬叫了暂停。在教练指导后，马龙连得 6 分反超，以 3 比 2 获胜，帮中国队以 3 比 0 战胜韩国队进入决赛。

在男团决赛中，中国队对阵老对手德国队，马龙两次登场，先是在第一盘双打比赛中，马龙和许昕搭档，3 比 0 完胜弗朗西斯卡/波尔。在第三场比赛中，马龙战胜老对手波尔，最终比赛定格在总分 3 比 0，中国男队卫冕男团冠军。

获得奥运男团金牌后，马龙成为乒乓球史上第一个五次获得奥运冠军的选手，再一次改写历史，为中国队又一次创造了神话。

辉煌梦之队

在国际比赛中,跳水不是大项,而是一个中项,隶属于游泳大项。因此跳水没有自己单独的世锦赛,而是隶属于游泳世锦赛。由于游泳比赛会干扰到跳水比赛,因此跳水比赛和游泳比赛会分开进行,尤其在世锦赛上,跳水比赛和游泳比赛分别在前后两个赛段进行。

中国跳水队是实至名归的梦之队,从 1984 年洛杉矶夏奥会参赛以来,中国跳水队在每一届夏奥会上都会获得金牌,这是中国体育代表团唯一从未缺席奥运冠军的项目。自从高敏在 1988 年汉城夏奥会上获得女子三米板冠军(跳水赛事中没有双人字样的项目为单人)以来,中国跳水队在这个项目上实现九连冠,和乒乓球女子单打一样成为中国队夺金最多的奥运小项。

在历届夏奥会上,中国跳水队一共为中国代表团获得过 47 枚奥运金牌,是实至名归的梦之队。

世界跳水比赛的变革

跳水比赛分为跳台比赛和跳板比赛两种,其中跳台比赛的跳台为硬质台面,离水面有十米高。跳板比赛为弹性板面,离水面分别有一米高和三米高。夏奥会上只有三米跳板比赛,没有一米跳板比赛。另外,在世锦赛上有高台跳水比赛,夏奥会则目前还没有设置这个项目。

夏奥会一开始只有单人比赛,分别是男、女十米跳台以及男、女三米跳板比赛。2000 年悉尼夏奥会,跳水赛事进行改革,增加了双人跳水,金牌总数也由 4 枚变为8枚。

在跳水比赛中,运动员需要先后做出向前翻腾、向后翻腾、反身翻腾、向内翻腾、转体及臂立等6套动作,跳板比赛因器材原因没有臂力动作。在单人比赛中,裁判对动作进行打分,并按照难度系数,经过复杂计算后得出队员的比赛分数。双人比赛除了技术分外还有同步分,同步分在分值中占有的比重更大。

在奥运赛场,除了比赛设项外,对比赛赛制也进行改革,在单人比赛中增加了半决赛,并在决赛中只设置五跳(男子为六跳),对保护运动员身体健康起到非常大的作用。

中国队早期的对手为美、俄选手,双人赛增加后,澳大利亚队和英国队也显示了一定的实力。

按照跳水比赛的规律,选手一般是先比跳台,随着年龄增长再比跳板,但外国队人才储备远没有中国队雄厚,因此也常有一名选手在夏奥会上参加四项比赛的壮举。

中国跳水队辉煌战绩

中国第一位获得跳水世界冠军的选手是陈肖霞。第一位获得跳水奥运冠军的选手则是周继红,时间是1984年洛杉矶夏奥会,她获得了女子十米台冠军。

1988年汉城夏奥会上,高敏成为中国第一代跳水女皇,她在1992年巴塞罗那夏奥会蝉联跳板冠军。

1992年,还不满14周岁的伏明霞横空出世,在三届夏奥会上一共获得4枚奥运金牌。尤其1996年亚特兰大夏奥会,伏明霞一人独得女子三米板和十米台冠军,成为跳水队传奇。

伏明霞之后,郭晶晶和吴敏霞也分别创造了属于自己的奇迹。郭晶晶征战四届夏奥会,在后两届夏奥会上均获得女子个人和双人三米板双料冠军。

吴敏霞则在四届夏奥会上搭档不同的三个选手,4次获得女子双人三米板冠军,并在2012年获得女子三米板冠军。吴敏霞和陈若琳一样独得5枚跳水奥运金牌,成为中国跳水队的传奇。

2021年举行的东京夏奥会上,年轻的全红婵一跳惊天下,成为目前最有号召力的中国跳水女选手。

在男选手中,熊倪是当之无愧的传奇,他从1988年开始参加夏奥会,历经四届夏奥会,获得3枚奥运金牌。尤其在2000年悉尼夏奥会上,熊倪顶住压力,为中国跳水队打开不利局面,创造了辉煌。

在此后的发展中,何冲、林跃、秦凯等选手脱颖而出,先后在奥运赛场获得佳绩,如今接力棒又传到更年轻一代选手的手中,谢思埸等选手继续着跳水队的荣耀。

在东京夏奥会上,中国跳水队一共获得了7金5银的成绩,分别是:

7月25日

金牌　王涵/施廷懋　女子双人三米板

7月26日

银牌　陈艾森/曹缘　男子双人十米台

7月27日

金牌　陈芋汐/张家齐　女子双人十米台

7月28日

金牌　谢思埸/王宗源　男子双人三米板

8月1日

金牌　施廷懋　女子三米板

银牌　王涵　女子三米板

8月3日

金牌　谢思埸　男子三米板

银牌　王宗源　男子三米板

8月5日

金牌　全红婵　女子十米台

银牌　陈芋汐　女子十米台

8月7日

金牌　曹缘　男子十米台

银牌　杨健　男子十米台

青春无悔

2016 年里约夏奥会，已经 31 岁的吴敏霞最后一次站在女子双人三米板的奥运赛场，和她的第三个奥运搭档施廷懋，成功获得该项目冠军。31 岁的跳水女子奥运冠军、女子双人三米板四连冠，这在中国跳水史乃至世界跳水史都绝无仅有。

走板

吴敏霞 1985 年出生在上海，从小就长得像洋娃娃一样可爱。吴敏霞从小喜欢水，她小时候洗澡时，经常泡在澡盆里半天不出来。

1991 年春，上海市第二跳水学校教练去幼儿园挑选跳水后备力量，不到 6 岁的吴敏霞让教练眼前一亮，她觉得在 100 多个孩子里，吴敏霞是最出众的一个。于是吴敏霞开始了跳水训练。虽然她当时还不明白跳水是什么，但一想到自己能玩水，她就兴高采烈去了。

和所有练过跳水的小朋友一样，吴敏霞第一次站在十米台上也很害怕。但生性要强的吴敏霞壮着胆子一跃而下，真的跳下去后，吴敏霞心里不怕了，她觉得就像是坐电梯的感觉。

1992 年巴塞罗那夏奥会，不满 14 岁的伏明霞在女子十米台比赛中一举夺冠。吴敏霞看到后热血沸腾，在上海话中，伏明霞的发音几乎和吴敏霞一样，这给了吴敏霞很大触动。吴敏霞指着电视兴奋地喊着父母，告诉他们伏明霞夺冠的消息："我以后也要像她一样，拿奥运会冠军！"

然而吴敏霞的跳水路并不平坦，入队不久，吴敏霞被检查出髋、胯关节突出，并不适合成为跳水运动员。好在吴敏霞的悟性非常高，一样的动作要领，吴敏霞往往一下子就能领悟教练的指导，比别的小朋友要机敏很多。

10 岁的时候,吴敏霞进了上海市跳水队。但很可惜的是,吴敏霞在一次训练中,不慎右手关节骨裂。伤虽然最终治好了,但吴敏霞无法再练对双臂冲击较大的跳台项目,只好改练跳板。

吴敏霞训练非常刻苦,好胜心很强,这给上海市跳水队教练留下了深刻的印象。只要别人比自己做得好,吴敏霞就会加紧训练,在下一次比赛中再反超回来。

1998 年,不到 13 周岁的吴敏霞进入国家队,但这时她又被查出血红素偏低的问题。

吴敏霞的血红素为 10 克多一点,这对参加竞技体育的运动员来说是不够的。好在经过队里反复考核后,吴敏霞最终留在队中。

在中国跳水队,吴敏霞发现周围的每一个队友天赋都非常强,悟性也都极好。在队中,吴敏霞最年轻,同时能力也最差。吴敏霞暗下决心,每天都要比别人多练一点,要想夺得奥运冠军,就要比别人练得更多、更辛苦。

吴敏霞无论是陆上训练还是水中训练都不留余力,每天不停训练,弥补因身材原因带来的不足。青春期后,吴敏霞迅速长高,这要求她在做翻腾动作的时候比别人要付出更多的力量。吴敏霞为增加自己的弹跳力量下了狠功夫。虽然有时也会哭,但哭过之后,吴敏霞上去接着跳。

每一天,吴敏霞把大部分时间都花在训练上,就算是闲暇时间,她也用来做做理疗。由于每天大运动量训练,吴敏霞需要很好的康复性治疗,于是她每天都会在训练之后按时去理疗室报到。这样一来,每天属于自己的时间就很少了。

起跳

2000 年悉尼夏奥会新增了双人跳水项目,奥运跳水金牌翻了一倍,从 4 金变为 8 金。

悉尼夏奥会后,伏明霞退役。原来和伏明霞搭档的郭晶晶需要寻找一位新搭档。吴敏霞这时渐渐展露出自己的能力,加上体型和风格都与郭晶晶相似,被选为郭晶晶的搭档。2001 年春,吴敏霞和郭晶晶开始正式配对,但这个时候离福冈游泳世锦赛只有 3 个多月的时间了。

和比自己大 4 岁的郭晶晶搭档,吴敏霞有着不小的压力。双人比赛同步非常重要,占分数的比重也非常高。吴敏霞为了能和师姐保持默契,更改了很多习惯,走板方式也变成了一致的跳走板。

为了在比赛中能有上好的表现,吴敏霞拼命训练,而郭晶晶也非常耐心地一遍又一遍陪着吴敏霞走板、入水。跳水馆里,每一天吴敏霞和郭晶晶都是走得最晚的一对选手。

几个月后,吴敏霞和郭晶晶搭档,获得游泳世锦赛女子双人三米板冠军。这是吴敏霞在世锦赛上骄人战绩的开始。

2003年游泳世锦赛,吴敏霞不仅和郭晶晶成功卫冕女子双人三米板冠军,在单人比赛中还获得银牌。

2004年雅典夏奥会上,吴敏霞不仅在双人比赛中和郭晶晶获得金牌,还在个人比赛中仅次于郭晶晶获得银牌。吴敏霞实现了12年前的愿望,终于成为奥运冠军。

夺冠后,吴敏霞回想起学跳水一路走来的艰辛,她激动地说:"一路以来我都不被人看好,但我已证明了我自己。"

雅典夏奥会后,吴敏霞期待能在个人比赛中也取得好成绩,但因伤病困扰,吴敏霞状态一直有起伏。2007年墨尔本世锦赛前,吴敏霞因伤病困扰,在训练中多次出现失误,竟然"不会"跳水了,这把吴敏霞急坏了。但教练和郭晶晶都给予吴敏霞充分信任,不断安慰她。

最终,吴敏霞随队出征澳大利亚墨尔本,成功和郭晶晶一起获得女子双人三米板冠军。这枚金牌来之不易,吴敏霞非常感谢跳水队教练和领队对她的信任。

2008年北京夏奥会,这是吴敏霞第二次出征奥运赛场。在女子双人三米板比赛中,吴敏霞和郭晶晶卫冕冠军。在女子三米板比赛中,吴敏霞获得了铜牌。

北京夏奥会后,吴敏霞曾一度想过退役,能不能坚持到2012年伦敦夏奥会,吴敏霞自己心里也没底。但吴敏霞心中还有个目标没能实现,她一直没能站到世锦赛和夏奥会女子三米板的最高领奖台。

此外,吴敏霞期待能获得夏奥会女子双人三米板的三连冠,"虽然不能创造什么历史,但对我个人而言,意义会很大。"

2011年,吴敏霞的搭档换成了何姿。何姿比吴敏霞小5岁,1990年出生于广西壮族自治区南宁市。何姿2006年进入国家队,和吴敏霞搭档的时候20岁刚出头。

和当年郭晶晶带自己一样,吴敏霞耐心地带着何姿这些年轻队员,不厌其烦地一遍又一遍走板、入水,磨炼两人的配合度。

2011年游泳世锦赛在吴敏霞的家乡上海市举行。吴敏霞在家乡父老面前,不仅和何姿搭档获得女子双人三米板冠军,更是第一次在世锦赛上站到了女子三米板的最高领奖台。

尽管在跳水队已是大龄队员,但吴敏霞训练依然不肯打马虎眼,她经常向教练提出要加练。反而是教练怕吴敏霞太过辛苦出现伤病,而强行命令吴敏霞休息。吴敏霞表示,她并没什么高尚的想法,只是怕少练一点会退步。伦敦夏奥会在即,吴敏霞每一次训练都对自己有极高的要求,一旦练得不好,就会不开心,要反复练习。

2012 年伦敦夏奥会,吴敏霞搭档何姿,实现了个人在女子双人三米板上的三连冠。在女子三米板比赛中,吴敏霞也以 414.00 分的高分获得冠军。

入水

跳水界有句话,叫"流水的搭档,铁打的吴敏霞"。伦敦夏奥会后,吴敏霞惊人地又坚持了四年,换了第三个搭档。

伦敦夏奥会后,关于退役的话题一再被提起。吴敏霞已经 27 岁了,再战四年则是 31 岁。在前三位中国跳水女皇中,高敏 22 岁退役;伏明霞第一次退役是 18 岁,第二次退役是 22 岁;郭晶晶退役较晚,她 27 岁获得北京夏奥会冠军后逐渐淡出比赛。吴敏霞要征战到 31 岁,能行吗?

当时的中国跳水队领队周继红曾和吴敏霞进行过一次深谈。周继红问吴敏霞,如果还有能力,想不想继续练?

吴敏霞觉得,周继红是看着自己一步一步成长起来的,能问这样的话,一定是认可自己的能力。吴敏霞心中又激起了战斗的欲望,想到中国跳水队还没有 30 岁以上获得奥运冠军的选手,吴敏霞想去亲身尝试一下。吴敏霞觉得,即使是坚持不到 2016 年里约夏奥会,能挑战自己、突破极限,也非常不容易。

2013 年,吴敏霞的搭档换成了 22 岁的施廷懋,这是一位来自重庆的姑娘。2013 年巴塞罗那世锦赛,吴敏霞搭档施廷懋获得女子双人三米板冠军。2015 年喀山世锦赛,吴敏霞和施廷懋卫冕成功。吴敏霞也带着创纪录的双人赛 7 次夺冠、8 枚金牌的成绩,告别世锦赛的舞台。

2015 年世锦赛夺冠后,吴敏霞下定决心,冲击 2016 年里约夏奥会。但这时吴敏霞的伤病非常严重,胳膊、腰、腿、脚腕、手腕……国家队的医生曾开玩笑说,吴敏霞身上"已经没地方可增加新的伤病了"。

为了备战里约夏奥会,吴敏霞付出了比别人更艰辛的汗水。2016 年春节期间，中国跳水队在上海集训，基地离家只有两三公里，但吴敏霞只请假在家待了半天时间，连除夕夜都是在队里过的。想到不能陪伴父母，吴敏霞觉得内心很愧疚，但为了成绩只能加倍训练。

然而，新的伤病还是找上门来。

在里约夏奥会开赛前两个多月，吴敏霞在训练中不慎一脚踩空，右腿被跳板划开一条近 10 厘米的伤口。夏奥会开赛在即，吴敏霞为了尽快训练，在伤口刚刚结痂就入水了，结果伤口又重新裂开。吴敏霞不甘心，几次在伤口还没完全愈合时就恢复训练，最后还是被医生和教练逼着停止训练养伤。

伤口好了以后，吴敏霞却找不到状态，觉得自己跳不动、翻不了身，内心特别崩溃。吴敏霞深深感到绝望。那段日子非常煎熬，吴敏霞曾不止一次打过退堂鼓。"当初要是知道这么辛苦，可能就不会再坚持一届了。"吴敏霞后来回忆。

教练和搭档及时伸出了援手，帮助吴敏霞稳定了情绪。直到 6 月的封闭集训，吴敏霞逐渐找回感觉，走出了瓶颈。

作为南半球城市，巴西的里约热内卢在举行夏奥会的七八月份正值冬季。虽然里约地处热带，但离南回归线已经不远，冬天的温度并不高，风也非常大。里约的跳水比赛在室外进行，阴冷的天气和琢磨不定的风向更考验了选手的意志力。

女子双人三米板比赛历来是奥运跳水比赛的第一金，吴敏霞虽然有些紧张，但决心为梦之队打好第一仗。

从第一跳开始，吴敏霞/施廷懋就显示出不可撼动的实力。五跳之后，吴敏霞/施廷懋表现近乎完美，获得冠军。吴敏霞成为第一个奥运四连冠的跳水运动员，放眼全世界所有项目中，想实现四连冠也是非常艰难的事情。

2016 年 12 月中旬，吴敏霞正式宣布退役，当她说完退役声明后，已经是声泪俱下、泣不成声。

传奇在延续

东京夏奥会上，30 岁的施廷懋和同样 30 岁的王涵搭档，获得女子双人三米板奥运金牌，随后，施廷懋成功卫冕女子三米板冠军，延续了自高敏开始的传奇，为中国队实现该项目九连冠。

梦想

学跳水的人，都梦想能进入国家队，站上奥运赛场。可施廷懋的梦想迟迟没有实现，甚至夺得世锦赛冠军后，都没能入选国家队，直到 21 岁才实现这个愿望。

女子跳水选手一般出道都比较早，伏明霞、全红婵都在 14 岁前后获得奥运冠军。跳板选手出道要晚一些，不过历数中国跳水队获得过女子三米板冠军的选手，会发现，高敏和伏明霞都是在 18 岁时第一次夺得女子三米板奥运冠军。郭晶晶和吴敏霞第一次获得女子三米板奥运冠军时是 23 岁和 27 岁，但她们入选国家队时间都很早，郭晶晶 15 岁就参加夏奥会，吴敏霞 13 岁就进入国家队。

施廷懋之所以这么晚出道，是因为她遇到了难关，最终在大家帮助下，她终于迈过那道坎。

施廷懋一开始并不叫这个名字，她改名是家人对她寄托的期望。1991 年，重庆一户人家生了个女孩，取名叫施庭婷。1997 年初，重庆市的体操教练到幼儿园选苗子，选中了还不到 6 岁的施庭婷。说来也巧，中国跳水队不少选手都有过学体操的经历，高敏、伏明霞都曾短暂练过体操。

但 3 年后，体操队因故解散，8 岁的施庭婷因为有体操底子，基本功扎实，很适合练跳水，就这样她被教练带到了跳水队，进入重庆市第二体校进行跳水训练。

进入跳水队后,施庭婷改名为施廷懋,这是家人对她的期望。施廷懋的父亲解释,廷是国家的意思,懋则是勤奋努力,家人期待施廷懋通过努力为国家做贡献。

刚开始学跳水时,施廷懋还不会游泳,但在教练的指导下,她很快就能在水中撒欢儿了。

家人期待得没错,施廷懋很勤奋努力,也非常勇敢,有股不服输的劲头。8岁的时候,施廷懋在一次训练中,门牙不慎被膝盖顶掉一半,可她硬是憋着没有哭,还要去接着练。施廷懋第一次上十米跳台时也不像其他小孩那么害怕,因为她知道早晚会跳,因此心里早就做好了准备。

施廷懋平时训练非常刻苦,在比赛中,她开始展示出自己的实力。2008年全国锦标赛,施廷懋获得了女子三米板的铜牌。2009年全运会,施廷懋获得女子一米板铜牌。2010年广州亚运会,施廷懋获得女子双人三米板冠军,搭档即为王涵,那时两人均为19岁。

2011年,游泳世锦赛在上海进行,作为地方队队员,施廷懋参加了女子一米板比赛。女子一米板虽然不是夏奥会比赛项目,却是为跳板比赛选拔人才的重要赛事。中国以往的女子三米板奥运冠军,大多都在世锦赛女子一米板比赛中夺冠。在比赛中,施廷懋不负众望,最终获得金牌,成为第一个以非国家队员身份获得世界冠军的选手。

但在世锦赛夺冠后,施廷懋依然没能入选国家队,这是因为她在一个动作上迟迟不能攻克难关。

攻关

在跳水比赛中,每一个跳水动作都有一个编号,施廷懋在跳编号为107B的动作时卡壳,迟迟不能过关,只能实现107C。

107B的全称是向前翻腾三周半屈体,107C的全称是向前翻腾三周半抱膝,两者的区别是,前者腿是伸直的,后者腿是弯曲抱在胸前,身体呈三折叠形态。很明显,前者的旋转半径更大,难度也更高。

施廷懋花了两年时间练这个动作,但总是不成功。重庆队教练想了很多办法,也向其他同行及国家队教练求教。最终,重庆跳水队把施廷懋的动作从走板开始分解成七个部分,一个部分一个部分详细研究。最终,跳水队发现,施廷懋从第一个部分开始就有问题,从而影响了后面动作的连贯性。

2011 年,施廷懋在比赛中放弃 107C,改成 107B,目的就是在比赛中积累经验,找到感觉。最终,在大家的帮助下,施廷懋攻克了 107B 这个动作,在 2012 年 10 月正式进入国家队,这时她已经 21 岁。

很多人都说施廷懋是大器晚成,但施廷懋自己觉得晚一点并不全是坏事,如果少年成名的话,也会容易迷失。虽然进入国家队时间晚,施廷懋觉得,和那些尽管训练很辛苦却没能进入国家队的人相比,她还是比较顺利和幸运的。

进入国家队后能和吴敏霞搭档,对施廷懋来说也是幸运的事。中国跳水队习惯以老带新,施廷懋在吴敏霞的带动下,获得了非常好的学习和锻炼的机会。

2013 年世界跳水系列赛北京站,刚配对不久的施廷懋/吴敏霞就获得了女子双人三米板冠军。在巴塞罗那游泳世锦赛上,施廷懋/吴敏霞成功获得女子双人三米板金牌。

在双人赛事成功的基础上,施廷懋在个人赛事上也有良好表现。2015 年,施廷懋在世锦赛上包揽女子三米板个人以及双人两枚金牌。这一优异成绩也让施廷懋在 2016 年里约夏奥会上获得了个人和双人两项赛事的出战机会。

女子双人三米板是夏奥会跳水 8 个项目中的第一场比赛,施廷懋和吴敏霞完美发挥,打响了第一炮。金牌在手后,施廷懋开始全力准备女子三米板比赛。

里约的风很大,在双人赛上见识过狂风对比赛的影响后,施廷懋很焦虑。晚上睡不着的时候,施廷懋躺在床上戴着耳机听音乐。其实施廷懋根本就听不进去,只是为了强迫自己转移一下注意力。

北京时间 2016 年 8 月 15 日凌晨,施廷懋在女子三米板决赛中发挥非常出色,其中第四跳她采用的动作就是 107B,结果获得 79.50 分的高分,巩固了自己的领先优势。最终,施廷懋以 406.05 分的成绩获得了冠军,成为第五个获得女子三米板奥运冠军的中国选手。同时,施廷懋也是中国跳水女队中,继伏明霞、郭晶晶、吴敏霞以及陈若琳之后,第五个在一届比赛中获得两枚奥运金牌的运动员。

夺冠后,施廷懋非常激动,她表示:"对于我来说,能拿到这样的成绩,我很开心,我是幸运的,夏奥会对我来说只是开始。我觉得自己有这个责任、有这个能力为中国增光添彩,我义不容辞。"

卫冕

对于25岁的施廷懋来说，里约只是开始。有奋战四届夏奥会的吴敏霞做榜样，在29岁的年龄再次冲击奥运金牌，施廷懋有充足的动力。只是当时没人能够想到，因疫情的原因，2020年东京夏奥会最终推迟一年。施廷懋再次站上奥运赛场时，已是30岁。

还在里约夏奥会时，施廷懋就表示，她很佩服吴敏霞四届夏奥会的征战经历。施廷懋认为，中国跳水队之所以成绩好，就是无论拿多少金牌都永远不停止奋斗。如今这种奋斗精神传承下来，她也要继续传承给更年轻的选手。

2017年游泳世锦赛，施廷懋卫冕女子三米板的个人和双人两项赛事冠军。值得一提的是，因为吴敏霞退役，施廷懋的搭档换成了比她小11岁的昌雅妮，那年昌雅妮只有15岁。

2019年，施廷懋的搭档换成王涵，两人曾在2010年亚运会时期就搭档过，只是当年两人都是19岁，如今则都是28岁的老将。

自从搭档开始，施廷懋/王涵这对老将"新"组合就所向无敌，无论是国内选拔赛、泳联系列赛都难觅对手。在2019年韩国光州游泳世锦赛上，二人组合获得女子双人三米板冠军，实现中国跳水队在这个项目上的十连冠。施廷懋同时获得女子三米板世锦赛三连冠。

王涵是河北保定人，和郭晶晶是同乡，她入选国家队时间很早，和郭晶晶还曾搭档过。虽然王涵和施廷懋是新组合，但因为两人都是经验丰富的老队员，个人水平也非常高，因此经过短时间磨合后，就已经非常默契。

不过在老将拥有丰富经验的同时，也拥有比年轻选手更多的伤病。每天训练完，施廷懋都要和王涵一起泡在医疗室里治疗、康复。为了尽快恢复体力，每次从医务室出来，施廷懋都很快就上床睡觉了。

东京夏奥会延迟一年，对已是老将的施廷懋和王涵非常不利，但两人咬牙坚持，全力为夏奥会做准备，很好体现了中国跳水队的奋斗精神。

在东京夏奥会上，施廷懋/王涵完美发挥，获得女子双人三米板冠军，为中国跳水队开了一个好头。

2021年8月1日，在东京水上运动中心，施廷懋出征女子三米板决赛，一同参加决赛的还有她的搭档王涵。

　　每一次参加世界大赛,施廷懋都会在每一跳前早早走上阶梯,为自己留出更多准备时间。第四跳,施廷懋还是选择 107B,她完美发挥,获得了 77.50 分。此跳过后,施廷懋的总分已领先第二名超过 30 分。

　　还剩最后一跳,施廷懋在跳板上稳定了一下情绪,然后走板、起跳,78.00 分,这是当晚的全场最高分。383.50 分,施廷懋毫无悬念夺冠,获得了自己的第四枚奥运金牌。

　　看到自己夺冠的瞬间,施廷懋用毛巾捂住脸痛哭,尽情宣泄东京奥运周期五年来所有的情绪。获得亚军的王涵抱住施廷懋,用手轻轻抚摸她的头进行安慰。

　　在颁奖仪式上,施廷懋把金牌贴在脸上,露出了甜甜的笑容。

青春正当年

　　因东京夏奥会延期一年,全红婵在比赛时年满 14 周岁,达到了国际奥委会所要求的最小年龄参赛标准。在东京,全红婵在五跳中获得 3 个满分,完美获得女子十米台冠军,书写了一曲青春之歌。

花季

　　女子跳台比赛往往英雄出自少年。在中国改革开放后参加的十届夏季奥运中,中国跳水队一共由 6 名选手获得 8 枚女子十米台奥运金牌。在这 6 名选手中,伏明霞、全红婵均在 14 岁的时候就登上奥运最高领奖台,任茜在 2016 年里约夏奥会夺冠时 15 岁,陈若琳在北京夏奥会登顶则是 16 岁。

　　一样的花季少女,全红婵给人带来更大的震撼,决赛中 5 个动作获得 3 个满分,不仅在奥运赛场获得满堂喝彩,更是让全国观众都感到惊奇。

　　全红婵是出征东京夏奥会的中国体育代表团中年龄最小的运动员,2007 年出生于广东湛江。2014 年 7 月,全红婵开始学习跳水,并在两个月后进入湛江市体育运动学校。

　　虽然湛江体校的跳水设施很陈旧,但全红婵却非常喜欢去那里进行训练,她喜欢跳水的感觉。偶尔全红婵也会感到害怕,当有几天不跳时,再站到十米台上,她会怕摔。为了避免这种感觉,全红婵每天都会去练习跳。全红婵训练非常肯吃苦,每天陆上训练和水上训练都很用功。

　　在教练看来,全红婵是一个可遇不可求的天才选手。全红婵的领悟力很高,动作要领记得非常快,有很好的天赋。同时全红婵又特别能吃苦,每天按教练的安排认真训练。这样的孩子,教练们都非常喜欢。

在湛江体校,全红婵的人缘很好,她性格好、成绩又好,体校的孩子们不论大小都很喜欢和她一起玩。

2018年,只练4年跳水的全红婵在广东省的比赛中夺得3项冠军,进入了广东省跳水队。2020年,全红婵成绩优异,入选国家队,这时离东京夏奥会开幕不到1年时间。

2020年10月,13岁的全红婵参加了全国冠军赛,这是她第一次参加全国比赛。全红婵在比赛前3周,才学会全部5个动作,比赛中,全红婵熟练完成全部动作,战胜众多奥运冠军和世界冠军,以437.75分的成绩夺冠。中国跳水队领队周继红对全红婵的表现赞不绝口,认为她是横空出世。

一开始,全红婵还比较害怕和姐姐们同场竞技,经过几次历练之后,她有了信心,感觉自己不再怕了。

因为在比赛中的出色表现,全红婵有了机会冲击东京夏奥会的参赛资格。

2021年1月,中国跳水队举行第二次奥运选拔赛,全红婵在一个动作上出现失误,获得了第5名。赛后,全红婵表示自己平时训练中在做这个动作时发挥都不错。她表示自己可能因为比赛时太兴奋,结果发力过头。

2021年5月份,全红婵在第三次奥运选拔赛上,跳出440.85分的成绩,获得冠军,其中上一站失误的动作完美发挥,而自己擅长的动作则被裁判打了满分。440.85分,超越了陈芋汐在2019年韩国光州世锦赛的夺冠分数,也超越了任茜在2016年里约夏奥会的夺冠分数。

两次选拔赛第一,一次选拔赛第五,全红婵获得和陈芋汐联袂出征东京夏奥会女子十米台比赛的资格。

获得奥运参赛资格后,全红婵反而很平静,她认为无论和谁比赛都一样,都是要跳好自己。全红婵说,夏奥会也一样是跳5次,把自己的动作做好就行了。

水花

全红婵在东京夏奥会的比赛非常惊艳,不仅征服了观众,也征服了裁判。

为了更清楚了解全红婵在夏奥会上的奇迹,我们先来了解一下跳水比赛的打分规则。女子跳水比赛中,每个选手会跳5个动作,其中前两个是规定动作,后三个是自选动作。每个动作都有相应的难度系数,目前顶尖男子选手可以跳出难度系数为3.9以上的高难动作。

在单人跳水比赛中一共有 7 个裁判,每个裁判根据起跳、空中姿态、入水动作等方面进行打分,满分是 10 分,最小分值差距是 0.5 分。裁判打分后,要去掉两个最高分和两个最低分,剩余三个分数相加,然后乘以难度系数,即为一个选手在该动作的最终得分。

预赛中,全红婵落后于陈芋汐获得第二名,半决赛上,全红婵超越陈芋汐获得第一。说起来,夏奥会是全红婵参加的第一项国际赛事,但她一点都不发怵。

第一跳,是难度系数为 3.0 的 107B,全红婵发挥不错,裁判们普遍打出 9.0 分和 9.5 分的高分,有一名裁判打出了 10 分。最终全红婵获得了 82.50 分。

第二跳,是难度系数为 3.2 的 407C,全红婵空中动作非常完美,平静入水,池面几乎没有泛起什么水花。裁判清一色打出 10 分,全红婵获得满分 96 分。从这一跳开始,全红婵牢牢掌握住第一名的位置。

全红婵的奇迹还在继续,在第四跳和第五跳,全红婵又两次拿到满分,最终以 466.20 的历史最高分,获得女子十米台奥运金牌。纵观全红婵的 5 跳,除了第一跳因难度系数低获得 80 多分外(该动作满分 90 分),其余 4 跳得分全部在 95 分以上。在奥运赛场,想跳出一个满分动作都非常困难,全红婵竟然跳出 3 个,令人震惊。有一名裁判也被全红婵征服了,每一跳打出的分数都是 10 分。

赛后,全红婵显得很镇定,对于自己的出色发挥,她表示自己没什么感觉,平时训练中偶尔会有这样的表现,没想到在夏奥会上能表现这么完美。

颁奖仪式上,全红婵一直微微笑着,当看到观众席上的教练冲着自己比心,她也马上比心回应。

在全红婵广东湛江老家,她的父母、家人以及教练们一起观看了跳水比赛的直播。全红婵父亲看到女儿的出色发挥非常兴奋,他连连夸奖,还竖起大拇指点赞。乡亲们也拉起"中国加油"的横幅,为全红婵加油,她夺下金牌那一刻,乡亲们兴奋得燃起了鞭炮。

传带

全红婵下一步如何发展,中国跳水队有长远的考虑,为此特意安排奥运五金得主陈若琳成为全红婵的教练。

中国跳水队和很多业内人士一样,很清醒地意识到,全红婵马上将迎来发育关。一旦青春期之后,很多女选手因为个子增高、体重增加,而不得不提前告别赛场。全红婵在夏奥会结束后，已悄然开始发育，如何渡过难关，是全红婵以及中国跳水队面临的问题。

如今中国跳水队把帮全红婵渡过难关的重任交给了陈若琳，为什么选择她？因为陈若琳是中国女选手中唯一在 20 岁时还能夺得奥运女子十米台冠军的选手，她完美渡过了发育关，24 岁时，陈若琳和队友合作获得了 2016 年里约夏奥会女子双人十米台冠军，三届夏奥会五枚金牌，陈若琳是中国女子跳台赛事的大姐大。

1996 年，伏明霞在获得亚特兰大夏奥会女子十米台和三米板双料冠军后，选择退役。2000 年悉尼夏奥会前，伏明霞复出，不过没有再参加女子十米台比赛。2000 年和 2004 年两届夏奥会，中国选手和女子十米台冠军无缘，直到陈若琳出现。

陈若琳 1992 年底出生于江苏省南通市，1997 年开始学跳水。2003 年，陈若琳在全国少儿比赛中夺得 3 枚金牌。在一年后的全国跳水锦标赛上，陈若琳与诸多世界冠军较量，最终获得第五名。2004 年底，12 岁的陈若琳入选国家队。

入选国家队后，陈若琳成绩出色，多次获得国内和国际大赛的冠军。但在北京夏奥会前，一个非常现实的问题摆在陈若琳面前，那就是发育。

为了控制体重，陈若琳告别了一切甜食。在一年时间里，陈若琳并没有像传闻的那样不吃晚饭，她每顿饭都吃，但会控制食量，对于零食和甜品则坚决不碰。

在 2008 年北京夏奥会上，陈若琳先是搭档王鑫获得女子双人十米台冠军，紧接着又在女子十米台比赛中夺得金牌。

2012 年伦敦夏奥会，对陈若琳来说更加艰难，20 岁的年龄，想控制体重要付出更大的决心和毅力。在中国跳水队，20 岁的跳台女选手已经不年轻，陈若琳身后有一群迅速成长的小妹妹。但是陈若琳坚持不懈刻苦训练，在伦敦夏奥会上实现了个人和双人两项赛事卫冕。

2016 年里约夏奥会，陈若琳尽管没能最终参加女子十米台的个人比赛，但在女子双人十米台上，她和刘蕙瑕搭档获得冠军，这是陈若琳在女子双人十米台上的三连冠。

全红婵走过的成功路，陈若琳在 13 年前已经走过。全红婵即将面临的困难，陈若琳也成功渡过。全红婵在东京夏奥会夺冠时，陈若琳就在现场，她特别兴奋地与全红婵合影。如今成为全红婵的主管教练，陈若琳也必将把自己的经验传授给全红婵，为她在将来的发展道路上铺就锦绣前程。

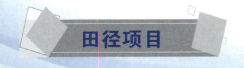

田径项目

只争朝夕

田径是运动之母,也是夏奥会的基础大项。在远古时代,就因生存、狩猎等原因,产生了跑步、投掷等项目。古代奥林匹克运动会,就有田径比赛项目。

现代田径运动则起源于英国伦敦。田径比赛被细分成几十个项目,每个项目在发展过程中,规则也越来越明确。

以短跑为例,最早的短跑比赛,距离并不一致,有 100 码(英制单位,一码相当于 0.914 米)和 100 米不同长度。现代体育场定型以后,短跑比赛绝大多数都采用了 100 米赛道。

在早期比赛,抢跑成为短跑比赛的一种战术,用来扰乱别人的节奏。在早期的夏奥会上,曾出现选手反复抢跑的现象。在如今的田径比赛规则里,对抢跑采取了零容忍的态度,只要抢跑一次,就会被罚下。

田径比赛分为田赛和径赛两种。田赛是相同的场地和器材,看谁跳得更高或者更远,径赛则是相同距离,看谁能更快到达。

在田径比赛中,男、女选手的器材和距离并不完全相同,因此不能简单比较成绩。比如铅球比赛,男子比赛的铅球重 7.26 千克,女子比赛的铅球重 4 千克;再比如短距离跨栏比赛,男子比赛是 110 米,采用的是 1.067 米高的高栏,女子比赛则是更适合女性运动的 100 米及 0.84 米高的中栏。

如今的田径比赛,科技含量也越来越高。中国选手在科技和先进训练手段的帮助下,也在不断提高自己的成绩。

世界田径格局

不同类型的田径比赛,有不同的格局。以径赛为例,不同距离比赛,格局有明显差异。

以爆发力见长的短跑项目,在中北美及加勒比海地区和欧洲开展较好。21世纪以来,以博尔特为首的牙买加选手常常席卷短跑项目的奥运金牌。博尔特退役后,又逐渐回到群雄纷争的局面。

而在长跑项目上,以埃塞俄比亚、肯尼亚为首的东非国家占据了上风。从男子5000米、10000米到距离最长的马拉松,总会看到埃塞尔比亚选手的身影,格布雷西拉西耶、贝克勒等名将不断刷新世界纪录。肯尼亚选手则称霸男、女3000米障碍赛,时常有包揽前三名的壮举。

男、女100米比赛以及男、女4×100米接力比赛,因距离短、速度快、爆发力强,而广受大家欢迎。中国选手也在这些项目上奋力前行,不断挑战自己。

中国选手永远前进

中国不是田径强国,但他们从未放弃不断挑战自我的步伐。

在田赛的跑步项目中,中国选手截止到东京夏奥会,一共获取过3枚奥运金牌,分别是1996年亚特兰大夏奥会,王军霞获得女子5000米冠军;2004年雅典夏奥会,刘翔获得男子110米栏冠军以及邢慧娜获得女子10000米冠军。

在短跑项目上,中国选手也一直在突破。在东京夏奥会上,苏炳添跑出9.83秒的亚洲纪录,并闯入男子100米决赛,创造中国选手的最好成绩。苏炳添、谢震业等选手组成的中国男子接力队在东京夏奥会男子4×100米接力比赛中获得第四名,同样创造了最好成绩。虽然他们并没能最终站上领奖台,但大家仍为这种不断挑战自我的奋斗精神而鼓舞。

中国在世界竞走强国中占有一席之地。中国选手一共获得5枚奥运竞走金牌,分别是陈跃玲、王丽萍、陈定、刘虹和王镇。在其他世界大赛上,中国选手也多次获得世界冠军。

在田赛中,中国选手有非常好的传承。郑凤荣在20世纪50年代曾打破女子跳高世界纪录,20世纪80年代朱建华则3次打破男子跳高世界纪录。

中国选手在女子铅球项目上一直保持领先优势,李梅素、黄志红、隋新梅等老一辈选手多次在世界大赛上获得好成绩。在夏奥会上,她们也多次站上领奖台。中国选手经过30多年的努力,巩立姣最终实现了几代选手的梦想,在东京夏奥会上获得金牌,这是一次重大突破。

同样的突破还体现在刘诗颖身上。早在1991年日本东京田径世锦赛上,中国选手徐德妹就曾获得女子标枪金牌。在后来的比赛中,几代选手也在不断努力,最终刘诗颖在东京夏奥会上,第一投就表现出上佳状态,最终获得金牌。

在东京夏奥会上,同样获得突破的还有朱亚明,他在男子三级跳远中获得银牌,获得世人瞩目。

在东京夏奥会上,中国田径队一共获得了2金2银1铜的成绩,分别是:

8月1日

金牌　巩立姣　女子铅球

8月3日

银牌　王铮　女子链球

8月5日

银牌　朱亚明　男子三级跳远

8月6日

金牌　刘诗颖　女子标枪

铜牌　刘虹　女子20公里竞走

前辈的指引

1932 年,刘长春在洛杉矶夏奥会上参加了男子 100 米比赛,这是中国选手第一次站上奥运赛场。2021 年,苏炳添在东京夏奥会男子 100 米比赛中获得第六名,这是中国选手第一次在该项目上闯入决赛。对此,苏炳添表示,那是前辈的指引,而自己则完成了历代前辈的嘱托。

起跑

苏炳添 1989 年出生于广东省中山市,从小爆发力极强。苏炳添个子不高,却可以起跳扣篮,也佐证了他出色的爆发力。上初中时,苏炳添进入了学校的田径队。

2004 年 11 月,15 岁的苏炳添在中山市中学生比赛中获男子 100 米冠军,从而进入中山市体校。2007 年,苏炳添因成绩优异,进入广东省田径队,开始专业训练。2009 年,苏炳添进入了国家田径队,开始在国内外的比赛中崭露头角。

2010 年,苏炳添和队友合作,获得广州亚运会 4×100 米接力冠军。2011 年,苏炳添在田径亚锦赛上获得男子 100 米冠军,开始成为亚洲选手中的佼佼者。

1998 年,日本选手伊东浩司在亚运会上跑出 10 秒整的成绩,创造了亚洲纪录。亚洲本土出生的选手何时能突破 10 秒大关,是每个亚洲田径优秀运动员的目标。成为亚洲冠军后,苏炳添也在为这一目标努力。

2012 年伦敦夏奥会,苏炳添在男子 100 米比赛中,从小组赛突围进入半决赛,创造了中国男选手在该项目中的历史最好成绩。

苏炳添没有放松追赶的脚步,突破 10 秒大关一直成为他追求的目标。但是在男子 100 米比赛中,想进步 0.01 秒都是非常困难的事情,而这时苏炳添的成绩仍在 10.20 秒左右徘徊。

2013 年 8 月 12 日，队友张培萌在莫斯科世锦赛上跑出 10 秒整的成绩，刷新了苏炳添 10.16 秒的全国纪录。看到这一成绩，苏炳添也加紧了追赶的步伐。

2014 年，国家体育总局田径运动管理中心执行了"请进来、走出去"的方针，一方面允许聘请国外优秀的教练进来，另一方面对国内优秀选手走出去开绿灯。

苏炳添刚到国外的时候，很好奇外国教练指导的技术动作，认为这么跑是不行的。但慢慢的，苏炳添发现外教说得没错。100 米比赛并非是一个速度跑到底，需要有节奏分配。苏炳添为了提高成绩，毅然决定在 2014 年底更改技术，从右脚起跑改为左脚起跑，步伐则从 47 步改为 48 步。作为一个技术已经定型的选手来说，这种更改，风险和收获并存。好在，苏炳添很快看到更改技术给他带来巨大的变化。

2015 年 5 月 31 日，苏炳添在国际田联钻石联赛美国尤金站的比赛中，跑出 9.99 秒的成绩，获得男子 100 米比赛第三名。这是亚洲本土选手第一次突破 10 秒大关，虽然只有 0.01 秒的进步，但却浓缩了两三代选手长达 17 年的努力。

这次突破让苏炳添信心大增，有了更强的欲望去不断挑战和尝试。很快苏炳添再次用行动证实，他不是昙花一现。

2015 年，世界田径锦标赛在北京举行。8 月 23 日进行的男子 100 米决赛上，苏炳添和世界纪录保持者博尔特同场竞技，再次跑出了 9.99 秒的成绩。在一年内两次突破 10 秒大关的同时，苏炳添也成为第一个进入世锦赛男子 100 米决赛的亚洲本土选手。

加速

2016 年里约夏奥会，苏炳添再次进入男子 100 米半决赛，最终获得第 14 名，成绩依然非常不错。

2017 年 5 月 13 日，苏炳添在国际田联钻石联赛上海站比赛中以 10.09 秒成绩夺冠，成为第一个获得钻石联赛男子 100 米冠军的中国选手。不久以后，苏炳添跑出 9.92 秒的成绩，但可惜风速刚刚超标，因此不能算作新的全国纪录。

9 月份，苏炳添第三次参加亚运会，但因为在决赛前做准备动作时不慎拉伤，最终不敌谢震业无缘金牌。

2017 年 10 月 10 日,苏炳添和相恋多年的女友步入结婚礼堂。此后,28 岁的苏炳添萌生退意,想渐渐退出一线队伍。但外教兰迪的到来,让苏炳添改变想法。

2017 年 11 月, 苏炳添开始接受兰迪·亨廷顿指导。兰迪首先参照 "冠军模型",对苏炳添的体能和技术状况进行分析,并根据他的体能等方面的问题,制定出个性化的训练方案。

一开始,兰迪建议苏炳添改变起跑时前后脚的距离,并加强接触地面时腿部练习。苏炳添尽管已进入职业生涯的后期,但仍按照外教的要求进行技术转变。两个月后,苏炳添带着新的技术参加了一场在欧洲进行的比赛,取得非常良好的成绩。这让苏炳添感觉到,这个教练有水平。从此苏炳添开始在外教指导下更勤奋地训练。

一开始,外教布置的很多技术动作苏炳添都很难完成,即使勉强做完,大腿也会非常疼。当苏炳添不断加强自己肌肉力量后,发现自己再做这些动作已经很容易了。苏炳添认为这是一个循序渐进的过程,一些国外体能器械,苏炳添一开始只能完成 900 次,但到后来他可以轻松完成 3000 次。

在以往的比赛中,苏炳添的起跑和前半程非常优秀,甚至可以跑在博尔特的前面,但他的后半程却是弱项。兰迪的到来,帮助苏炳添解决了冲刺加速的问题。男子 100 米比赛,40 米后需要有二次加速,这样才不会让自己速度下降太快。

苏炳添认为,自己后半程不足,主要原因还是因为肌肉能力和力量的不足。跟着兰迪训练后,苏炳添的身体机能增长迅速,发生了翻天覆地变化,他的成绩也突飞猛进,2018 年三次闯入 10 秒大关。

首先,2018 年 6 月 22 日, 苏炳添在国际田联世界挑战赛马德里站男子 100 米决赛中,跑出 9.91 秒,获得冠军,把自己的最好成绩一下子提升了 0.08 秒,平了亚洲纪录。

一周以后,苏炳添在国际田联钻石联赛巴黎站的男子 100 米比赛中,再次跑出 9.91 秒的成绩,取得第三名的好成绩。

8 月 26 日,在雅加达亚运会上,苏炳添在男子 100 米比赛中,以 9.92 秒的成绩夺冠,打破了亚运会纪录。这是中国男选手第二次在该项目上夺冠。

2019 年,苏炳添深受腰伤困扰,成绩开始下滑,多次跑出 10.20 秒甚至 10.30 秒以外的成绩。有伤在身、成绩下滑、年龄增长,苏炳添感到有些灰心。2020 年后,因新冠疫情的关系,苏炳添在长达一年半的时间里没能参加比赛。外界也开始渐渐担忧苏炳添是否还能再回巅峰。

2021 年 4 月 24 日,苏炳添参加了在广东肇庆举行的田径分区邀请赛,他最终跑出 9.98 秒，再一次突破 10 秒大关，而他上一次跑进 10 秒，还是在两年半以前的亚运会上。

冲刺

2021 年 7 月 31 日，东京夏奥会男子 100 米预赛开始。和前两届夏奥会目标冲半决赛不同，这次苏炳添的重任是冲决赛，因此他在预赛中跑得非常轻松，以 10.05 秒的成绩获得小组第二，成功晋级半决赛。赛后，苏炳添表示，预赛的目标就是找找比赛的感觉。

但进入半决赛后，想进入决赛的难度陡然增大，24 人中只能有 8 人晋级，淘汰率达到 2/3。半决赛分为三个小组进行，每个小组只有前两名能够确保出线，三个小组中除了已出线选手外，成绩最好的两名选手也可以晋级决赛。此外，为了使比赛更具观赏性、也更为刺激，半决赛和决赛在同一天进行，相隔时间只有两个小时。

苏炳添在半决赛被分在第三组，赛前苏炳添发现，只要能跑进 10 秒就很有希望进入决赛。但人不是机器，不可能需要多快就能确保多快，0.01 秒的差距马虎不得。苏炳添的任务就是成为第一个跑进夏奥会男子 100 米决赛的亚洲本土选手，因此他在半决赛必须全力以赴，不能有丝毫松懈。

枪响了，苏炳添一马当先，渐渐身边有人追了上来。到终点时，苏炳添和几名选手并驾齐驱，很难用肉眼进行分辨。苏炳添趴在跑道上，非常兴奋地用手拍打着塑胶跑道，他胸有成竹，知道这次一定能够成功。成绩出来了，9.83 秒，苏炳添创造了新的亚洲纪录，以半决赛第一的成绩，实现闯入决赛的梦想。

在决赛中，苏炳添被分在第六道。第一次起跑，英国选手因为抢跑被罚下。苏炳添赛后表示，他没有因为这次意外被打乱节奏，而是很清楚知道自己应该在比赛中如何去做。最终，苏炳添以 9.98 秒的成绩获得第六名，创造了中国选手乃至亚洲本土选手在夏奥会上的最好成绩。

苏炳添日后回顾自己的成绩时表示，在男子 100 米比赛中，以前一直有亚洲本土选手跑不进 10 秒的说法，他认为这种说法不对。苏炳添认为，之所以从前没能跑进 10 秒，是因为大家一直以来的训练理念存在一定问题，一旦做到了，是可以跑出好成绩的。

苏炳添特别感谢刘翔，他认为刘翔是中国乃至是整个亚洲短跑项目的引路人。苏炳添说，刘翔用实际行动证明了，亚洲本土选手可以有能力站上夏奥会短跑决赛跑道，并有实力拿冠军的。

苏炳添也回顾了刘长春参加 1932 年洛杉矶夏奥会男子 100 米比赛的往事。苏炳添把刘长春看成短跑界的领路人，给后人以指引，告诉大家中国人是可以参加夏奥会的。苏炳添表示，刘长春之后不断有人参加夏奥会，会把经验、参赛技巧等方面传给后人，为后人打下基础。东京夏奥会是苏炳添在前人的基础上完成了梦想，实现历代前辈的嘱托。

苏炳添认为，他们这代选手在走出去之后，不断摸索、不断磨合，向国外学习先进的训练理念和方法，才能取得 9.83 秒的好成绩。苏炳添觉得，这些摸索经验也会给后面的选手打好基础。

苏炳添坚信，将来一定能有优秀选手超越他，希望他们将来能站上夏奥会领奖台，甚至获得冠军。

合 力

苏炳添在男子 100 米比赛中不断创造佳绩，而以苏炳添、谢震业为首的中国男子接力队在东京夏奥会上也取得了非常优异的成绩，并最终有望获得奖牌。

这支中国男子接力队成立已经有七八年历史，人员也多次调整，但苏炳添和谢震业一直是骨干力量。2014 年仁川亚运会上，苏炳添、陈时伟、谢震业和张培萌以 37.99 秒的成绩打破亚洲纪录，获得亚运会冠军。

从 2014 年底开始，中国短跑队每次集训的时候，都会进行接力练习，巩固和加强交接棒技术和默契程度。美国、牙买加等世界短跑强队虽然个人实力非常突出，但却疏于配合，美国接力队频频在世界大赛中掉棒，就是源于这个原因。而中国队则抓住契机，在细节问题上刻苦训练，改掉了在交接棒环节有些停滞的问题。

2015 年北京田径世锦赛上，由莫有雪、谢震业、苏炳添和张培萌组成的中国接力队在男子 4×100 米决赛中跑出 38.01 秒，获得银牌，这是中国男选手在世界大赛上的第一枚接力项目奖牌。

2016 年里约夏奥会，汤星强、谢震业、苏炳添、张培萌组队，在接力预赛中跑出 37.82 秒的成绩，打破亚洲纪录晋级决赛。在决赛中，中国队以 37.90 秒的成绩最终获得第四名。

张培萌退役以后，中国接力队多次进行调整，只有苏炳添和谢震业稳定在队伍中。2019年多哈田径世锦赛上，由苏炳添、许周政、吴志强和谢震业组成的中国队跑出37.79秒的成绩，创造了新的全国纪录。

东京夏奥会上，中国接力队前三棒选择了和里约夏奥会的原班人马汤星强、谢震业和苏炳添，最后一棒则由吴志强替代已退役的张培萌。由于国际田联要求，参加接力的选手必须是本国奥运选拔赛前六名选手，因此留给中国队进行训练的时间很少。2021年6月份，国内选拔赛结束后，中国队开始进行训练，以在最短的时间内达到默契。

东京夏奥会，中国队期待能够站上领奖台，最差也要打破全国纪录，因此全队充满信心出征东京。

在夏奥会预赛中，中国队以37.92秒的成绩，仅次于牙买加队，名列小组第二，成功晋级决赛。在决赛中，中国队跑出了37.79秒的成绩，追平了全国纪录，第四名的成绩也追平了奥运最好成绩。

夏奥会结束后，传来英国队选手吉津杜·乌贾兴奋剂检测呈阳性的消息。2021年9月14日，吉津杜·乌贾的B瓶尿检结果被公布，和A瓶检测结果一致为阳性。英国队在夏奥会接力比赛中获得银牌，他们因兴奋剂事件被取消成绩，中国队则递补铜牌。

2021年8月8日，东京夏奥会闭幕，在个人和接力项目上获得优异成绩的苏炳添成为闭幕式中国旗手，苏炳添表示，能够担任旗手是中国田径人的荣耀。

China，牛！

东京夏奥会上，以巩立姣为首的中国田径队在田赛赛场上大爆发，纷纷创造出中国奥运史最好成绩。女子铅球历时 33 年，实现了从铜到金的转变，女子标枪也站到了最高领奖台，巩立姣拿到中国选手在夏奥会上的田赛第一金。女子链球获得银牌追平历史记录，男子三级跳远获得银牌则改写历史。

成长

很难用是否幸运来评价巩立姣，这个壮实又常常面带笑容的河北女孩，参加了四届夏奥会，在前三届，她曾获得过一银一铜的成绩，但却从未站上过领奖台。按说前三名都可以登上领奖台看着国旗升起，巩立姣既获奖牌又没登过领奖台，这是一个悖论。到底是为什么呢？

中国女子铅球具有很强的实力。1988 年，李梅素在汉城夏奥会上获得该项目铜牌。1991 年东京田径世锦赛，黄志红获得女子铅球金牌，这是中国女子铅球选手第一次在国际大赛上夺冠。1993 年斯图加特田径世锦赛，黄志红成功卫冕。

不过中国选手一直没能在奥运赛场站到最高领奖台。1992 年巴塞罗那夏奥会，黄志红获得银牌。1996 年亚特兰大夏奥会，隋新梅获得铜牌。想站上最高领奖台，中国田径队还需要一代又一代的年轻人为之努力。

1989 年，巩立姣出生在河北省石家庄市。巩立姣从小爱运动，力气很大，不过和现在不同，那时她又高又瘦。

有一次乡里开运动会，巩立姣去帮忙，需要把别人扔过来的东西给扔回去。有个老师发现她很有力气，扔得很远，于是让她去参加比赛。结果巩立姣真就拿个铅球冠军回来。这样的天赋，让体育老师对巩立姣刮目相看。

2001 年,巩立姣进入石家庄体校,进行铅球训练。2004 年,巩立姣又进入河北省田径队。

巩立姣认为,铅球给她的生活带来很多改变。巩立姣自认是一个胆子很小的孩子,练了铅球以后,胆子大了起来,性格也开始外向。

巩立姣进入河北省田径队后不久,2004 年雅典夏奥会开赛,其中两名中国选手给巩立姣留下了深刻印象。巩立姣一开始练铅球,并没有什么远大目标,最多想着考试能加分。

但郭晶晶和刘翔在雅典夏奥会夺冠,给巩立姣留下了深刻印象。为什么是这两个人呢?因为郭晶晶是河北人,和巩立姣是老乡;刘翔是田径选手,和巩立姣是一个大项目。巩立姣开始有在夏奥会上夺取金牌的愿望。

巩立姣训练非常自觉。虽然练铅球很枯燥无味,天天和一个铁疙瘩交往,但巩立姣自己会给自己定下目标。教练给的任务,巩立姣经常会超额完成。比如教练安排投 50 次,巩立姣往往会投上 200 次。而这 200 次还要有质量保证,得能到一个距离才可以。如果这一天没能超过这个距离,巩立姣会继续投,一直到投过为止,否则就不下课。

2007 年,巩立姣进入国家队,成为女子铅球项目的主力选手。2008 年北京夏奥会,19 岁的巩立姣开始人生第一次夏奥会比赛。

对巩立姣来说,这次比赛的压力不小,年轻、主场、没经验,鸟巢宏大的场面,让第一次踏上奥运赛场的巩立姣腿都有点发抖。在这种情况下,第五名看上去是说得过去的成绩。

很快,前几名中有人兴奋剂检测呈阳性,巩立姣名次被提升到第四名。又过了几年,当年夺得奖牌的又一名选手被追查出兴奋剂不过关,巩立姣被递补为铜牌。当巩立姣真正拿到这块铜牌的时候,已经是 2019 年 12 月 26 日,离她比赛时已经过去了 11 年。

2009 年田径世锦赛,巩立姣获得了女子铅球铜牌,这是她"第一次"站上世界大赛的领奖台,因为北京夏奥会虽然她最终获得铜牌,但因为是后来递补的,她没能在鸟巢赛场目送国旗升起。

2009 年全运会,巩立姣投出 20.35 米的个人最好成绩,获得女子铅球冠军。这个成绩,在任何一次世界大赛上,都非常有望获得奖牌,甚至有可能是金牌。

在国际比赛上屡屡站上领奖台,巩立姣期望自己能在 2012 年伦敦夏奥会获得前三名,为祖国升起国旗。可命运又一次捉弄了她。

2012 年 8 月 6 日,巩立姣在夏奥会女子铅球决赛中发挥出色,在最后一投前排在第三名,非常有望站上领奖台。但最后一投时,之前 3 投全部失误的俄罗斯选手克洛德科掷出了 20.48 米,巩立姣痛失铜牌。

仅仅过了 7 天,即伦敦夏奥会闭幕的第二天,获得女子铅球冠军的选手被查出兴奋剂阳性,金牌被追回,巩立姣被递补为铜牌。4 年后,伦敦夏奥会尿样被重新检测,当时最后一投神奇反超巩立姣的克洛德科的尿样出了问题,巩立姣又递补为银牌。

命运

两次获得奥运奖牌却错失奥运颁奖仪式,巩立姣把希望寄托在 2016 年里约夏奥会。

2016 年 5 月 21 日,巩立姣在德国哈勒投出了 20.43 米,把自己的最好成绩提高 8 厘米。同时这个成绩也是该赛季的世界最好成绩,巩立姣把里约夏奥会的目标定在夺取金牌。

然而在里约,巩立姣因状态不佳,最终获得第四名。在比赛中,巩立姣感到自己状态始终起不来,无论怎么调整都没有起色。夏奥会后,巩立姣心情非常不好,每天都会落泪,不愿意见到任何人。

三次夏奥会都没能站到领奖台,巩立姣甚至有时会想,自己是不是就是没有这个运气,要不要放弃呢?27 岁的巩立姣站在了人生的十字路口。

但巩立姣绝不甘心就这样失败,她还要闯一闯。巩立姣放下所有杂念,坚持每天走上训练场。

2017 年伦敦田径世锦赛,巩立姣一举投出 19.94 米,成功获得女子铅球冠军,这是她第一次在世界大赛上获得金牌。收获还在继续,2019 年 10 月,巩立姣在多哈世锦赛上,卫冕女子铅球冠军。由于没能在比赛中突破 20 米,巩立姣多少有些遗憾。

赛后,巩立姣憧憬东京夏奥会,"虽然我第二、第三、第四都得过了,但还没站到奥运会领奖台上。所以,我希望能够在东京弥补遗憾,站到最高领奖台上。"

但因为新冠疫情的原因,东京夏奥会延期一年进行,这对已经年过 30 的巩立姣来说,影响很大。伤病随之而来,膝盖肿得非常厉害,训练、走路都深受影响。好在巩立姣进行长时间调整后,恢复了状态。

2021 年 6 月,在东京夏奥会开赛一个多月前,巩立姣展示了良好的竞技状态。13 日,她在全国田径冠军赛上,投出 20.31 米,获得冠军。27 日,巩立姣在全国田径锦标赛上又一次投出超过 20 米的成绩,20.39 米,刷新了赛季世界最好成绩。

"这是我的巅峰时期,只要我保持竞技状态,不出伤病,东京奥运的金牌已经抓住一半了。"在东京夏奥会前,巩立姣信心满满。

在东京夏奥会女子铅球预赛中,巩立姣第一投就投出 19.46 米,这一成绩已经远远超出及格线,直接晋级决赛。网友们纷纷笑称巩立姣"10 秒打卡下班"。

8 月 1 日上午,女子铅球决赛开始,巩立姣从第一投开始就确立了优势。第五投,巩立姣投出了 20.53 米,超越了自己的个人最好成绩。看到这一结果,巩立姣心里有底了:冠军已经稳了。投完这个球以后,巩立姣路过摄像机时,指了指胸口位置的国旗,然后双手竖起大拇指,大喊了一句"China,牛!"

但巩立姣的表演还没有结束,第六投,20.58 米,巩立姣又一次投出个人最好成绩。巩立姣说过,铅球就是自己和自己比的项目,这一次她完美诠释了什么叫超越自我。

夺冠之后,巩立姣潸然泪下,这枚金牌她等了 21 年,"我想感谢祖国的培养,还有我的团队,他们很辛苦,很渴望我拿到冠军,这枚金牌不仅仅属于我自己,也是属于团队的每一个人。"

两次获得奖牌却错过领奖台,这给巩立姣留下极大遗憾,因此夺冠后,巩立姣期望能马上就举行颁奖仪式,她要亲眼看着国旗升起,亲耳听到国歌奏响,跟着唱《义勇军进行曲》。

回顾这些年的努力,巩立姣表示"人间值得"。东京夏奥会延期,巩立姣曾非常失落,这对一个年过 30、又有伤病的选手来说太难了。好在,经过自己不懈奋斗,终于获得奥运金牌,巩立姣觉得,所有的坚持都值得了。

谈到是否能征战 2024 年巴黎夏奥会,巩立姣表示,这需要更大的勇气,但她会去努力争取,"不管能不能拿到冠军,我应该承担起带新队员的责任,为中国田径做更多的事。"

同伴

巩立姣夺冠后,和她住在奥运村同一个房间的中国女子标枪选手刘诗颖开玩笑说,"我要沾一下你的喜气。"

中国选手在女子标枪上有传统,早在 1991 年东京世界田径锦标赛上,徐德妹就曾拿到过女子标枪冠军。2019年多哈世锦赛,刘诗颖和吕会会分别拿到银牌和铜牌。

刘诗颖1993年出生于山东省烟台市,2005年开始学习标枪。东京夏奥会,刘诗颖与名将吕会会联袂出征。波兰名将安德烈奇对金牌志在必得,她在2021年投出了71.40米的成绩,秒杀世界所有选手。

2021年8月6日,女子标枪决赛开始,刘诗颖最后一个登场,第一投就投出66.34米的成绩,刷新个人赛季最好成绩的同时,排在了决赛第一位。标枪出手时,刘诗颖就预感到成绩不错,紧紧盯着标枪的运行轨迹,看到标枪落地后,她双手握拳。

赛后,刘诗颖表示,第一投机会很珍贵,她就是想尽力做好。经过一轮试探,参加决赛的选手开始纷纷发力追赶刘诗颖的成绩。第五轮,有伤在身的刘诗颖选择了跳过,因为肩伤疼得厉害,也会影响发挥。第六轮,刘诗颖静静看着,当看到主要对手都没能超过自己后,她明白自己已经夺冠。当最后一个对手投完,刘诗颖振臂高呼,开心地笑了。从教练手里接过国旗后,刘诗颖和队友吕会会一起身披国旗庆祝。

同样为投掷项目的女子链球上,34岁老将王峥奋力一搏,获得银牌,追平张文秀在北京夏奥会上获得银牌的最好成绩。

女子链球相比女子铅球和女子标枪来说是个新生项目,2000年悉尼夏奥会首次设置女子链球比赛。中国名将张文秀在2008年北京夏奥会上获得铜牌,8年后,因当年冠军兴奋剂阳性,张文秀被递补为银牌。2016年里约夏奥会,张文秀再次获得银牌。

张文秀退役后,王峥延续了中国女子链球在世界赛场的实力。2017年和2019年两届田径世锦赛,王峥都站上了领奖台,分别获得亚军和季军。

在东京夏奥会上,王峥以预赛第二的成绩晋级决赛,获得第一的是波兰名将沃达尔奇克,她自2013年开始在链球赛场保持不败,有"链球女王"的称呼。

在8月3日举行的女子链球决赛中,王峥第二投就取得75.30米的成绩,排名第二。第五投后,王峥名次落到了第三位。作为一名34岁的老将,王峥在个人奥运赛场最后一投时完美发挥,取得77.03米的成绩,锁定银牌。

赛后,王峥泪流满面,这位历经三届夏奥会的老将,在即将告别奥运赛场的最后一投完美发挥,实现了自己站上领奖台的梦想。

男子田赛项目则由男子三级跳远选手朱亚明取得突破,这个刚刚转入专业训练6年的选手,在东京夏奥会一鸣惊人。

田径爱好者都知道,20世纪80年代初,中国田径队有位三级跳远的名将邹振先,一举跳出17.34米的全国纪录兼亚洲纪录。这个纪录在中国保持了28年,直到2009年才由河北选手李延熙以17.59米的成绩打破。12年后,朱亚明用奥运银牌实现中国田径选手站上该项目奥运领奖台的梦想。

朱亚明1994年出生,2013年考入沈阳体育学院。作为业余选手,朱亚明在校运会上打破了学校的男子三级跳远纪录。2015年,朱亚明进入辽宁省田径队开始专业训练。

一开始,朱亚明在国际赛场名不见经传,2019年一次比赛中,他跳出17.36米的成绩,开始受到国际赛场的青睐,邀请他去参加国际田联的各项赛事。

2021年8月5日,朱亚明在东京夏奥会男子三级跳远决赛上,第二跳就取得17.41米的成绩,刷新个人最好成绩。在第五跳,朱亚明跳出17.57米,离亚洲纪录只差2厘米,这一成绩帮朱亚明锁定银牌,打破中国选手在里约夏奥会上获得铜牌的最好成绩。能跳出这样的成绩,朱亚明非常兴奋,由于自己起跳时踩了满板,他觉得自己很幸运。

三级跳远的运动寿命较长,往往30岁还能出成绩。英国曾经的三级跳天王爱德华兹就是在29岁的年龄跳出举世震惊的19.29米。3年后的巴黎夏奥会,朱亚明年届30,他的教练对未来充满期望。

长风破浪会有时

游泳和田径一样,是夏奥会的基础大项。广义的游泳是一个大项,包含游泳、公开水域游泳(即俗称的马拉松游泳)、花样游泳、跳水和水球5个中项。如果按照大项算,游泳大项的总金牌数比田径还要多。我们这里讨论的游泳,是指中项,即在泳池中的游泳项目。

游泳项目一共产生35枚金牌,是夏奥会金牌第二大户。正式游泳比赛有4个泳姿,即自由泳、蝶泳、蛙泳、仰泳,所有比赛都围绕着这些泳姿展开。

自由泳是水中最快的泳姿,在夏奥会上设项最多,有50米、100米、200米、400米、800米以及1500米6个比赛距离。其余3个泳姿均只有100米和200米两个比赛距离。此外,游泳项目还有混合泳比赛,团队项目还有3种接力项目。以上项目均按男、女性别设项,共有34金。

东京夏奥会新增了一个比赛项目,是深受观众欢迎的性别大战——男女混合4×100米混合泳接力。比赛规定,每个参赛队伍为两男两女,按顺序分别游蝶、仰、蛙、自4种泳姿,但每个泳姿不限性别。这个比赛综合考量一个参赛队的整体实力,引人关注。

世界格局

在世界游泳赛场,美国、澳大利亚、加拿大及欧洲各国均有不俗实力,中国也有良好表现。

在东京夏奥会上,美国游泳队在泳池中获得11金,排在游泳项目的榜首;澳

第一部分 夏奥会项目

93

大利亚游泳队以 9 金紧随其后；中国游泳队获得 3 金，排在第四位。

　　美国称雄泳池的原因，是因为他们常有明星选手，会在多个项目上夺冠。最有名的例子当数菲尔普斯，他在 2008 年夏奥会上共获得 8 金。

　　东亚选手在游泳项目中也占有一席之地，中、日、韩选手均多次站上奥运领奖台。

中国力量

　　改革开放后，游泳成为中国人日常喜爱的运动之一，民间普及度非常高。群众基础好了，中国泳军在国际赛场上的成绩也水涨船高。

　　1991 年游泳世锦赛，钱红获得女子 100 米蝶泳金牌，成为新中国第一个游泳世界冠军。1992 年巴塞罗那夏奥会，庄泳获女子 100 米自由泳金牌，获中国奥运游泳第一金。

　　近些年来，中国选手在女子蝶泳项目上表现出强劲实力，刘子歌、焦刘洋分别在北京夏奥会和伦敦夏奥会上夺冠。东京夏奥会上，张雨霏延续了中国泳军的辉煌，获得女子 200 米蝶泳金牌。张雨霏还创造了中国泳坛一个神话，她在夺冠一个小时后，和队友合作，获得女子 4×200 米接力冠军。放眼整个世界泳坛，同一人在一天之内获得两金是非常罕见的壮举。

　　中国选手在混合泳项目上也有不错表现。1992 年巴塞罗那夏奥会，林莉就曾获得女子 200 米个人混合泳冠军。2012 年伦敦夏奥会，叶诗文获得女子 200 米和400 米双料个人混合泳冠军。

　　自张琳在 2009 年游泳世锦赛为中国男子选手首夺世界冠军以来，中国游泳男队开始崛起，在近几届夏奥会上都有良好表现。在东京夏奥会上，汪顺获得男子200 米个人混合泳金牌，徐嘉余、闫子贝与女选手合作获得男女混合 4×100 米混合泳接力银牌。

　　在东京夏奥会上，中国游泳队一共获得了 3 金 2 银 1 铜的成绩，分别是：

7 月 26 日

银牌　　张雨霏　　女子 100 米蝶泳

铜牌　　李冰洁　　女子 400 米自由泳

7月29日

金牌　张雨霏　女子200米蝶泳

金牌　杨浚瑄、汤慕涵、张雨霏、李冰洁　女子4×200米自由泳接力

7月30日

金牌　汪顺　男子200米个人混合泳

7月31日

银牌　徐嘉余、闫子贝、张雨霏、杨浚瑄　男女混合4×100米混合泳接力

"大手大脚"小叶子

从小因手大脚大的叶诗文被选中学游泳,16 岁就在伦敦奥运赛场获得 200 米和 400 米两项个人混合泳金牌。

天赋

1996 年,叶诗文出生在浙江省杭州市。6 岁的时候,幼儿园老师看到叶诗文比同龄孩子高很多,手脚也比别人大,就推荐她去体校练游泳。

"妈妈,我要去学游泳。"回家后,叶诗文对母亲大声宣布。因为叶诗文喜欢去西湖划船,父母觉得能学会游泳,再划船也会让人更放心。于是,叶诗文被送入了杭州当地体校。

刚进体校的时候,叶诗文每天下午 3 点去训练,5 点离开,父母则轮流接送。看到叶诗文非常喜欢游泳,父母也心甘情愿陪着她。两个月后,叶诗文因为身体协调能力强、水感好的特点,被启蒙老师魏巍选入了游泳专业班。

进入体校后,叶诗文从未中止过训练,一年 365 天,除了游泳池换水的日子外,她一天都没有落下。

在跟随魏巍训练的几年时间里,叶诗文成为蝶泳、仰泳、蛙泳、自由泳每一样都好的全能型选手,尤其在自由泳项目上更是实力突出,也为日后在夏奥会上破世界纪录打下良好基础。

叶诗文练习游泳刚刚半年, 魏巍就告诉她的父母:"只要没有意外的伤病,你们家孩子,以后是要拼奥运会的。"魏巍判断果然准确,叶诗文在 16 岁时就站到了奥运赛场。

魏巍发现，在队内比赛时叶诗文总是最兴奋的人，每逢比赛都会比平常训练游得更好。魏巍开始有意训练叶诗文对赢的渴望，让叶诗文与比自己年长的孩子比赛，在她赢的时候重点表扬她，以树立叶诗文的信心。

　　10 岁时，叶诗文获得了浙江省运会 50 米自由泳冠军，浙江省游泳队希望叶诗文能进入省队，但叶诗文的父母很犹豫。是走体育专业路线还是考大学，父母也没有答案。但叶诗文的回答非常干脆："我要继续游泳。"于是，11 岁的叶诗文在 2007 年 9 月进了浙江省游泳队，跟着楼霞教练训练。楼霞非常喜欢叶诗文，认为她是个非常要强的孩子。

　　2008 年初，杭州下起了大雪，叶诗文周末回家吃饭的时候，一直阴沉着脸，这是因为她在比赛中输给了一位比她大 1 岁的队友。吃着饭，叶诗文突然放下碗筷，跑到阳台上喊："我一定要赢了你！"1 个月后，她果然赢了这位队友。

　　叶诗文胆子很大，加上平时因为游泳而特意剪的一头短发，看上去像个男孩子。去游乐园时，叶诗文非常喜欢坐过山车，当妈妈吓得不敢看时，叶诗文却觉得非常过瘾。

　　楼霞总是喜欢分享叶诗文的一个小故事：有一次队友们一起打水球比赛，规定输的一方要从 10 米跳台往下跳。结果其他小孩都不敢跳，一个个吓得哇哇哭，只有叶诗文直接走上 10 米高空跳下来。当大家问她怎么不怕，叶诗文很平静地说："有什么了不起的？怕什么？"

　　楼霞的丈夫徐国义是国家队教练，他第一次见到叶诗文的时候，看到叶诗文正不紧不慢在泳池里游泳，身材似乎也一般。徐国义问妻子："这是谁走后门送进来的？"楼霞却说："她快起来会让你吃惊的。"经过楼霞提醒，徐国义仔细看了看，觉得叶诗文水感好，果然是个好苗子。

　　2008 年底，叶诗文进入国家队，到徐国义麾下训练。楼霞非常舍不得，告诉徐国义，这孩子潜力非常好，要重点培养。

成长

　　刚到北京的时候，每天训练量非常大，经常要游上个七八千米。每天训练完，叶诗文都累得脱力，甚至都走不动。实在太累了，叶诗文还会在泳池里哭上一鼻子，但教练布置的任务，叶诗文从不会逃避。

叶诗文是个省心的孩子，只要教练说过的话，她都会仔细去想，下水后准能按照教练的要求做到位。做错的动作，只要教练纠正一次，叶诗文就再也不会犯相同的错误。

2010年，是叶诗文开始崭露头角的一年。在4月份的全国锦标赛上，14岁的叶诗文获得女子200米个人混合泳冠军。11月，亚运会在广州举行，叶诗文又一次摘得女子200米个人混合泳金牌。

在广州亚运会上看过叶诗文比赛后，曾任中国游泳队总教练的陈运鹏表示："叶诗文比赛不像和谁在拼命，而是如鱼得水，四种泳姿技术都很全面。如果不看年龄，怎能相信这只是一个14岁的天才？如果她能解决出发和转身的问题，在伦敦夏奥会上前途不可限量。"

2011年7月，游泳世锦赛在上海举行。到上海后，叶诗文突然牙疼，因为担心打麻药会影响世锦赛的兴奋剂检测，叶诗文强忍着疼，从牙龈抽血来进行减压处理。

在世锦赛200米个人混合泳决赛上，叶诗文入水并不快，第一个泳姿蝶泳游完才第六，游完仰泳和蛙泳后，叶诗文排在第五，这时比赛已游完150米，还剩最后50米，泳姿是自由泳。叶诗文开始施展最后50米独步天下的技术，一连超过包括奥运冠军澳大利亚选手莱斯在内的4位名将，以2分08秒90的成绩夺冠。

世锦赛夺冠后，有一天叶诗文去银行，一个工作人员看了看她，走过来问："你是叶诗文吗？"当得到肯定的答复后，那个工作人员要了签名并与叶诗文合影。第一次被人认出来，叶诗文很高兴。

2011年世锦赛后，叶诗文前往海外进行特训。中国游泳训练和海外训练各有千秋，中国游泳队也特意派出优秀选手去学习一下海外的技术。

中国训练比较重视长距离的无氧耐力训练、有氧耐力训练和有氧训练等，但在比赛速度训练、水中训练、每划效果练习等方面经验不足。让叶诗文去海外训练，正是起到取长补短的功效。

外教还非常重视在心理上的引导，经常告诉叶诗文："你要自信，要享受游泳。"有时外教还会说："讲个笑话吧，笑一笑。"外教这些举动，也舒缓了叶诗文心中的压力。

叶诗文的训练也充满了科技含量。

叶诗文在400米个人混合泳中，习惯性在比赛时头部晃动幅度较大，这样会影响比赛的速度。但如果头部不晃动，又使不出力来。

科技人员在叶诗文训练的游泳池安装了两台摄像机，一台装在池边，一台装在池底。别小看池底的摄像机，由于游泳池的水有腐蚀性，一般材料很难经受得住，需要用到高新材料。

叶诗文训练的影像就这样被记录下来，教练通过影像一帧一帧仔细观察，找到了解决问题的办法，也大大提高了叶诗文在 400 米个人混合泳中的速度。

伦敦夏奥会前，叶诗文前往高原进行训练。虽然高原训练非常辛苦，强度也很大，但是对叶诗文的有氧能力和身体力量练习起到了关键性的帮助作用。

奥运

2012 年 7 月底，叶诗文随队来到伦敦参加夏奥会比赛。女子 400 米个人混合泳率先开战，在预赛中，叶诗文以第二名的成绩晋级决赛。

北京时间 7 月 29 日凌晨，决赛开始，叶诗文在第五泳道。比赛前 100 米是蝶泳，匈牙利名将霍斯祖一马当先，叶诗文位列第五。第二个 100 米是仰泳，叶诗文追到第三，虽然还落后霍斯祖以及美国名将贝塞尔，但差距已经微乎其微。

第三个 100 米蛙泳是贝塞尔的强项，她抢到第一位，叶诗文紧紧跟随，只落后了半个身位。最后 100 米自由泳，叶诗文开始发威，仅用了 25 米就追上贝塞尔。当比赛进入最后 50 米时，叶诗文越游越快，贝塞尔已经完全追不上叶诗文。唯一对叶诗文有威胁的是世界纪录，最终，叶诗文以 4 分 28 秒 43 的成绩率先触壁，不仅获得奥运冠军，同时还打破了莱斯保持的世界纪录。

赛后看到自己的成绩打破世界纪录，叶诗文也很吃惊，"我想过要拿奥运冠军，但我没想到能打破世界纪录，"叶诗文说，"我刚下水时脑子一片空白，以为自己落后了，直到蛙泳时才意识到自己已经是前两位。"

两天之后，叶诗文又出现在女子 200 米个人混合泳的决赛场上。和两天前不同，叶诗文在预赛和半决赛都位列第一，展示出足够的统治力。

在决赛中，叶诗文位于黄金第四泳道。在蝶泳中，叶诗文位列第四，但前 4 名差距微乎其微。叶诗文很快在第二个泳姿仰泳中追了上来，排在第一位。但在蛙泳比赛，叶诗文被超越，掉到了第 3 位。

最后 50 米自由泳，叶诗文充分发挥了自己的优势，超越对手攀升到第一位，以 2 分 07 秒 57 的成绩触壁，夺得个人第二枚金牌。叶诗文也成为中国游泳选手中第一个在一届夏奥会上获得两金的选手。

　　看到自己打破奥运纪录却没有破世界纪录，叶诗文轻轻摇了摇头。"我在蛙泳落后时，心里特别紧张，"叶诗文说，"所以最后 50 米自由泳拼命游。原来大家在半决赛中都保存了实力。"

　　"她开启了一扇大门！"央视著名解说员韩乔生在比赛直播时对叶诗文进行盛赞，"这个金色瞬间将永远载入史册，我们要感谢叶诗文，她是中国儿女的骄傲。"

洪荒少女

在里约夏奥会女子 100 米仰泳半决赛上，傅园慧以个人最好成绩进入决赛。赛后接受采访时，傅园慧表示自己在比赛中全力以赴、没有保留，为了表明这一观点，傅园慧加了一句："我已经用了洪荒之力了。"这句幽默的话语迅速传遍全网，傅园慧因此被称为"洪荒少女"。

幽默

专业运动训练是非常辛苦的事，但有不少人天生幽默、会苦中作乐，傅园慧是其中的代表人物之一。

傅园慧 1996 年出生于浙江省杭州市，她和叶诗文同龄，是同乡兼队友。傅园慧小时候有哮喘病，她的家人希望她通过练习游泳来增强体质。进入泳池后，傅园慧进步很快，12 岁的时候入选浙江省游泳队。

傅园慧本来主项是自由泳，副项是仰泳，在一次全国性比赛中，傅园慧和叶诗文等队友合作获得自由泳接力冠军。2011 年，因队里比赛需要仰泳选手，傅园慧经过训练后表现出色，索性把主项改成了仰泳。2011 年 8 月，傅园慧在第三届游泳世青赛上，获得女子 100 米仰泳银牌。

2012 年伦敦夏奥会，傅园慧获得女子 100 米仰泳第八名。看清自己和高手之间的差距后，傅园慧开玩笑说，她喝够了高手们的"洗脚水"，这句话一语双关，还有比赛中落后太多的意思。因为当选手落后一个身位的时候，头部正好在对手的脚部位置。

不过，在傅园慧幽默、开朗的外表下，还有一颗坚强、发奋的求胜心。伦敦夏奥会归来以后，傅园慧在刻苦训练下，迅速提高了自己的成绩。

2013年巴塞罗那游泳世锦赛，傅园慧在女子50米仰泳比赛中获得银牌，但她丝毫没有满足，反而表示，拿第二说明这世界上有人比自己游得快，那是她前进的动力。

两年后的喀山游泳世锦赛，傅园慧证实了自己的努力没有白费，她在女子50米仰泳比赛中，以27.11秒的成绩夺冠。随后在女子4×100米混合泳接力中，与史婧琳、陆滢、沈铎合作夺取金牌，成为世锦赛两金得主。在女子100米仰泳比赛中，傅园慧获得第四名，59.02秒刷新了个人最好成绩。

喀山世锦赛归来以后，傅园慧因为劳累、伤病等原因，很长时间都无法进行高强度训练。一旦训练强度太高，傅园慧就非常容易生病，比如扁桃体发炎或者耳朵疼等。如果出现这种情况，傅园慧因休息不好，反而会进一步影响自己的训练效果。傅园慧解释，这是因为深度疲劳带来的结果。

夏奥会临近带来了各种紧张的气氛，但傅园慧依然生性开朗。由于训练状态不佳，傅园慧在奥运选拔赛时也面临很大压力，不过她依然能用幽默、开朗的语言让大家放松下来。

2016年3月，浙江省十佳运动员颁奖典礼上，傅园慧获得最佳女运动员称号。当被问到里约夏奥会目标时，傅园慧正视现实，坦然表示自己备战准备得很差。紧接着，傅园慧表示，这些没有关系，输也要输得漂亮。听到她的话，台下响起一片热烈的掌声。

奋斗

傅园慧在奥运选拔赛上成绩确实不太理想，在女子100米仰泳中的成绩比世锦赛慢了3秒多。最终中国游泳队因为傅园慧在亚运会以及游泳世锦赛表现出色，决定让她出征里约。

里约夏奥会没有50米仰泳比赛，因此傅园慧主要出战两项赛事：女子100米仰泳和女子4×100米混合泳接力。

北京时间2016年8月8日上午，女子100米仰泳半决赛结束。傅园慧以58.95秒的成绩获得第三名，成功晋级决赛。这是傅园慧个人最好成绩，超越了她在喀山世锦赛的59.02秒。

从泳池上岸后，傅园慧并不太清楚自己的最后成绩，当记者告诉她以后，傅园慧显得有点吃惊，瞪大了眼睛，很夸张地说："啊？我以为是59秒。啊？我有这么快？

我很满意"。当听到记者问到有没有为决赛有所保留时,傅园慧表示:"没有保留!我已经……我已经……用了洪荒之力了!"

当这句话随着电视直播进入千家万户时,中国观众们都一下子喜欢上了这个心直口快的姑娘。其实傅园慧当时吃惊是有原因的,夏奥会前的训练非常艰苦,她甚至用"生不如死"来形容。能在夏奥会选拔赛后迅速恢复状态,傅园慧付出相当大的努力。

8月9日上午,傅园慧又一次刷新自己的最好成绩,以58.76秒破亚洲纪录的成绩并列获得女子100米仰泳铜牌,这是中国选手第一次在仰泳项目上获得奖牌。

赛后,傅园慧对破亚洲纪录的成绩感到既惊讶又兴奋,随后幽默地说:"我昨天把洪荒之力都用完了,今天没有力气了。(到边时只取得第三)只能说我手太短了吧。"在幽默的同时,傅园慧表示,自己付出的坚持和努力都没有白费,对超越自己感到非常高兴。

里约夏奥会归来以后,傅园慧没有因为成为明星而迷失自我,反而投入了更艰苦的训练中。为了能在2017年布达佩斯游泳世锦赛上获取好成绩,整整半年时间,傅园慧都在为世锦赛做准备,教练安排的训练计划,她总是挑最难的项目去练。有时因运动强度过大,傅园慧曾练得想吐,但她也强行咽下去。

2017年4月,全国游泳冠军赛在青岛举行,傅园慧成绩优异,获得女子50米仰泳、100米仰泳金牌,其中100米仰泳获得58.72秒的成绩,打破了全国纪录。当时有希望冲击女子50米仰泳世界纪录,但傅园慧为了世锦赛,决定把状态再压一压。

然而,一心准备的傅园慧在世锦赛上却表现不佳,她在女子100米仰泳比赛中游出一分钟以上的成绩,没能进入决赛。这一成绩让傅园慧非常吃惊,比自己的最好成绩居然慢了1.5秒以上。

在女子50米仰泳比赛中,傅园慧拼尽全力,以27.15秒的成绩获得亚军,落后冠军只有0.01秒。赛后,傅园慧泪流不止,在路过采访区时,傅园慧哽咽着说,她想尽力去游,即使受伤也在所不惜,但最后实在没有办法夺冠。站上领奖台时,傅园慧依然在流泪,眼睛也变得红肿起来。她把这次世锦赛遭遇称之为"人生中巨大的滑铁卢"。

痛哭之后,傅园慧在社交网站上留言激励自己:"不怕跌倒,所以飞翔/点燃未来/从山谷到巅峰/永不停止,永不放弃。"

傅园慧确实不是一个轻言放弃的人,世锦赛失利曾让她非常痛苦,回国后,她在朋友们的帮助下恢复了信心,开始重新努力再次出发。傅园慧用实际行动表示,她不会轻易被逆境压倒,压力越大越会发奋图强;她也不是一个只会幽默的人,奋斗、永不放弃,才是她真实的人生。

新蝶后破茧

从刘子歌到焦刘洋,再到张雨霏,中国选手在女子 200 米蝶泳项目上一路传承。

结茧

早在 1992 年时,中国游泳女队有五朵金花,庄泳、杨文意、林莉和钱红四位中国女选手在巴塞罗那夏奥会齐放异彩,获得四枚游泳金牌。当时和她们齐名的还有一名选手叫王晓红,她获得了女子 200 米蝶泳的银牌,是中国第一位在蝶泳项目上获得奥运奖牌的选手。

2008 年北京夏奥会,中国游泳女队在女子 200 米蝶泳上双星闪耀,19 岁的刘子歌以打破世界纪录的成绩获得金牌,18 岁的焦刘洋获得银牌。2011 年上海游泳世锦赛,焦刘洋获得女子 200 米蝶泳冠军。随后,焦刘洋在 2012 年伦敦夏奥会上夺得该项目奥运冠军。2013 年游泳世锦赛,获得冠军的则是刘子歌。

这意味着,从 2008 年到 2013 年间的 5 次世界大赛,中国选手获得了四块女子 200 米蝶泳的金牌。2021 年,23 岁的张雨霏在夏奥会上延续了中国蝶后的实力,这让焦刘洋非常兴奋,她调侃道:"一个时代的开启,代表另一个时代的结束。我终于可以不用想复出的事儿了。"

张雨霏 1998 年出生于江苏省徐州市。由于父母都是游泳教练,因此她很小的时候就开始学习游泳。小张雨霏成绩出众,在 2010 年江苏省运动会上,报名 6 个项目,取得了二金三银一铜的优异成绩,并因此进了江苏省体校。2011 年,张雨霏在全国中学生运动会上获得三金一银,进入了江苏省游泳队。

张雨霏是个比赛型选手,越是大赛越能稳定住自己的情绪,顶住压力游出好成绩。张雨霏非常喜欢游泳,不过毕竟当时还是个小孩子,有时会想办法偷一下懒。如果不想游了,她会装出特别累的样子。不过几次下来,教练戳穿了她的把戏,一旦发现她是假装很累,就会加罚多游几圈,吓得她再也不敢了。

2012年全国游泳冠军赛暨奥运选拔赛,张雨霏一口气报名参加十项比赛,这是她第一次参加全国大赛,教练有意让张雨霏多参加比赛,以赛代练的同时,多熟悉比赛的节奏。14岁的张雨霏表现出色,闯入三项比赛的八强。其中女子100米蝶泳比赛,有刘子歌、焦刘洋、陆滢等奥运名将参赛,张雨霏毫不怯场,游进了决赛。

2013年底,张雨霏入选国家队。在2014年南京青奥会上,张雨霏在三项接力比赛中均获得金牌,在女子100米蝶泳和200米蝶泳两项比赛中均获得银牌。

2015年游泳世锦赛,这是张雨霏第一次参加世界大赛,她在女子200米蝶泳比赛中获得铜牌。2016年里约夏奥会,张雨霏仅获得女子200米蝶泳的第六名。赛后,张雨霏在接受采访时落泪,表示对不起教练,也对不起观众的期待。

对于自己的成绩,张雨霏有些郁闷,她想不通的是,为什么别人能在十六七岁青春期的时候就一下子能出好成绩,而自己不行呢?然而,接下来的比赛,张雨霏的成绩依然不好。

2017年世锦赛,张雨霏在200米蝶泳比赛中获得第五名。2019年世锦赛,张雨霏200米蝶泳干脆连半决赛都没能进去,第一轮就被淘汰了。

接连的失利,让张雨霏有了抵触情绪,甚至想过放弃女子200米蝶泳这个项目,因为一比赛就输,让张雨霏心里已经有了阴影。

怎么办呢?张雨霏的教练动足了脑筋。

成蝶

世锦赛回来后,张雨霏多次参加女子100米蝶泳的比赛,远离了女子200米蝶泳。东京夏奥会延期,也给了张雨霏更多休整的机会。

2020年9月底在青岛进行的全国游泳冠军赛上,张雨霏先后打破女子100米自由泳和100米蝶泳两项全国纪录。此外,她和徐嘉余、闫子贝、杨浚瑄组队参加男女混合4×100米混合泳接力时,还打破了由美国队保持的世界纪录。

这个成绩让张雨霏心里有了底，教练告诉她，这一年之所以没有参加女子200米蝶泳比赛，是为了让她转移注意力、积累信心，100米蝶泳的训练和比赛，都是为了能在200米蝶泳上有所突破。2021年，张雨霏在女子200米蝶泳中陆续游出好成绩，让她信心大增。

游泳的世界大赛，一般都是早上进行预赛，晚上进行半决赛和决赛。但东京夏奥会赛程不同，游泳决赛放在早上进行。为了适应东京夏奥会的比赛节奏，中国游泳队提前一年就在全国比赛中进行调整，把决赛放在早上，让大家适应在早上比赛的感觉。张雨霏经过一年的调整，在早上训练和比赛能力均有提升。

7月26日，张雨霏在东京夏奥会女子100米蝶泳比赛中获得银牌，为自己的主项女子200米蝶泳比赛打下良好基础。

女子200米蝶泳比赛，张雨霏在预赛和半决赛中表现出色，刷新了个人最好成绩。心里有了底，张雨霏在决赛前睡得特别好。

7月29日上午将进行女子200米蝶泳决赛。在赛前热身时，队友李冰洁对张雨霏做了一个加油的手势。张雨霏有点纳闷，觉得女子200米蝶泳自己优势很大，为什么还要来说一句加油呢？

200米蝶泳比赛开始了，张雨霏利用自己前100米技术好的优势，在50米处就建立起1秒多的优势。比赛进入最后一个50米时，张雨霏优势明显，最终以2分03秒86的成绩夺冠，创造了新的奥运纪录。新一代蝶后诞生了！从泳池出来后，张雨霏开心地向观众比着心，看台上的中国游泳队员也齐声喊："中国队好样的。"

回到队中，张雨霏惊异地得知，自己入选了中国女子4×200米自由泳接力队，要在80分钟后参加决赛。由于张雨霏在2021年全国游泳冠军赛的200米自由泳比赛中成绩出色，因此教练早就有意让她参加接力比赛。29日一早，将要参加接力赛的李冰洁、汤慕涵和杨浚瑄都知道张雨霏会参加接力比赛，但怕影响她200米蝶泳比赛，因此谁都没把这个消息告诉她，只有李冰洁代表大家给张雨霏做了个加油的手势。张雨霏这下明白了，女子4×200米自由泳接力，大家一起加油吧。想到蝶泳夺冠不久就要再参加接力，张雨霏有点担心怕自己游不下来，她决定先不去管能不能夺冠的问题，等自己游第三棒的时候一定拼命顶住，决不能拖后腿。

中国游泳女队在世界比赛中多次获得4×200米自由泳接力好成绩，但从未在夏奥会上夺取金牌。这次张雨霏在蝶泳比赛的表现激励着每一个参赛队员，大家都奋力想把冠军拿到手。

第一棒是19岁的杨浚瑄，她曾多次与张雨霏配合过接力比赛。50米过后，杨浚瑄就取得了领先优势，最终以第一名的成绩交棒。18岁的汤慕涵第二个入水。汤慕涵曾一度被反超，但她在最后50米奋力追赶，重新夺回第一。

刚获得奥运冠军的张雨霏游第三棒，尽管上一场比赛刚过去一个多小时，张雨霏还是不顾劳累拼命守住了优势。

最后一棒是李冰洁，她在26日曾获得女子400米自由泳铜牌。李冰洁一路领先，没有给澳大利亚选手反超的机会，最终以7分40秒33的成绩，打破世界纪录获得冠军。这是中国游泳选手第一次获得接力项目的奥运金牌，张雨霏也成为中国第一个在游泳项目上在相隔一个小时就两夺奥运金牌的选手。

张雨霏的奥运之旅还在继续，两天之后，她和徐嘉余、闫子贝以及杨浚瑄合作，获得男女混合4×100米混合泳接力银牌。张雨霏在东京夏奥会上获得四枚奖牌，在一届夏奥会上得到两金两银的战绩，让她成为中国泳军第一人。

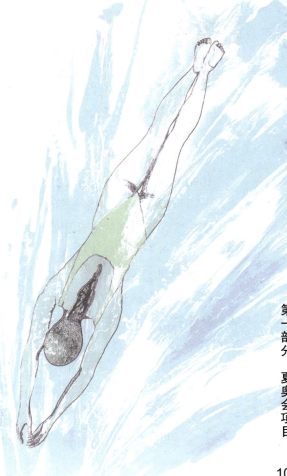

踏浪前行

夏奥会男子 200 米个人混合泳金牌，长期以来都被美国选手菲尔普斯所把持，他从 2004 年雅典夏奥会到 2016 年里约夏奥会实现五连冠。在东京夏奥会，来自中国的汪顺在最后 50 米实现逆转，成功获得男子 200 米个人混合泳冠军。

起航

20 世纪 80 年代中叶起，中国体育代表团在亚运会上开始坐稳第一的位置，金牌榜之争从此没有悬念。但中日泳军之争则旷日持久，中国游泳队想走向世界，先要征服亚洲。

在中国女队夺取世界冠军乃至奥运冠军后，中国男队仍在寻求突破的办法。

1996 年亚特兰大夏奥会，21 岁的上海选手蒋丞稷在 50 米自由泳和 100 米蝶泳两个项目上，均以破亚洲纪录的成绩获得第四名，与奖牌失之交臂。这是中国男选手第一次在夏奥会的游泳比赛中闯入决赛，改写历史。这也是亚洲游泳男选手在该届夏奥会上的最好成绩。

2008 年北京夏奥会，张琳在男子 400 米自由泳比赛中获得银牌，这是中国男选手第一次在奥运赛场获得奖牌。张琳是北京人，1987 年出生，15 岁时入选国家队。张琳主攻中长距离的自由泳比赛，200 米、400 米、800 米及 1500 米均有涉足。2009 年罗马游泳世锦赛，张琳在男子 800 米自由泳比赛中夺冠，并打破世界纪录，再次改写中国男子泳军的历史。

2000 年以后，浙江游泳男队崛起，在朱志根教练的带领下，涌现出一批选手，最早的领军人物则是吴鹏。吴鹏 1987 年出生于杭州，2000 年进入浙江队跟从朱志根训练。2002 年釜山亚运会，吴鹏获得男子 200 米蝶泳、200 米仰泳和 400 米个人混合泳三个项目的金牌。2005年游泳世锦赛，吴鹏获得男子200米蝶泳铜牌。2011年，吴鹏在一次比赛中战胜如日中天的美国名将菲尔普斯。

在吴鹏带领下，一批浙江选手迅速成长，汪顺就是其中之一。汪顺1994年出生于浙江省宁波市。5岁的时候，汪顺开始学习游泳。一开始见到水时汪顺还有些害怕，但被父亲扔进泳池后，他很快学会并喜欢上玩水。

2000年，宁波体校游泳教练前往汪顺就读的小学挑选人才，看中了活泼伶俐的小汪顺，把他带到体校学习。2002年，汪顺进入浙江省体校。在体校选拔时，汪顺在骨龄检测时被发现尾骨稍有裂缝，险些无缘入选，在多方沟通后，汪顺终于顺利入学。汪顺离家前往杭州后，父母每周都从宁波前往杭州看一次儿子，给他送去可口的食物，帮他换洗衣物。

汪顺小时候顽皮好动，进行系统训练后，他天赋强、身体条件好的优点展示出来，是个不可多得的好苗子，但却又不够刻苦，很多教练既爱惜他又不知该如何调教。2007年，吴鹏的恩师朱志根毅然决定把汪顺收入自己麾下。

朱志根管理非常严格，进行准军事化的训练。在刚开始的时候，汪顺也曾有逆反心理，在朱志根多次沟通后，汪顺渐渐明白教练的良苦用心，开始按照教练的要求认真训练。

2009年，汪顺开始在国内的比赛中崭露头角，200米个人混合泳、400米个人混合泳均多次站上领奖台。2011年游泳世锦赛，汪顺和队友合作，获得4×200米自由泳接力铜牌，这是中国男队第一次在接力项目上获得奖牌。

弄潮

2012年伦敦夏奥会，18岁的汪顺第一次站上奥运赛场。初出茅庐，汪顺表现仍显稚嫩。在男子200米个人混合泳预赛中，汪顺没能出线，最后获得第二十二名。

2013年游泳世锦赛，汪顺成绩明显提高，进入了男子200米个人混合泳决赛，虽未能站上领奖台，但以破全国纪录的成绩获得第四名。两年后的游泳世锦赛，汪顺获得铜牌，这是中国男选手在混合泳项目上的第一个世界大赛奖牌。

2016年里约夏奥会，汪顺闯入了男子200米个人混合泳决赛。决赛中名将如云，其中包括已在奥运该项目四连冠的菲尔普斯、世界纪录保持者罗切特，以及日本名将获野公介、巴西名将佩雷拉。汪顺的父母开导他，不要怕这些选手，"菲尔普斯、罗切特这些人，不也是他们爸妈养的？拼了这一回。"一句玩笑话打消了汪顺的压力。

在比赛中，汪顺最终仅次于菲尔普斯、荻野公介，获得 200 米个人混合泳铜牌，给大家带来惊喜。

2021 年东京夏奥会，是汪顺的第三届夏奥会。他从一个青涩少年已成长为一名 27 岁的老将，是整个中国游泳队岁数最大的选手。和他同行的，还有同样第三次出征夏奥会的徐嘉余。作为浙江游泳队的佼佼者之一，徐嘉余在 2017 年和 2019 年两届游泳世锦赛上获得男子 100 米仰泳金牌。

64 岁的朱志根已经是第六次带弟子出征夏奥会了。看着弟子汪顺在男子 200 米个人混合泳项目上以半决赛第一的成绩晋级决赛，他内心非常高兴，但嘴上却不给汪顺压力，只是告诉他尽力游就可以了。

在决赛前一天晚上，汪顺已经上床睡觉，准备第二天一早的决赛。朱志根守在汪顺的门外，每看到一个训练晚回来的中国选手，就告诉他们要轻一些，别影响汪顺休息。

2021 年 7 月 30 日，东京夏奥会男子 200 米个人混合泳决赛进行，汪顺站上起跳台准备出发。混合泳的比赛顺序为蝶泳、仰泳、蛙泳和自由泳，这需要选手在四种泳姿上均有出色表现。汪顺的蛙泳水平不强，国家队集训时，中国蛙泳名将闫子贝的教练郑珊对汪顺进行指导，帮他提高蛙泳技术。汪顺赛后表示，这枚金牌是团队协作的结果。

入水时，汪顺的反应时间是 0.60 秒，在八名选手中列第二位。在蝶泳比赛中，汪顺游在第三位。进入仰泳环节，汪顺反超美国选手安德鲁，追到第一位。蛙泳比赛不是汪顺的强项，他落到第二位。不过由于经过加强训练，汪顺并没有落后太远。进入最后 50 米自由泳环节后，汪顺全力冲刺，以 1 分 55 秒 00 的成绩获得金牌，打破了亚洲纪录。

夺冠后，汪顺拥抱朱志根，潸然落泪。对于夺冠，汪顺表示，这一切太不可思议了，就像做梦一样，"是祖国给予了我力量。我就是要让国旗在东京飘扬，国歌在东京奏响。"

洁白的羽毛寄深情

乒、羽、网被合称为三小球,进入夏奥会的时间都非常晚。乒乓球1988年进入夏奥会,网球1924年退出夏奥会后到1988年重返。羽毛球则更晚,1992年才进入夏奥会。

1981年,羽毛球两大组织国际羽联与世界羽联合并,1983年的羽毛球世锦赛是两大组织合并后的第一次大赛。

羽毛球比赛原来采用发球得分制,即拥有发球权的选手才有得分资格,否则获胜也只能取得发球权,而不能得分。这一规则导致比赛时间非常漫长,当时的国际奥委会主席萨马兰奇要求羽毛球比赛必须要缩短时间,以适应新时代电视转播的需求。

此后羽毛球规则进行过多次改变,15分制、7分制、11分制都曾出现。现行规则为每球得分制,每局比赛21分,比赛采取三局两胜制。

羽毛球强队多数集中在东亚及东南亚,中国、印度尼西亚(下文简称印尼)、韩国、马来西亚等队均为世界强队,欧洲的丹麦队也有雄厚实力。

1992年夏奥会,羽毛球比赛有4个项目,分别是男、女单打,以及男、女双打。1996年夏奥会开始,混合双打比赛也进入夏奥会。

世界格局

羽毛球是印尼的国球。1992年巴塞罗那夏奥会,印尼选手魏仁芳、王莲香分获男、女单打冠军。此后两人结婚,成为令人羡慕的奥运冠军夫妇。2004年雅典奥运会,印尼选手陶菲克获得男子单打冠军。从此以后一直到东京夏奥会,印尼再也未能在夏奥会上获得羽毛球单打冠军。

韩国队双打实力非常强劲,无论男双、女双还是混双,均多次在世界大赛中夺冠。在早年的羽毛球男子团体赛汤姆斯杯中,韩国队常依靠双打的实力战胜中国队。

近些年来日本队崛起,无论男子选手还是女子选手都有上佳表现。2016年夏奥会,日本女双为日本队获取奥运史上第一枚羽毛球金牌。马来西亚队、泰国队等亚洲球队也曾出现过如李宗伟等名将,但可惜与冠军无缘。

在欧洲球队中,丹麦队是老牌劲旅,名将拉尔森在1996年夏奥会男单决赛中战胜中国选手董炯获得冠军,如今他是世界羽联主席,引领羽毛球运动进行改革。在欧洲,西班牙队和英国队也具有一定实力,在世界大赛上均有上佳表现。

中国羽毛球奋斗史

羽毛球在中国民间普及度非常高。羽毛球进入夏奥会以后,中国队毫无疑问是世界第一强队,截止到东京夏奥会,羽毛球一共诞生39枚奥运金牌,中国羽毛球队获得了其中的20枚,占了一半还要多。

1983年羽毛球世锦赛是第一次真正意义的世界大赛,所有的顶级选手全部出席。中国选手李玲蔚及林瑛/吴迪西分获女子单打和女子双打冠军。

1992年巴塞罗那夏奥会,羽毛球比赛第一次登场,中国羽毛球队却遭受惨败,只有女子双打选手农群华/关渭贞闯入决赛,最终不敌韩国选手获得亚军。其余三项比赛,中国队均未能进入决赛。

此后中国羽毛球队进行改革,设定以女子双打为突破口。1996年亚特兰大夏奥会,葛菲/顾俊为中国队获得第一枚羽毛球奥运金牌。从2000年悉尼夏奥会开始,中国羽毛球队全面复苏,每届夏奥会都至少获得两金,涌现出张宁、林丹、谌龙等名将。中国队实现女单四连冠、男单三连冠、女双五连冠。

2012年伦敦夏奥会,中国羽毛球队达到顶峰,包揽所有5枚金牌,这是羽毛球奥运史的唯一。

2021年举行的东京夏奥会上,中国羽毛球队在所有5个项目上均进入决赛,其中陈雨菲获得女单冠军,王懿律/黄东萍获得混双冠军,取得优异成绩。

在东京夏奥会上,中国羽毛球队一共获得了 2 金 4 银的成绩,分别是:

7 月 30 日

金牌　王懿律/黄东萍　羽毛球混合双打

银牌　郑思维/黄雅琼　羽毛球混合双打

7 月 31 日

银牌　李俊慧/刘雨辰　羽毛球男子双打

8 月 1 日

金牌　陈雨菲　羽毛球女子单打

8 月 2 日

银牌　谌龙　羽毛球男子单打

银牌　陈清晨/贾一凡　羽毛球女子双打

超级丹 中国造

从超级丹到蝉联夏奥会男子单打冠军，林丹一路拼搏，延续了中国羽毛球选手不屈的斗志。

个性

20 世纪 80 年代，以杨阳、韩健、赵剑华为首的一批中国男选手在世界羽坛上表现优异，多次获得大赛冠军。

然而，羽毛球比赛进入夏奥会以后，中国男选手却陷入低谷，几代选手努力拼搏，终于在 2000 年由吉新鹏首次获得夏奥会男子单打冠军。

悉尼夏奥会后，羽毛球比赛规则不断改变，中国男单选手挑战世界高手的接力棒也交到一批新人手中，林丹是其中佼佼者之一。

林丹 1983 年出生于福建省龙岩市上杭县，他的父亲希望孩子将来"根正苗红"，因此取名叫林丹。小时候林丹就非常喜欢看体育比赛，爱模仿著名解说员宋世雄老师的样子说："现在，世界冠军林丹的扣球又成功了！"

5 岁时，林丹在上杭体校学打羽毛球。那时林丹最害怕拉韧带，当被老师按住肩膀一点一点向下压的时候，他常常疼得眼泪直流。虽然很疼，但林丹晚上回家会让妈妈继续帮他压。当第二天训练能轻松过关时，林丹往往会很得意。

9 岁时，林丹从上杭体校进入福建省体校，前往省会福州进行训练和学习。1995 年，12 岁的林丹获得全国少儿比赛的男单冠军，这是他第一个全国冠军。

1998 年，林丹代表国青队参加了亚洲青年锦标赛，但在争夺 16 强的比赛中就被淘汰。亚青赛结束后，林丹被退回到地方队。

林丹开始反思自己的过去,发现自己以前太任性了,练得好的时候就特别来劲,练得不好的时候就一塌糊涂,是个非常不服管教的队员。认识到自己的错误后,再遇到训练和比赛,林丹都开始认真对待,努力去做好,也开始变得懂事起来,不再耍小性子。

林丹的转变让教练看在眼里。3个月后,林丹被批准重返国青队,回去之后,林丹特别珍惜这次机会。

2001年全运会,林丹出乎意料进入了男单决赛,虽然最终败给当时中国男单一号选手罗毅刚,但还是令人刮目相看。借此,林丹进入了国家队,也开始逐渐登上国际赛场的舞台。

羽毛球运动职业化程度较好,因此一年到头比赛不断。羽毛球赛事分为几种,一种是综合性赛事,如夏奥会的羽毛球比赛;另外一种为世界性比赛,如一年一度的世锦赛(夏奥会年除外),还有隔年举行的汤姆斯杯(男团比赛)、苏迪曼杯(混合团体赛);更多的比赛则是商业性赛事,很多羽毛球开展比较好的国家都有公开赛,比如中国公开赛、印尼公开赛,其中最久负盛名的是全英公开赛。

在未来的日子里,林丹将逐一攻克这些堡垒,成为羽毛球世界毫无争议的王者。

刚站上国际赛场舞台时,林丹并不适应。虽然也曾杀入丹麦公开赛的决赛,但此后8个月时间里,林丹每次比赛几乎都是第一轮就出局,被队友笑称为"林一轮"。

林丹开始寻找对策,每日进行苦练,闭门休整了近半年时间。2003年的日本公开赛,林丹终于迎来复出的时机,他抓住这一机会,一路杀入决赛。虽然最后不敌师兄夏煊泽,但林丹重新树立了信心,找到了比赛的感觉,并坚定了训练的方向。

爆发

2003年世锦赛之后,林丹开始全面爆发,先后获得了包括中国公开赛在内的多个冠军。2004年初,林丹在紧挨着进行的瑞士公开赛和全英公开赛上接连夺冠,排名也回升至世界第一。

在全英公开赛决赛后,获得亚军的丹麦名将盖德对林丹非常赞赏,并把他叫成"Super Dan",从此超级丹的称呼伴随林丹整个职业生涯。

2004 年 5 月,林丹随队前往雅加达参加汤姆斯杯比赛,印尼此前五连冠,这次又是主场,中国队压力不小。林丹作为第一单打,五次登场获得全胜,最终帮助中国队夺回汤姆斯杯,这是林丹的第一个世界冠军。夺回汤姆斯杯后,大家在奖杯里倒满了酒进行庆祝,林丹作为主力,喝了第一口。

就在林丹锋芒毕露的时候,雅典夏奥会也即将到来,林丹夺冠的呼声非常高,但压力也随之而来。

雅典夏奥会开赛前不久,林丹在一次训练中,不小心把脚后跟磨破了。对于羽毛球选手来说,脚上有伤是常事,因此林丹并没有太当回事。随后,林丹还和队友一起练了沙坑。

当晚回宿舍时,林丹就觉得脚有点疼。第二天醒来一看,整个脚后跟都肿起来了,根本没法训练。两天后,脚依旧没有消肿,林丹赶紧去医院消炎,连着挂了三天的盐水瓶。前后五天没能训练,这让林丹焦躁不安。

抵达雅典后,林丹并没有能平静下来,总是在意各方面的条件。他明白这是紧张所致,但确实很难迅速平静下来。

按照抽签结果,林丹首轮对阵新加坡选手苏西洛。大家普遍认为林丹会很容易过关,因为当时单打的好手,除了中国选手外,主要集中在印尼、韩国、丹麦和马来西亚,苏西洛属于名不见经传的选手。

但林丹知道这个选手并不好打,在全英公开赛上,苏西洛曾进入半决赛,在争夺决赛权时败在林丹的拍下。

比赛开始后,林丹感觉苏西洛的状态非常好,自己怎么都发挥不出来,眼看要扣死的球也会被对手神奇般救回来。0 比 2,夏奥会羽毛球场刚开赛就爆出大冷门,世界第一林丹居然首轮出局。

林丹开始反思自己出局的原因,他觉得自己在备战夏奥会时,在一些细节问题上扣得太细,神经绷得太紧,整个人都不够放松,已经偏离了正常轨道。

此外,林丹也亲眼目睹印尼选手陶菲克一步一步登顶奥运冠军的全过程。林丹明白,自己想成为奥运冠军,在此后的几年,一定要过陶菲克这一关才行。

21 世纪初,羽毛球男单选手有四大天王,分别是中国的林丹、丹麦的盖德、印尼的陶菲克以及马来西亚的李宗伟。雅典夏奥会后,盖德因为比较年长,已渐渐退出顶尖高手的序列,而李宗伟当时羽翼未丰,因此舞台中央是林丹与陶菲克的对决,中国媒体记者称之为"丹打陶"。

2005 年 5 月,苏迪曼杯在北京举行。苏迪曼杯是混合团体赛,是衡量一个国家羽毛球整体实力的赛事。

中国和印尼最终进入了决赛，其中的男单赛事将由林丹对阵陶菲克。决赛前一天，陶菲克放出话来："林丹不是想赢我吗？明天我看看他怎么赢？"林丹明白，这是一次非赢不可的比赛，中国队要赢印尼队夺回丢失的苏迪曼杯，他也需要战胜陶菲克来证明自己。

17 比 15、15 比 9，林丹没让支持自己的队友和球迷失望。比赛打了 59 分钟，据统计更换了 37 只羽毛球，可见场上的激烈程度。

在夺冠后的庆功仪式上，林丹高兴之余突然想起雅典夏奥会的惨痛经历，不觉有些伤感。他对教练保证："失去的，我都会一一夺回来。"

巅峰

第一个夺回来的是世锦赛冠军，林丹虽然随队获得汤姆斯杯和苏迪曼杯两个团体赛冠军，但还没有获得过个人的世界冠军。

2006 年在西班牙马德里的世锦赛上，林丹一路打入决赛，最终 2 比 1 战胜队友鲍春来获得冠军。让林丹略有遗憾的是，他在这次世锦赛中没能碰到陶菲克。在八进四的比赛中，陶菲克被中国选手陈宏淘汰出局。

此后林丹开始了在世锦赛上的称霸模式，2006 年、2007 年和 2009 年实现三连冠，成为世界上首次实现这一目标的羽毛球男单选手。此后林丹在 2011 年和 2013 年还曾两次夺冠，成就世锦赛五冠王。

2007 年，林丹在世界大赛上的主要对手由陶菲克变成了马来西亚名将李宗伟，媒体把两人之间的较量称之为"林李大战"。

2007 年 7 月，林丹在中国大师赛上击败李宗伟夺冠，这是林丹和李宗伟第一次在决赛中相遇。此后比赛，林丹和李宗伟互有胜负，但一到大型比赛，获胜的总是林丹。

2007 年底，开始备战北京夏奥会的林丹更换了教练，由老教练汤仙虎负责执教林丹。由于林丹早早锁定奥运参赛资格，因此他有更多时间进行训练，在汤仙虎的指导下进行技术方面的改进。

有了 2004 年首轮出局的教训，林丹也在做一些调整来缓解压力，并改善训练状态。以往，林丹每周日不训练的时候，往往会睡个懒觉，然后出去逛逛街、看看电影。在夏奥会前几个月，林丹每周日都会起来跑步，这是为了保住体能的连贯性，让自己能在周一的训练中更快进入状态。

　　面对压力,林丹明白一个人的能力是有限的,希望能集所有队友、同伴、教练和工作人员的力量来闯关。于是林丹突发奇想,要在自己的球包上征集全队的签名,写上一些鼓励的话。林丹认为,写在一个天天都陪伴他的东西上,那种力量会不一样。

　　林丹带着这个球包进入北京奥运村,无论走到哪里,都会听到"加油,林丹"的祝福声。

　　由于自己准备充分、国家队保障得力,林丹在北京夏奥会上状态出奇的好,先后战胜包括丹麦选手盖德、队友陈金等人,进入决赛,所有的比分均为 2 比 0。

　　林丹决赛的对手依然是李宗伟,几个月前的瑞士公开赛决赛上,林丹曾战胜李宗伟。

　　2008 年 8 月 17 日,是北京夏奥会男单决赛的日子。临出发前,林丹跟着房间里的音响唱着歌,声音开得很大,林丹也非常投入。其中一首歌是演唱会版本,歌迷们山呼海啸般的助威声让林丹提前进入比赛状态。

　　当林丹出现在奥运男单决赛场地时,他强烈地感受到主场球迷的热情,同样的山呼海啸让林丹感到兴奋。每当林丹赢下一分,迎接他的,立即是观众们热烈的掌声、欢呼声。

　　虽然李宗伟在热身时表现得状态很好,但决赛却令人意外的一边倒。21 比 12、21 比 8,林丹 2 比 0 轻松战胜李宗伟,获得北京夏奥会男单冠军。

　　赢下最后一分,林丹跳起来把球拍扔出去,然后在地板上翻滚一圈,庆祝自己的胜利。队友和教练都围了过来,林丹和大家拥抱时,眼泪不自觉流了出来。

　　北京夏奥会后,林丹依然保持了极高的竞技状态,在 2012 年伦敦夏奥会决赛上,他再次和李宗伟争夺冠军。虽然失去了主场优势,比赛也变得异常艰苦,但林丹在先失一局的情况下顽强逆转,最终以 2 比 1 的比分战胜李宗伟,卫冕男单冠军,也成为奥运历史上唯一成功卫冕的羽毛球男单选手。

　　2016 年里约夏奥会,林丹在男单半决赛 1 比 2 不敌李宗伟,没能进入决赛。在金牌争夺战中,林丹目睹师弟谌龙接过自己的班,战胜李宗伟,实现中国男子单打在夏奥会上的三连冠。

　　2020 年,林丹带着 20 个世界冠军退役,每一个世界冠军都是中国体育走向世界的丰碑。

龙腾四海

2012 年伦敦夏奥会,23 岁的谌龙在男单半决赛不敌马来西亚名将李宗伟,随后目睹师兄林丹在决赛中战胜李宗伟夺冠。4 年后的里约夏奥会,林丹在男单半决赛负于李宗伟,这一次轮到谌龙挑起中国羽毛球男单大旗,在决赛中战胜李宗伟夺冠。2021 年,谌龙获得东京夏奥会亚军,他期待能把中国荣誉传承下去。

新兵

谌龙 1989 年出生于湖北省荆州市。上小学时,武汉市羽毛球教练前来招人,谌龙和很多小朋友入选。此后,谌龙又进入武汉业余体校学习,半天上课、半天训练。

2000 年时,福建省厦门市的教练来体校选人,谌龙等几名出众的小球员入选。谌龙从此离开家乡前往厦门,开始了羽毛球的专业训练。进入专业队后,训练强度和难度都大大增强,谌龙则踏踏实实按照教练的要求进行训练。

2006 年初,谌龙进入国家青年队,2007 年,谌龙获得世青赛男单冠军,被视为林丹的接班人。2008 年初,谌龙被国家队挑选为陪练,帮助一线选手备战夏奥会。北京夏奥会后,谌龙正式进入国家一队。

进入一队后,谌龙和中国羽毛球队一线顶尖选手一起训练和学习,感觉受益非常大。在一线队,谌龙也有了更多世界比赛的机会,和世界最好的选手对抗,是机遇也是挑战,如何把握机会,是谌龙成长的课题。

谌龙初入国际赛场的时代,印尼选手陶菲克已渐渐淡出赛场,正是林丹与马来西亚选手李宗伟两强争霸的年代,此外,韩国、泰国等队也强手林立。虽然贵为世青赛冠军,但谌龙在国际赛场还是新人,名不见经传,想出人头地只能靠拼。

2009 年印度公开赛,谌龙首轮就遇到李宗伟。虽然签运不佳,但谌龙把握住了机会,虽然第一局输球,但随后连扳两局,战胜李宗伟晋级。能在比赛中战胜李宗伟,谌龙被人刮目相看,也给他带来更多机遇。

2011年羽毛球世锦赛在伦敦进行,由于夏奥会羽毛球赛将在一年后于同一场地进行,因此这次比赛非常重要。

经过几年赛场洗礼,谌龙已成长为中国羽毛球男单核心球员,对羽毛球世锦赛也非常重视。但首轮比赛,谌龙竟然不敌危地马拉选手,惨遭淘汰。

看着队友们包揽世锦赛所有金牌,自己却在第一轮就被淘汰,谌龙心里非常不是滋味。作为队中的老大哥,林丹在决赛中战胜李宗伟,获得男单冠军。在队中的庆功会上,林丹特意找到谌龙,告诉他,自己第一次夏奥会也是首轮出局,不要太在意一场输赢,而是要把目光放在未来。

世锦赛归来后,谌龙迎来爆发,连续在中国大师赛、日本公开赛和丹麦超级赛上夺得男单冠军。尤其在日本公开赛和丹麦超级赛,谌龙两次在决赛中战胜李宗伟,站上了最高领奖台。收获胜利后,谌龙的信心随着状态一起回来了。

2012年,谌龙随中国男队参加汤姆斯杯,在决赛中他作为二号男单上场,2比0战胜韩国名将孙完虎,帮助男队蝉联汤姆斯杯冠军。谌龙的女友王适娴也同时出征尤伯杯,成为中国女队夺冠军团的一员。

接班

2012年伦敦夏奥会,这是23岁的谌龙第一次站在奥林匹克赛场。谌龙一路过关,顺利杀到半决赛,对手依旧是李宗伟。

奥运赛场和公开赛完全不同,谌龙没能延续在公开赛两胜李宗伟的佳绩,最终不敌对手无缘决赛。奥运铜牌是谌龙第一枚奥运奖牌,此后两次夏奥会,他会有更精彩的收获。

作为奥运新人,谌龙有很多感悟,他明白很多事情只有亲身经历,才能去熟悉和掌握。这次输球,给谌龙带来很多宝贵的经验。

2013年,林丹暂别赛场,鲍春来、陈金等选手先后退役,谌龙成为中国羽毛球男单领军人物。2013年的全英公开赛,谌龙在决赛中战胜李宗伟,第一次获得全英赛冠军。

2014年汤姆斯杯,谌龙担纲中国男单一号选手。半决赛,中国队和日本队相遇。在此前的赛事中,中国队五连冠,而日本队从未进入过汤杯决赛。这本来应该是一边倒的比赛，而结果也确实是一边倒，但倒向了日本队一边，中国队0比3不敌对手无缘决赛，其中包括谌龙不敌日本队田儿贤一。

这场输球给谌龙带来巨大压力，他陷入深深的自责中。时任男单主教练是夏煊泽，他比谌龙大10岁，是2000年悉尼夏奥会铜牌得主。作为一个过来人，夏煊泽非常清楚谌龙的痛苦。夏煊泽为了调整谌龙的心态、减轻他压力，没少下功夫，经常找谌龙谈心，对他进行鼓励。

2014年羽毛球世锦赛在丹麦首都哥本哈根进行，这是中国羽毛球队开始起航的地方，31年前的羽毛球世锦赛，中国队在这里拿到了第一个世界冠军。谌龙一路打入决赛，并最终2比0战胜李宗伟，夺得了自己第一个羽毛球单打世界冠军。

2015年5月，谌龙在澳大利亚羽毛球公开赛男单决赛中战胜安塞龙夺冠。这个比赛并不重要，但对手却非常重要。安塞龙本名维克托·阿萨尔森，是丹麦羽毛球新星，因为羡慕中国、喜欢中国，给自己起名叫安塞龙。在此后的时间里，谌龙将不断和安塞龙在顶级比赛中交锋。

2015年，谌龙卫冕世锦赛男单冠军。在单打赛事顺风顺水的时候，谌龙在团体比赛中却不如意。2016年汤姆斯杯，谌龙再次担任第一单打，在中国队与韩国队争夺四强的比赛中，谌龙不敌老对手孙完虎，中国队也不敌韩国队出局。这是中国男队参加汤姆斯杯以来，第一次无缘四强。

在谌龙陷入低谷的时候，女友王适娴给他很多安慰，减轻了他输球的痛苦。里约夏奥会前，谌龙集中精力进行备战，尽量让自己放下一切杂念。羽毛球队的教练们也都在呵护着谌龙，帮他减轻压力。

2016年里约夏奥会，谌龙在八强战2比1战胜韩国名将孙完虎，报了汤姆斯杯输球的一箭之仇。在半决赛，谌龙面对安塞龙的挑战。经过激烈拼杀后，谌龙第一次闯入夏奥会决赛。

在另一场半决赛，林丹和李宗伟第三次在奥运赛场相遇，这一次李宗伟终于取得胜利。这一次，谌龙要肩负中国男单夺冠的重托，他毫不手软，在决赛中完胜李宗伟，帮中国羽毛球队实现男子单打三连冠。夺冠瞬间，谌龙一跃而起，跳在空中，大声怒吼，心中的郁闷和压力一扫而光。

再出发

2017年，28岁的谌龙选择再出发。他在亚锦赛上战胜老大哥林丹，首次获得亚锦赛冠军。在世锦赛赛场上，谌龙在半决赛中0比2不敌安赛龙，无缘三连冠（世锦赛每年一届，但夏奥会年不设置）。

2017年底，谌龙与相恋多年的女友王适娴成婚。王适娴是中国女单一代名将，2012年和2014年曾随中国女队两夺尤伯杯。

2018年，谌龙和队友合作，终于赢回旁落两届的汤姆斯杯。但在个人赛场上，谌龙陷入低迷，在各项赛事都很难走到最后。谌龙开始怀疑自己是不是还能继续，但教练组和队友们都一再给谌龙鼓励。此后，中国羽毛球队请回老教练李矛。在李矛的指导下，谌龙开始逐渐走出低谷，找回信心。

2019年，谌龙和王适娴的爱情结晶"小咖啡"诞生。这给30岁仍征战在羽毛球赛场的谌龙带来很多幸福感。尽管因为训练、比赛，谌龙和儿子见面的时间不多，但他每次见到孩子都非常开心，减轻很多在赛场上的痛苦和压力。

东京夏奥会延期一年进行，这给谌龙带来巨大的困扰。对于年过三旬的谌龙来说，伤病和体能下降都会影响他在比赛中的状态。因为疫情的关系，中国羽毛球队出征东京夏奥会后，没有像以往那样在赛场周围住酒店，而是入驻奥运村。奥运村与比赛场地间有30多公里，每天往返赛场，一来一去需要将近2个小时的路程，这对谌龙来说也有不小影响。

在奥运赛场，谌龙一路征战都非常艰辛，从小组赛开始，他脚上就磨出了血泡，每次移动脚步都会钻心地疼。然而，每天比赛结束后和妻子、儿子进行视频交流又会让谌龙特别开心。王适娴特意录了一个小视频，视频里2岁的"小咖啡"奶声奶气喊着"龙哥加油"，这给谌龙带来非常大的动力。

2021年8月2日，谌龙闯入夏奥会男单决赛，与安赛龙争冠。由于脚伤的影响，谌龙在第一局9平之后被拉开了比分，最终连输两局，0比2不敌安赛龙获得银牌。赛后，中国羽协主席张军介绍，谌龙脚伤很严重，血泡中又起了血泡。谌龙因此受到很大影响，几个关键球都没能救起，不过他仍兢兢业业、全力以赴，力争打好每一个球。

比赛结束后，谌龙来到网前祝贺安赛龙，两个人惺惺相惜，还交换了球衣。对于自己的第三次奥运之旅，谌龙显得有些不舍，但仍平静接受了结果。谌龙认为，只要自己努力了，就没有留下遗憾，他希望能让儿子看到自己的努力，给"小咖啡"树立很好的榜样。

32岁的谌龙在三届夏奥会上获得了一金一银一铜，这也许是他最后一次征战夏奥会，但仍从年轻人身上学到了很多。他也将毫无保留地把自己的经验和心得传承给后面的年轻人。

中国女单做到了！

东京夏奥会女单决赛，中国女队头号选手陈雨菲对阵中国台北队选手戴资颖，面对自己从前很难战胜的对手，陈雨菲 2 比 1 险胜对手，赢得金牌。夺冠后，陈雨菲手指胸前的国旗大喊："中国女单做到了！我做到了！"

小花

中国羽毛球女队在国际赛场上有非常强劲的实力。20 世纪 80 年代初，李玲蔚、韩爱萍等选手先后获得世锦赛女单冠军。

1988 年汉城夏奥会，羽毛球成为表演项目，李玲蔚获得女单冠军。1992 年巴塞罗那夏奥会开始，羽毛球成为正式项目，印尼选手王莲香、韩国选手方铢贤先后夺得女单冠军。

2000 年悉尼夏奥会，来自湖南的名将龚智超在女单决赛中战胜丹麦选手马尔廷获得冠军。从此奥运女单比赛进入中国时刻。

2004 年雅典夏奥会，辽宁姑娘张宁逆转已代表荷兰出战的印尼选手张海丽，夺得金牌。2008 年北京夏奥会，张宁卫冕成功。2012 伦敦夏奥会，重庆姑娘李雪芮帮中国女队实现奥运四连冠。

2014 年后，西班牙选手马丁崛起，获得世锦赛女单冠军，此外日本选手奥原希望、印度选手辛杜以及中国台北选手戴资颖均给中国女单带来很大冲击。作为新一代中国女单的主力选手，陈雨菲与这些对手比赛时输多赢少，非常吃力。

陈雨菲 1998 年出生于浙江省杭州市，从小活泼好动。陈雨菲 6 岁的时候，杭州一所体校的羽毛球教练去各小学选苗子。当时陈雨菲还在幼儿园读大班，她的父亲非常喜欢体育，听说有教练选人，还不知道是什么项目就把女儿带去试试。陈雨菲后来笑称,幸好是去学羽毛球,要是当时是足球教练招入,估计父亲就会送她去学踢足球了。

　　陈雨菲身体条件非常好,再加上天赋过人,很快就进入了浙江省队,在省队里,她遇上了刚从国家队退役下来的王琳教练。王琳和王适娴、李雪芮等名将是同一批国家队队员,但王琳因伤早早退役,回浙江队当了教练。在王琳指导下,陈雨菲进步很快,2013年底进入国家二队。

　　刚入队不久,陈雨菲在一次比赛中输给了一名省队队员。按照当时国家队规定,陈雨菲被退回浙江队。在教练指导下,陈雨菲2个月后战胜对手,重新返回了国家队。

　　2016年,陈雨菲先后获得羽毛球亚青赛和世青赛冠军,成为年轻一代球员中的佼佼者。里约夏奥会后,王适娴、王仪涵等女单选手退出国家队,陈雨菲得到更多锻炼机会。2017年世锦赛,陈雨菲在半决赛不敌印度选手辛杜,获得铜牌,这是中国女单选手的最好成绩。2017年全运会,陈雨菲战胜王适娴,夺得女单冠军。

　　全运会夺冠后,有人认为陈雨菲将是下一个王琳,但王琳表示,陈雨菲不应该把自己当成目标,而是应该比自己走得更远。陈雨菲也把目标定在登上东京奥运会领奖台,"虽然我很清楚困难很大,但还是要坚持这个目标,向这个目标去努力,争取参加东京夏奥会,争取站上最高领奖台!"

　　但很快,陈雨菲迎来一个重大打击,这次失败给她带来刻骨铭心的痛苦。

磨炼

　　不可否认,中国女单在2017年开始遇到低谷。在2017年苏迪曼杯上,中国队2比3不敌韩国队获得亚军,无缘七连冠,其中丢分的项目即为女单、女双和混双。

　　2018年尤伯杯,陈雨菲成为中国女队第一单打,被给予厚望。第一单打不仅要对阵对手最强女单,而且是比赛第一场,对后面士气影响非常重要。在四分之一决赛中国队对阵丹麦队比赛中,陈雨菲1比2不敌布里西费尔特,遭遇失利。好在队友给力,后三场均获胜,进入四强。

　　中国队四强对阵东道主泰国队,陈雨菲依旧担纲第一单打,结果1比2被因达农逆转。与泰国队的比赛,中国三场单打全部失利,2比3不敌泰国队无缘决赛,创造了中国队在尤伯杯历史上最差成绩。

担任第一单打，陈雨菲非常清楚这份责任。输球后，陈雨菲内心非常痛苦，而外界传来的质疑声，也给她带来非常大的挫败感。比赛结束回到北京后，大家在训练时气氛都比较凝重，情绪非常紧张，时常有人因顶不住压力而落泪。陈雨菲内心也很彷徨，她只能通过更勤奋的训练来缓解压力，教练和朋友们也都来开导陈雨菲，帮她慢慢走出困境。

2019 年上半年，陈雨菲取得两大突破。第一个突破是在 3 月份的全英公开赛上，陈雨菲 2 比 0 战胜中国台北选手戴资颖，获得女单冠军。从里约奥运周期开始，世界女单就是诸强并起的格局。面对世界诸多高水平选手，陈雨菲基本是保持互有胜负的局面。唯独在对阵戴资颖时，陈雨菲从 2017 年第一次交手就从未赢过，连输 11 场球，戴资颖也被称为陈雨菲克星。战胜戴资颖以后，陈雨菲捅破了一层窗户纸，信心一下子提升。

第二个突破是在 5 月的苏迪曼杯，陈雨菲随中国队登顶，成为世界冠军。苏迪曼杯和尤伯杯不同，是混合团体赛，女单作为其中一项，每场比赛只能有一个人上场。中国羽毛球队给予陈雨菲充分信任，所有比赛的女单轮次全部让陈雨菲上场。陈雨菲不负众望，取得全胜，尤其是在决赛中 2 比 1 逆转日本选手山口茜，为中国队最后 3 比 0 战胜日本夺冠付出自己的努力。

这是陈雨菲第一次成为世界冠军。在陈雨菲的心目中，团队冠军比个人冠军更重要，因为没有团队就没有个人。陈雨菲在一次采访时吐露心声，表示因为有中国羽毛球队，才会有陈雨菲，没有中国羽毛球队，自己什么都不是，所以在大家心目中，团队才会更重要。

天后

战胜戴资颖后，陈雨菲后来又在比赛中连续输给对手 3 次。但和以前不同，陈雨菲不再有心理障碍，而是依然有信心再次战胜她。

2019 年底，陈雨菲迎来一次小爆发。11 月 10 日，陈雨菲在中国 750 公开赛上，2 比 1 战胜日本选手奥原希望，获得女单冠军；一周以后的中国香港 500 公开赛，陈雨菲以 2 比 1 战胜泰国选手因达夺冠；在年底的职业巡回赛总决赛，陈雨菲以 2 比 1 战胜戴资颖，获得女单冠军。这几次胜利，让陈雨菲首次登上世界排名第一的宝座。

东京夏奥会延期一年，给陈雨菲多一年的时间调养伤病、进行准备。不过这一年同时也因为比赛较少，大家都会对比赛节奏和状态感到生疏。

东京夏奥会，陈雨菲是头号种子选手。在四分之一决赛中，她受到了韩国新锐安洗莹的挑战，两局都曾以较大比分落后。陈雨菲调整了自己的战术，耐心地和对手打多回合球，寻找对方的破绽，最终以 21 比 18 和 21 比 19 连下两局取得胜利，与队友何冰娇会师半决赛。

在夏奥会开始前，代表中国女单参赛的陈雨菲与何冰娇被抽签分在了同一半区，当时两人就商定要力争会师半决赛。如今愿望实现，陈雨菲表示，这是中国女单训练非常系统带来的成功，证明中国队面临疫情时调整的方法得当。

在半决赛中，陈雨菲与何冰娇就如赛前说的一样，全力以赴去打好每一个球。两人激战 79 分钟，最终陈雨菲 2 比 1 战胜何冰娇晋级决赛，也带着队友的期望，要在决赛中全力争胜。

另一场半决赛，戴资颖淘汰印度选手辛杜，晋级决赛。陈雨菲又要和戴资颖会面了，虽然两人战绩陈雨菲 3 比 15 远远落后，但在最近三场却 2 比 1 领先，陈雨菲很有信心。

2021 年 8 月 1 日，女单决赛开战。第一局，陈雨菲 21 比 18 险胜。第二局前 11 分，陈雨菲保持领先，但到后半阶段时因为打得比较着急，犯了一些错误，被戴资颖抓住机会 21 比 19 取胜。赛后，陈雨菲觉得那一局有点可惜。

关键的第三局，陈雨菲在领先的时候，一再告诫自己要冷静，不要急。虽然因打到第三局体能严重下降，陈雨菲一直咬牙坚持。20 比 18，陈雨菲拿到了冠军点。最后一个球，双方打得极有耐心，你一拍我一拍，都在寻找对方的破绽。最终，戴资颖在第 45 拍的时候回球下网，陈雨菲以 21 比 18 获得第三局胜利，2 比 1 战胜戴资颖夺得夏奥会羽毛球女单冠军。

夺冠瞬间，陈雨菲趴在了地上，感觉很兴奋，同时大脑也一片空白，回想夺冠的那一刻，陈雨菲很开心，同时对自己夺冠也感到难以置信。

从陈雨菲进入一线队以来，一直饱受质疑，对戴资颖 11 连败，在尤伯杯两次输球导致 34 年最差战果，陈雨菲曾感受过极大压力。战胜戴资颖后，陈雨菲成为中国女单继龚智超、张宁和李雪芮后第四位奥运冠军。陈雨菲把这归功于中国女单的胜利。她面对镜头，反复指着胸前的国旗说："中国女单做到了！我做到了！"陈雨菲用金牌宣告："这个冠军证明了我们中国女单的重新崛起。"

翻跟头的人

中国第一个体操世界冠军黄玉斌曾写过一个自传——《我，翻跟头的人》。文章的名字非常形象地描述了体操比赛的特征。

和游泳一样，体操是个大项，细分为三个中项，分别是竞技体操、艺术体操和蹦床。

其中竞技体操即为我们常称的体操比赛。竞技体操很早就进入夏奥会，但当时的设项与现在不同。目前竞技体操有 14 个项目，其中男子 8 项、女子 6 项。由于男性和女性运动特性不同，单项比赛的设项有非常大的区别，除了男、女都有自由体操和跳马外，其他项目均不一样。即使是自由体操，男子比赛和女子比赛的区别也非常大，女子比赛更注重韵律。

2004 年雅典夏奥会是体操比赛的分水岭。在雅典夏奥会男子单杠比赛中，俄罗斯老将涅莫夫动作飘逸，赢得了观众的心。然而他落地时一小跳，仅得了 9.725 分。观众对此十分不满，最后裁判组调高了涅莫夫的分数，涅莫夫对此也向观众表示感谢。

雅典夏奥会后，国际体联改掉了以往体育最高分为 10 分的评分体系，而是改用起评分加完成分的新体系，此后虽然仍有调整，但获 10 分就可以夺冠的历史一去不复返了。如今的体操比赛，需要难度和稳定性兼具，才可能获得最后的胜利。

奥运参赛资格也多次改变，参加体操团体赛的选手从 6 人减为 5 人，到东京夏奥会已减少到 4 人，给参赛选手带来极大挑战。

其他两个中项，俄罗斯队（含苏联时期，下同）是艺术体操比赛的绝对霸主，长期以来一直是夏奥会冠军获得者，直到东京夏奥会才有所改变。

蹦床项目 2000 年进入夏奥会，中国队是世界强队之一，在世界大赛上有夺牌乃至夺冠能力。

世界格局

由于男队、女队比赛差异较大，因此男子比赛与女子比赛格局不同。

20 世纪六七十年代，日本男队与苏联男队先后成为男子赛事的霸主。20 世纪 80 年代，中国男队崛起后，世界格局形成中、俄争霸局面。21 世纪以来，日本男队复苏，重新成为世界强队。体操世锦赛、夏奥会男子团体金牌以及个人全能金牌，多数被这几支队伍夺走。

在单项比赛中，欧、美、东亚各国都有实力派选手，均具有一定的夺牌实力。

在女子比赛中，20 世纪 80 年代，苏联女队、罗马尼亚女队等均有很强实力。进入 21 世纪后，美国女队表现抢眼，与俄罗斯女队均为世界强队。

中国力量

体操是中国观众最喜欢的项目之一。20 世纪八九十年代，中国代表团在夏奥会比赛中的表现被称为"阴盛阳衰"，而体操比赛是中国代表团中唯一男选手比女选手成绩好的项目。

在男子比赛中，中国选手发挥比较全面。1984 年洛杉矶夏奥会，李宁获得 3 枚单项比赛金牌，深受观众喜爱，被称为"体操王子"。在中国体操男团多次获得世锦赛冠军后，中国男队在 2000 年悉尼夏奥会上首次获得男团金牌。

2004 年雅典夏奥会，中国体操男队陷入低谷，仅由滕海滨获得 1 枚鞍马金牌。2008 年北京夏奥会，中国男队大爆发，获得除了跳马比赛以外的 7 枚金牌，表现抢眼。2016 年里约夏奥会，中国男队又一次陷入低谷。东京夏奥会上，肖若腾在男子全能比赛中以 0.4 分的微弱劣势不敌东道主选手桥本大辉获得银牌。因判罚中的争议，肖若腾的银牌提升了中国队士气，邹敬园和刘洋分别获得双杠和吊环金牌。

中国女队在高低杠和平衡木比赛中有非常强的实力。1984 年，马燕红在高低杠项目中首获奥运金牌。此后中国选手在这两个项目上多次夺得世界冠军。

在女子自由体操和女子跳马项目上，中国女队实力不足，只有程菲曾夺得这两个项目的世锦赛金牌。在 2008 年北京夏奥会上,中国女队首次获得女子团体金牌。东京夏奥会上,管晨辰获得女子平衡木金牌。

在东京夏奥会上,中国体操队一共获得了 3 金 3 银 2 铜的成绩,分别是:

7 月 26 日

铜牌　林超攀、孙炜、邹敬园、肖若腾　男子团体

7 月 28 日

银牌　肖若腾　男子个人全能

8 月 1 日

铜牌　肖若腾　男子自由体操

8 月 2 日

金牌　刘洋　男子吊环

银牌　尤浩　男子吊环

8 月 3 日

金牌　邹敬园　男子双杠

金牌　管晨辰　女子平衡木

银牌　唐茜靖　女子平衡木

中国蹦床队一共获得了 1 金 2 银的成绩,分别是:

7 月 30 日

金牌　朱雪莹　女子蹦床

银牌　刘灵玲　女子蹦床

7 月 31 日

银牌　董栋　男子蹦床

守得云开见月明

体操选手出成绩都很早,陈一冰却是一个大器晚成的选手,22岁才获得世锦赛冠军,24岁参加夏奥会,成为新一代吊环王。

蛰伏

吊环项目在中国体操运动中有着不同寻常的意义,新中国第一个体操世界冠军黄玉斌就是在吊环项目上夺冠。1984年洛杉矶夏奥会上,李宁勇夺三金,其中就包含吊环金牌。

吊环项目也让中国体操很受伤。自李宁之后,迟迟没有人能在吊环项目上夺冠。天津曾有一名选手叫董震,在1999年体操世锦赛上获得吊环冠军,被称为吊环王,只是他最终没能参加夏奥会。几年以后,中国又出了一位吊环王,也是天津人,名叫陈一冰。

陈一冰1984年底出生于天津市,他的父亲酷爱滑冰,因此给儿子起名叫一冰。

陈一冰小时体弱多病,他父亲期望孩子能够加强体育锻炼强壮身体。不过,陈一冰最终没去学父亲所喜欢的滑冰,而是进了体操房。5岁的时候,陈一冰在父亲支持下,在天津业余体操队学习体操。

尽管身体柔弱,陈一冰的悟性比较高。看到陈一冰领悟能力强,教练对他的训练要求格外严格,期待他在比赛中能获得好成绩。在一次全国性少儿比赛中,陈一冰表现出色,获得三枚金牌和两枚银牌,这成绩让他父母和教练都喜出望外。

1994年,陈一冰进入天津市体校开始专业训练。和同期孩子相比,10岁进入体校起步并不晚,但他却遇到了挫折。

在体校里,陈一冰的训练量和训练强度都与业余体操队不可同日而语,每天都会累得浑身上下肌肉酸痛。但与此同时,陈一冰在比赛中迟迟不能取得好成绩,这让他陷入深深的自卑与自责当中。一晃到了悉尼夏奥会,中国体操队历史首次获得团体比赛冠军。看着比自己大三四岁的选手获得奥运金牌,陈一冰为他们高兴的同时也有一些忧愁:自己还没进国家队呢。

2001 年,中国体操队进行调整,陈一冰意外进入国家队。这是因为当时国家队一名队员因伤调整回天津队,陈一冰因此以代训的形式进入国家队。

陈一冰这时已 16 岁,和他一起训练的队员们都只有十三四岁。看着那些年龄比自己小、技术却比自己全面的选手,陈一冰内心多少有些失落。

陈一冰的成绩依然没有起色,每次比赛结果依旧不理想。陈一冰很灰心,常常以为自己因成绩不佳会被调整回地方队。有一次比赛后,陈一冰甚至都打好行李,准备一旦被调整就离开伤心地。不过,每一次调整的名单都没有陈一冰,教练告诉他,总教练黄玉斌让他接着练。总教练为何会关注这样一个成绩差的选手,陈一冰内心有些不解。

在教练建议下,陈一冰决心找一个突破口,让自己在国家队有立足的资本。此后,陈一冰加紧在吊环项目上的训练,人一旦有了目标,精神头、训练质量都有了改观。

在此后不久的一次比赛中,陈一冰进入吊环比赛的前八名。这个成绩让陈一冰看到希望,教练也适时对他进行鼓励,陈一冰训练的劲头越来越足了。

机遇

2004 年全国冠军赛,陈一冰获得吊环比赛的季军,他给自己定下一个目标,希望退役前能拿到全国冠军。

雅典夏奥会后,中国体操队进行调整,一批老将退役,陈一冰进入一队。在这里,训练方式和训练量都和以前不同,陈一冰也在不断进行调整。

2005 年全运会,陈一冰状态并不好,没能获得目标中的全国冠军。一个月后,陈一冰随队出征了墨尔本体操单项世锦赛。

2005 年开始,体操世锦赛改为每四年三届,其中夏奥会年没有世锦赛(2021年,因夏奥会延期,世锦赛和夏奥会同年举行),夏奥会第二年的世锦赛为单项世锦赛,没有团体比赛,之后两年世锦赛均有团体赛。2005 年体操世锦赛也是最后一次采用 10 分满分的体操世界大赛。

因为 2005 年世锦赛没有团体比赛，中国体操队派出了二老带四新的阵容，由李小鹏领军前往墨尔本参赛。陈一冰状态不佳，虽然进入了吊环决赛，但却排在了决赛的最后一名。从墨尔本回来，陈一冰心灰意冷，递交了退役报告。

没想到，陈一冰没等来退役批准，却等来了教练的冬训计划。教练告诉陈一冰，体操比赛改革，取消 10 分满分，改由起评分加完成分，也就是说难度系数越高，有可能名次越好。这样的改革，对于技术成型的老将来说，再想迎头赶上难度太大，世界上会有一批老将退役。而对于陈一冰这样的年轻选手来说，正好是发展机会，应该抓住机遇。

在教练劝导下，陈一冰收回了退役申请，开始刻苦训练。这次训练，陈一冰不仅在吊环项目上发力，在其余几个单项上也下了苦功夫，把自己打造成一个全能型的选手，成为团体比赛不可或缺的成员。

2006 年全国体操锦标赛采取了新的比赛规则，陈一冰如愿以偿获得了个人全能和吊环 2 枚金牌，实现了获得全国冠军的愿望，同时获取参加亚运会以及丹麦阿胡斯体操世锦赛的机会。

在体操世锦赛上，陈一冰大放异彩，在男子团体预赛中，陈一冰 6 个项目全部上场，不仅帮中国队以预赛第一的名次晋级决赛，同时分别以第一和第三的成绩晋级吊环及个人全能决赛。

在男子团体决赛上，陈一冰在吊环和跳马比赛中先后得到 16 分以上的高分，帮助中国队实现反超，并最终第七次站上世锦赛男团冠军的领奖台上。

在赛后，中国男队教练组组长陈雄对 22 岁的陈一冰赞美有加，认为他表现非常出色，在吊环和跳马两个项目上对中国男队的帮助特别大，为 2008 年北京夏奥会的备战工作打下了良好基础。

在随后的吊环比赛中，陈一冰出色发挥，获得金牌，这是中国男队自 1999 年天津世锦赛后的又一位吊环比赛世界冠军。阿胡斯世锦赛，中国体操队实现大丰收，一共夺得 8 枚金牌，陈一冰也展示了自己良好的状态，夺得 2 金。虽然说 22 岁获得世界冠军有些晚，但陈一冰表现出非常好的气质和潜力。

总教练黄玉斌赛后称赞陈一冰在比赛中很有气势，敢打敢拼，这正是中国队所需要的。

2007 年德国斯图加特体操世锦赛，陈一冰随队卫冕男团冠军，并再次获得吊环金牌。

腾飞

北京夏奥会前的冬训,陈一冰全心进行备战,弥补自己的短板,在教练指导下,他练得非常刻苦。

北京夏奥会体操男队参赛阵容出炉了,6个人分别是曾在2000年悉尼夏奥会上夺取男团冠军的黄旭、李小鹏、杨威以及参加过2004年雅典夏奥会的肖钦,另外还有两位首次参加夏奥会的陈一冰、邹凯。陈一冰的目标很明确,那就是帮助中国男队夺回男团冠军,并力争取得吊环金牌。

夏奥会体操男团决赛采取6-3-3赛制,即6人参赛,每个项目3人上场,取3个有效成绩。在决赛中,陈一冰将参加自由体操、吊环和跳马3个项目的比赛。

中国男队在决赛中的第一个比赛项目是自由体操,作为中国体操队新偶像,陈一冰第一个上场比赛。这是整个男队在团体比赛中的第一炮,陈一冰必须把它打响。最终陈一冰表现中规中矩,完成了队里交给的任务。

两项比完后,中国队以微弱优势暂居第一。第三项吊环是陈一冰的强项,也是整个中国队的强项。前两个上场的黄旭与杨威均获得了16分以上,陈一冰如有神助,获得了16.575的高分。吊环比赛过后,中国队已大幅领先主要竞争对手日本队。此后陈一冰又在跳马比赛中出色发挥,他和队友们的完美表现帮中国男队夺回了男团奥运冠军。

2008年8月18日,体操单项比赛吊环决赛开始。在比赛前一天晚上,和陈一冰同住的肖钦已获得鞍马金牌,为不影响陈一冰休息,肖钦特意睡在客厅。陈一冰感激队友的付出,他下定决心比出好成绩。

在决赛中,老将杨威第三个登场,得到16.425分的高分,直到陈一冰第七个上场前,这个成绩一直排在第一位。有了老大哥坐镇,陈一冰放松很多。吊环比赛和其他单项比赛不同,其他单项比赛讲究流畅,动作要飘逸、行云流水,而吊环要静,要稳,展示出力量。陈一冰在吊环上的每个动作都非常到位,挂在吊环上纹丝不动,宛如一尊雕塑。最后的落地,陈一冰也非常完美,16.600分,他为中国男队在李宁之后又一次获得吊环奥运冠军。

北京夏奥会后,几位老将相继退役,陈一冰成为中国体操男队的领军人物。作为队长,陈一冰在2010年和2011年两届世锦赛上,均带队获得世锦赛男团冠军,并在吊环比赛中蝉联冠军。

2012 年伦敦夏奥会,体操比赛改革,团体赛参赛阵容由 6 人缩减为 5 人。中国体操队派出陈一冰和邹凯两位老将压阵,带领张成龙、冯喆、郭伟阳三名新人冲击团体冠军。

在男子团体预赛中,中国男队表现不佳,仅排在第六位。在决赛中,陈一冰带队出色发挥,最终领先日本男队 4 分夺冠。

2013 年,陈一冰退役。在 2014 年世锦赛上,20 岁的刘洋获得吊环世界冠军,并在 2021 年夺得东京夏奥会吊环金牌,延续了中国吊环在世界赛场的实力。

五金冠九州

2008 年的北京夏奥会上,邹凯一举获得体操男团、自由体操、单杠 3 项冠军,一举追平前辈李宁在洛杉矶夏奥会夺 3 金的纪录。在 2012 年的伦敦夏奥会上,邹凯先后卫冕男团和自由体操冠军,成为中国第一个获得奥运 5 金的选手。

顽童

邹凯 1988 年出生在四川泸州,从小顽皮好动,一刻都不肯停下来。3 岁的时候,为了有人能管教、约束邹凯,父母把他送去学体操。

第一天,邹凯吓得哭了出来,转身逃走;第二天,邹凯就迷上了自由体操的训练场地,他把场地当成蹦床来玩。在未来的日子里,邹凯确实也是在自由体操项目上取得了辉煌的成就。

在体校 3 年后,6 岁的邹凯被选入省体操队,前往成都训练。从成都到泸州的家里有 300 多公里,跑一趟单程要 7 个多小时。父母不放心邹凯,每个月都要带上一堆东西去成都看儿子。有心不让邹凯继续练了,但看到邹凯练体操时开心的样子,父母心又软了。

两年后,省体操队来了一位管理严格的教练,每天都要做数量较大的体能训练,而且要合乎规范,不规范的话要处罚。对于 8 岁的邹凯来说,一下子进行相当专业的训练,他接受不了。于是几个同为泸州的小伙伴异想天开地准备逃学,自己买票回家。

到了长途汽车站,几个小不点去窗口买票,被售票员发现情况不对,于是通知了派出所。随后,警察又把这几个孩子送回了体操队。

邹凯的父亲听到这个消息，哭笑不得，第二天就赶往成都，给儿子做思想工作。邹凯告诉父亲，还想练体操，但想换个教练。

"教练不是想换就能换的。你的偶像不是李小双吗？李小双要是没有从小的勤学苦练，怎么可能当奥运冠军呢？教练对你严格，正是对你负责，为了你的将来打基础。"邹凯的父亲说。

听到父亲的劝说，邹凯渐渐明白了一个道理，开始听从教练的安排，认真打好基础，也开始对未来有了憧憬。

十二三岁的时候，邹凯开始梦想能进入国家队，但不料却开始浑身疼痛。找医生看过后，医生认为这是发育痛。邹凯心里很急，希望尽快恢复，千万不能在这个时候影响自己去国家队的机会。于是他每天都要在地上跳，用来减轻症状。

2001年，在湖北宜昌举行的一次全国青少年比赛上，邹凯表现出色，引起中国国家队教练白远韶的注意。2002年，邹凯被调入国家队，这时他只有14岁。

没进国家队前着急想去，可是真进了国家队，邹凯却又想离开了。在四川省队的时候，邹凯除了吊环弱一点，其余的项目都在队里排第一。但到了国家队，邹凯发现自己一下子落后了，体能、动作、技术都是队里最差的，邹凯有点灰心。

两年时间里，邹凯虽然练得很辛苦，可总是成绩平平，不见起色。甚至有传言说，邹凯将被退回省队，他听到后很苦闷。

其实白远韶选中邹凯是想弥补中国男选手在自由体操项目和单杠项目上的不足。体操男队只有李小双在1992年巴塞罗那夏奥会获得过一块自由体操金牌。在邹凯进国家队时，男子体操奥运8金里，只有单杠奥运金牌还没有被中国选手获得过。

白远韶认为，邹凯的协调性好，可以进行精雕细琢，慢慢打磨，并不急于一时出成绩。

纪录

2003年，邹凯在广州亚锦赛上一举获得自由体操和单杠两项金牌和个人全能的铜牌。2004年，全国体操冠军赛上，邹凯又一次获得自由体操冠军。这一系列成功，让邹凯开始有了自信。

2006年多哈亚运会上，邹凯成为中国体操男队主力，获得了男子团体、单杠和自由体操3项冠军。2007年，邹凯又随国家队出征德国斯图加特，在体操世锦赛上获得团体冠军。

已成长为中国体操队主力的邹凯，即将奔赴2008年北京夏奥会的体操赛场，队里给他的任务则是在团体赛上稳定发挥，为夺冠做贡献；力争自由体操和单杠奖牌。

由于9日就有男子团体预赛，邹凯和队友们并没有在8月8日晚出现在鸟巢的开幕式上，而是在奥运村里看了一会儿直播。因为第二天一早有比赛，邹凯很早就上床了。

在预赛里，邹凯表现不错，除了团体赛外，自由体操和单杠也都顺利进入决赛。

12日的团体决赛中，邹凯先后在自由体操和单杠两个项目上登场，均得到15.9以上的高分，这样的分数在团体比赛中很少见。由于邹凯出色发挥，让中国队在两大弱项上并没有被主要竞争对手日本队拉开距离。最终中国队凭借在强项上的出色发挥，遥遥领先于日本队，获得团体赛冠军。

按照惯例，男子单项比赛的顺序为自由体操、鞍马、跳马、吊环、双杠和单杠。除了跳马外，其余所有项目都有中国选手进入决赛，并有夺金实力。邹凯比赛的两个项目正好是一头一尾，他既想开个好头，减轻队友们的压力，又想收个好尾。

8月17日晚，邹凯在自由体操的决赛中第五个出场，他的动作难度系数为6.7分，属于难度很高的动作。邹凯一上来就以一串难度颇高的跟头出场，引发观众热烈掌声。此后邹凯稳定发挥，并在结束动作中稳稳落地，获得16.050分，成为李小双后第二个获得自由体操奥运冠军的中国选手，为体操男队开了好头。

8月19日晚，邹凯在单杠比赛中登场，此前中国男队发挥出色，在决出的7金里获得了6金，就看邹凯是否完美收官了。

在比赛中，邹凯第三个登场，他拿出了压箱底的功夫，一套难度高达7.2分的动作，让他力压群雄。16.200分，邹凯成为第一个获得单杠比赛奥运冠军的中国选手。

北京夏奥会力夺3金，邹凯追平了24年前李宁在洛杉矶夏奥会上创造的纪录。

面对"邹凯拿金牌拿到手软"的戏言，邹凯笑称一点都没有手软，"菲尔普斯拿8金都没手软，我3金怎么会手软？"

邹凯3金中最惊险的一金是单杠金牌。邹凯揭秘，这套动作本来是用在团体比赛中的，但因为此前中国队表现出色，已不需要高难度去冲击，因此在最后一个项目中最后一个出场的邹凯在团体比赛中降了难度。

邹凯坦言，德国选手汉布钦是自己的最大对手，因此他上 7.2 分的难度动作也是想拼一下，但没想到竟然成功了。对此，白远韶和邹凯都觉得，拼一下还是值得的，果然有了回报。

北京夏奥会结束后，邹凯进入调整期，预备恢复一下后进入 2012 年伦敦夏奥会的备战。

五金

2009 年，和邹凯一同拼搏北京夏奥会的几位老将相继退役。邹凯也动过退役的念头，但想想自己太年轻了，又坚定了再拼一届夏奥会的念头。这一年的世锦赛上，邹凯获得单杠金牌，再次体现自己在单杠项目上的实力。

到了 2010 年，邹凯明显进入一个低谷期，很多原来能做的难度都上不去了；能上去的难度，完成度却又不好，往往会被扣很多分。这一年的全国锦标赛上，邹凯的自由体操和单杠两个项目都没能站上最高领奖台。

2010 年，邹凯失去了随队参加世锦赛的资格，只能看着队友在荷兰鹿特丹获得男子团体金牌。

一时间，"邹凯将无缘伦敦夏奥会"的传言，把邹凯压得喘不过气来。作为一名已经成熟的老将，邹凯非常清楚自己的问题所在，于是他制定了相应的措施，要让自己回到一线队伍来。

邹凯面临着两大问题，第一个问题是主项状态不佳。于是他找到白远韶，开始沉下心来在单杠和自由体操上仔细打磨，寻找自己落后的原因，去抠每一个细节问题，力争早日回到顶尖选手的行列。

第二个问题比第一个问题要棘手。夏奥会团体比赛规则更改，由 6 人参赛变成 5 人参赛。奥运的团体赛要进行 18 人次的比赛，以前 6 个人分担，每个人平均要分担 3 项，邹凯虽然少分担一项，但可以由更全能的选手补上来。现在 5 个人分担，每个人平均要分担 3.6 项，这时一下显得邹凯项目瘸腿了。

邹凯决定加练跳马项目。邹凯虽然不是全能选手，但以前也练过跳马，只是难度系数到了 6.2 就是上限了。想参加夏奥会，6.2 的难度是远远不够的，邹凯必须寻求自我突破。等真的投入精力和体力练上跳马后，邹凯发现 6.2 也不是那么难，是自己把自己限制住了。

2011 年日本东京世锦赛，邹凯搭上了参赛的末班车。很久没参加世界大赛了，这让邹凯很高兴。在团体赛上，邹凯圆满地完成任务，和队友一起获得最终的冠军。但邹凯也发现，和以前相比，团体比赛竞争越来越激烈，再想轻松夺冠已经非常困难。

在随后的单项比赛中，邹凯卫冕了单杠金牌。"邹凯又回来了"，世锦赛后，大家对邹凯的认可度明显提高。

2012 年 7 月，邹凯随队出征伦敦夏奥会，在中国体操男队里，和邹凯一起并肩征战过北京夏奥会的，只剩下队长陈一冰了，其余几人都是新人，邹凯决心发挥老队员的作用。

在预赛里，中国男队发挥很不稳定，最终只获得预赛第六名。决赛如何提高稳定性，减少失误，成为邹凯和队友们的课题。

决赛是在北京时间 7 月 30 日深夜进行。邹凯先后在跳马、单杠和自由体操上出赛。在跳马上，邹凯跳出 6.6 的难度动作，中规中矩完成任务。在单杠和自由体操上，邹凯两次高水平发挥，尤其在单杠上完成了难度系数为 7.7 的动作，让人吃惊。这两次出场，邹凯极大提高了中国选手在弱项上的得分。最终，中国选手凭借着 18 个参数动作零失误的优异表现，卫冕了夏奥会男子体操团体冠军。

北京时间 8 月 5 日晚，邹凯出现在自由体操的决赛场地，他的竞争对手是日本选手内村航平。可惜的是，两个人的出场顺序并不理想，内村航平第一个登场，邹凯第二个登场。先出场的选手很容易被裁判压分，但邹凯做足了准备。

率先出场的内村航平难度分为 6.7，最终获得了 15.800 的高分。看完内村的比赛，邹凯心里有底了，他上场完成了一套难度分为 6.9 的动作，平稳落地后获得 15.933 分。邹凯的高分也给后面选手不小的压力，最终邹凯以这个分数卫冕自由体操金牌。

邹凯夺冠后，成为中国第一个获得 5 枚奥运金牌的选手，创造了属于自己的辉煌。

比赛结束瞬间，邹凯激动得和教练拥抱在一起。随后，邹凯从包中拿出一个红色的横幅，打开以后举在空中，那是体操前辈李宁题写的五个大字：五金冠九州。

和奥运金牌的约定

在东京夏奥会获得男子个人全能银牌后,肖若腾约定要在巴黎夏奥会上奏响国歌。

起航

2016 年里约夏奥会,中国体操队遭遇低谷,自 1984 年洛杉矶夏奥会以来首次一金未得。东京夏奥会,中国体操选手想打一个翻身仗。

东京夏奥会的体操比赛再次做出调整,参赛阵容由 5 人变成 4+2,4 的意思是每队可以由 4 人参加团体比赛,2 的意思是每队可以有另外 2 人参赛,这俩人不参加团体赛,只参加单人比赛。

中国体操男队派出了林超攀、肖若腾、邹敬园、孙炜以及刘洋、尤浩的参赛阵容。其中参加团体比赛的选手中,只有林超攀参加过里约夏奥会,其余 3 人都是首次参赛。刘洋和尤浩均是参加里约夏奥会的老将,这次参加单项比赛。

男子团体比赛是夏奥会体操第一项产生金牌的赛事。在比赛中,中国队、日本队、俄罗斯奥委会队比分一直咬得很紧,最终俄罗斯奥委会队笑到最后,日本队获得第二,中国队获得铜牌。中国体操队夺金的重任转到了即将参加男子个人全能决赛的肖若腾身上。

肖若腾是个北京小伙,1996 年出生。4 岁的时候,肖若腾在父亲带领下,前往东城区体校开始学体操。2005 年,9 岁的肖若腾在全国少儿比赛中获得鞍马、双杠比赛的冠军。2011 年,肖若腾在第七届城运会上获得男子鞍马冠军,随后不久,他进入了中国体操队。

2015 年,肖若腾第一次参加世锦赛,但这一次中国男队出师不利,男子团体七连冠后首次丢金。这次失利让肖若腾情绪低落,回国后加紧备战里约夏奥会。

然而在里约夏奥会前,肖若腾意外受伤,虽然后来曾积极进行康复治疗,但最终仍错过了夏奥会。无缘里约之行后,20岁的肖若腾情绪低沉,曾动了退役的念头。但对胜利的渴望,让他不甘心就此放弃练了10多年的体操事业。2017年初,肖若腾在亚锦赛上成绩优异,获得5枚奖牌,给了他继续拼搏的动力。

2017年秋,体操世锦赛在加拿大蒙特利尔举行,这是一次单项世锦赛,肖若腾也憋着一股劲要冲一下。在男子个人全能比赛中,肖若腾出色发挥,在6个项目上表现都相当流畅。在最后一个项目单杠比赛中,当主要竞争对手因压力太大屡屡出现失误时,肖若腾顶住压力,一套动作非常飘逸,他最终力压群雄获得冠军,这也是继李宁、冯敬、杨威以来,第四个在体操世锦赛获得全能王的中国选手。

当赛后被问到夺冠有无运气成分的时候,肖若腾表示,体育赛场没有"如果",自己能夺冠说明已具备实力。肖若腾认为,是刻苦训练和教练们的指导让他收获了成功,这其中也包括了同样来自北京的奥运冠军滕海滨。

2018年世锦赛,肖若腾和队友们努力合作,登上了男子团体的最高领奖台,随后自己战胜了夏奥会和世锦赛双料冠军英国选手惠特洛克,夺取了鞍马比赛金牌。

约定

东京夏奥会获得体操男子团体铜牌后,肖若腾与队友孙炜冲击男子个人全能金牌。

男子个人全能决赛在2021年7月28日举行,参加决赛的一共有24名选手,比赛按预赛名次分组,其中预赛前6名分在同一组,其中包括中国选手肖若腾、孙炜,以及日本新星桥本大辉、俄罗斯名将纳戈尔内等,可以说冠军竞争主要就是在这一组。

按照惯例,最优秀选手的比赛次序都是自由体操、鞍马、吊环、跳马、双杠和单杠,对于肖若腾来说,他的优势项目均在前面,比如自由体操、鞍马等,而最后一项单杠相对较弱。在2018年体操世锦赛时,肖若腾在男子个人全能比赛中,前五个项目完成后已有很大把握获得银牌,但为了冲击金牌,他在单杠比赛中增加难度,但最终出现失误无缘奖牌。

前三个项目比下来之后,肖若腾与队友孙炜位居积分榜前两位。主要对手里,桥本大辉发挥不是很稳定,吊环和跳马连续出现失误,尤其是跳马比赛,跨出去一大步。

到最后一个项目单杠比赛前,肖若腾一直保持优势,不过桥本大辉也在第五个项目双杠上展示实力,第六个项目单杠则是日本队传统强项。五轮比赛下来,肖若腾和桥本大辉、纳戈尔内的差距并不大,依然是个混战的局面。几天前的男子团体比赛中,三个人已经同场较量过,那次比赛,纳戈尔内和队友笑到了最后。

单杠不是肖若腾的强项,难度分并不高,但他力求做好自己。一套动作下来,肖若腾获得 14.066 分。这个分数并不高,一方面是难度分不高,另一方面是肖若腾被扣了 0.3 分。对此肖若腾解释,是他没有冲裁判亮相被罚的。此后肖若腾对分数提起过申诉,但未获改判。

桥本大辉则通过自己的优势项目单杠上取得不错的成绩,最终获得男子个人全能金牌,肖若腾落后 0.4 分屈居亚军。肖若腾感到非常遗憾,他表示心情很复杂,银牌也很高兴,"全世界就这么一个第二,谁不高兴?同样非常想拿金牌,但金牌也只有一个。"

肖若腾表示,他赛前就考虑到会有伤病影响等不利因素,也和教练团队一起做了很充分的准备。肖若腾赛前就定下目标,比赛要和对手拼毅力、拼意志品质。肖若腾认为中国选手在意志品质方面始终不会输给任何人,自己顶住了,就看对手能不能顶住。

肖若腾感谢中国观众这些年来对他的支持,这些关注和支持成为他拼搏努力的动力。个人全能比赛的表现,肖若腾说算是自己给大家的一个交代。

3 天后,肖若腾又参加了男子自由体操决赛,最终获得铜牌。3 次参赛均获得奖牌,肖若腾给自己的比赛画上一个完美句号。更难能可贵的是,肖若腾在资格赛、男子团体决赛、男子个人全能决赛以及男子自由体操决赛中,一共 19 次上场,没有一次失误,体现了良好的体操技能和完全的意志品质。

对于自己的成绩,肖若腾略有遗憾,他表示,很多次升起国旗是自己的骄傲,但遗憾的是没能让国歌奏响。他约定要在巴黎夏奥会上获得冠军、奏响国歌。

信念

参加东京夏奥会的中国体操选手们都渴望能把中国体操队带出低谷,打好翻身仗,重新焕发活力。在吊环上,在双杠上,在平衡木上,大家都在努力。

1994 年出生的刘洋和 1992 年出生的尤浩是中国体操队的两位老将,均参加了里约夏奥会。在东京夏奥会,刘洋和尤浩均未参加团体比赛,而是作为单项选手参赛,他俩双双进入了吊环比赛的决赛。刘洋是 2014 年体操世锦赛吊环冠军,尤浩则是 2015 年体操世锦赛双杠冠军,两人在单项比赛中均具备了出众的实力。

在吊环决赛中,尤浩第二个出场,难度高达 6.6,是全场最高难度,一套动作稳稳完成,获得了 15.300 的高分。刘洋紧接着出场,他的难度 6.5,略低于尤浩,但他的完成质量非常高,做十字悬垂的时候,吊绳几乎完全不动。在吊环上,刘洋还非常自信地扭动了几下脖子,这一标志性动作后来被中国网友传为佳话。最终刘洋获得了 15.500 分,冠绝全场。比赛结束后,刘洋、尤浩包揽了吊环比赛的冠亚军,这是中国体操队首次在这个项目上实现包揽。

在最高领奖台上,刘洋向看台上的中国体操队教练及队友们深深鞠躬,感谢他们对自己的信任。

尤浩还参加了男子双杠比赛的决赛,同时进入决赛的还有 23 岁的新秀邹敬园,他是 2016 年以及 2017 年两届体操世锦赛双杠冠军得主。

邹敬园在双杠上的难度非常高,在 2019 年时就能完成难度为 7.2 的成套动作。但在 2019 年体操世锦赛上,邹敬园却意外没能进入决赛。反思自己,邹敬园认为是对自己要求过于完美,往往奔着超高标准去比、去练,即使把难度退到 6.8、6.9 的标准,仍是世界最高难度,但稳定性要好很多。

在东京夏奥会上,邹敬园使出一套难度为 6.9 的动作,在双杠上的出色发挥获得了 9.333 分的完成分,总分 16.233 分,这是双杠决赛中唯一超过 16 分的成绩,他也毫无悬念夺冠,尤浩获得该项目第四名。

与邹敬园 23 岁仍是中国男队最小队员相反,中国体操女队都是"00 后"女孩,17 岁的管晨辰和 18 岁的唐茜靖都进入了女子平衡木决赛。女子平衡木比赛是中国女队传统强项,刘璇曾在悉尼夏奥会获得该项目金牌。

管晨辰也是单项选手,只参加女子平衡木一项比赛。唐茜靖则不仅随队参加了团体比赛,还参加了女子个人全能决赛,但可惜的是,她在平衡木比赛中不慎落木,最终获得第七。

唐茜靖在前位出场,一套动作非常流畅,获得全场最高的完成分,取得了 14.233 分的好成绩。在管晨辰最后一个出场前,包括美国体操女皇拜尔斯在内的选手无人能撼动唐茜靖的成绩,事实上中国体操队已提前锁定金牌。

管晨辰做出了难度 6.6 的动作,是全场最高难度,最终她以 14.633 分获得冠军,唐茜靖获得亚军,中国体操队又一次包揽金、银牌。

3 金 3 银 2 铜,体操运动管理中心主任缪仲一在体操比赛结束时高兴地说,中国体操队打赢了东京奥运翻身仗。

蹦床公主

2008 年，何雯娜获得北京夏奥会女子蹦床冠军，被誉为蹦床公主。在东京夏奥会上，朱雪莹成为中国第二个女子蹦床冠军，新的蹦床公主又诞生了。

突破

蹦床运动进奥运时间非常晚，2000 年悉尼夏奥会才成为正式比赛项目。中国开展蹦床运动也比较晚，在 2004 年雅典夏奥会上，来自福建的运动员黄珊汕获得女子蹦床铜牌，这是中国选手在夏奥会上取得的首枚蹦床奖牌。4 年后，她的师妹何雯娜为中国体育代表团获得首枚蹦床奥运金牌。

何雯娜 1989 年 1 月出生于福建省龙岩市。6 岁的时候，何雯娜被送去学体操。9 岁时，她因为受伤，无法继续练体操，因此改成技巧项目，练习双人技巧。不久以后，搭档受伤，何雯娜一下子又没了方向。当时福建省蹦床队刚刚成立一年，何雯娜因协调性、柔韧性都很好，又改成练蹦床。

何雯娜在蹦床项目上的悟性很高，学动作非常快，再加上有体操的底子，她练一年后，就在全国青少年比赛中获得亚军。2001 年全运会，何雯娜进入了女子蹦床前八名。4 年以后，何雯娜在全运会上，和黄珊汕等队友一起获得蹦床女团冠军。

2007 年，18 岁的何雯娜进入了国家队，但她的前途遭到质疑。何雯娜被公认空中姿态最美，弹跳也非常出色，但难度不高，不具备冲击金牌的能力。

不过何雯娜自己毫不气馁，不管别人怎么看，自己从不放松训练。虽然动作的难度并不高，但何雯娜硬是把它练到炉火纯青的程度。2007 年加拿大魁北克蹦床世锦赛上，何雯娜凭借优异表现征服了裁判，获得女子蹦床第二名，为中国队拿到了一个北京夏奥会参赛资格，让人刮目相看。

为了冲击北京夏奥会金牌，何雯娜增加了动作难度。但想掌握一个新动作，难度很大，尤其对动作没有把握时，心里多少还会有惧怕的感觉。对此，教练对何雯娜非常体谅，经常给予鼓励。

何雯娜如愿以偿代表中国蹦床队参加了北京夏奥会。在女子蹦床预赛中，何雯娜排名第一进入决赛。

2008 年 8 月 18 日，何雯娜在北京夏奥会女子蹦床决赛中完美发挥，以 37.80 分的成绩获得冠军，为中国队获得奥运史上第一枚蹦床金牌。赛后，何雯娜谦虚表示，自己只是新人，因此拿到冠军很荣幸，在比赛中能够战胜自己就是成功，因此比赛时没有过多去想过名次的问题。

2012 年伦敦夏奥会，何雯娜再次携手与黄珊汕一起冲击奥运冠军，最终两人均站上领奖台，黄珊汕取得银牌，何雯娜获得铜牌。

2016 年里约夏奥会，何雯娜第三次站上奥运赛场，这一次她获得第四名，与领奖台擦肩而过。赛后，何雯娜洒泪宣布退役。

承接

何雯娜等老将退役后，一批新人又涌现出来，东京夏奥会，朱雪莹成为中国女队第二个获得蹦床奥运冠军的选手。

1998 年，朱雪莹出生于北京市石景山区，她 4 岁的时候，被教练选中去学体操。在当时一起被选中的 6 个孩子里，朱雪莹岁数最小，但学得最认真，在体操的路上走得也最远。一开始的训练最辛苦，很多孩子受不了苦，就退出了。只有朱雪莹真的喜爱体操，再苦再累也不愿放弃训练，再加上家人非常支持，她进步很快。

10 岁的时候，朱雪莹改学蹦床，由于北京队没有蹦床项目，因此她转到了天津队。

2013 年，15 岁的朱雪莹进入了国家队，与何雯娜等名将一起训练，朱雪莹既感受到压力，也有了学习的榜样，每天都想着如何向大姐姐们学习。

2014 年，朱雪莹获得南京青奥会冠军，面对记者提问时，她脱口而出说将来的目标是奥运冠军。经过 7 年努力，她这个目标终于实现了。

2017 年，朱雪莹考入北京体育大学。北京体育大学的西南门那时有一条冠军之路，地上印的都是世界冠军或者奥运冠军的脚印。朱雪莹训练之余常常到那边去散步，心中常会想，什么时候能把自己的脚印也印上去。

2018年蹦床世锦赛,朱雪莹获得亚军,在此后的世界杯分站赛上,朱雪莹多次获得冠军。但2019年一次意外,让朱雪莹深受打击。

那是2019年的蹦床世锦赛,朱雪莹在比赛时压力太大,担心自己比不好会失去东京夏奥会的资格,结果因为分心,第三跳的时候居然跳到了蹦床外边。这是很少有的重大失误,虽然没有受到很大伤害,却严重挫伤了朱雪莹的信心。

这次经历对朱雪莹来说也不完全是坏事,虽然低迷期的时候很痛苦,不过一旦走出就豁然开朗。朱雪莹此后在比赛中心无旁骛,只想着眼前如何比赛的事,如何去做好每一个动作,其他的事都会放在后面再说。最终,朱雪莹顺利通过了奥运选拔赛,获得东京夏奥会的参赛资格。

在东京夏奥会女子蹦床资格赛上,朱雪莹两轮比赛均获得第二名,排在队友刘灵玲之后,两人携手进入决赛。

在2021年7月30日进行的决赛上,朱雪莹倒数第二个出场,她10个动作表现都非常出色,最终获得了56.635的全场最高分,成为何雯娜后第二个女子蹦床奥运冠军,刘灵玲获得银牌,中国女队第一次包揽蹦床项目冠亚军。

赛后,朱雪莹表示,自己胜在心态,在自己上场前只想做好自己要做的每一个动作,不去关注前面选手的得分情况,把夏奥会当成普通比赛来进行。正是这份平常心,让朱雪莹笑到了最后。

力拔山兮需用智

举重项目是中国传统优势项目之一,尤其是女子举重进入夏奥会后,中国举重队已是当之无愧的世界第一。

举重项目不仅比力气,还要比智力。每个选手一共只有6次试举机会,抓举和挺举各3次,如何根据自己的实力叫开把重量,如何根据战局进行增加重量,里面的学问非常大。

东京夏奥会,中国举重队在8名选手满额参赛的情况下,取得了7金1银的最好成绩,为中国体育代表团走出里约夏奥会低谷贡献了自己的力量。

世界举重规则变化

和所有力量型比赛一样,举重比赛是按照选手体重分级比赛的。为推动举重比赛发展,国际举联曾多次调整比赛选手的级别。

2000年悉尼夏奥会,女子举重成为奥运正式比赛项目,为了控制比赛规模,国际举联在增加女子比赛的同时,缩减了男子比赛数量,调整掉几个比赛级别。中国大力神占旭刚就是在此时,因为男子70公斤级比赛被取消,而改成男子77公斤级。

东京夏奥会,国际举联在参赛级别上再次做出重大改革,把比赛分为男、女各7个级别,每支队伍最多可以参加男子4项、女子4项共8个级别的比赛。为此,中国多位选手调整了自己的参赛级别,如男子69公斤级奥运冠军石智勇改参加男子73公斤级,男子77公斤级奥运冠军吕小军新级别是男子81公斤级。

此外,同一级别选手,如果成绩相同,不再比较体重,而是谁先举起该重量谁优先。这避免了选手间为了获取最轻体重而在赛前过度减重的现象。

2008 年北京夏奥会,国际举联在杠铃重量上也做出重大改革。以前杠铃每次增加重量必须是 2.5 公斤的倍数,只有破世界纪录时才允许增加 0.5 公斤,但算成绩仍必须是 2.5 公斤的倍数,比如抓举 137 公斤破世界纪录,但比赛成绩仍是 135 公斤。从北京夏奥会开始,杠铃每次增加重量是 1 公斤的倍数,这样改革之后比赛变得更加激烈,竞争性更强。

中国力量

中国是举重强国,尤其是在男子小级别比赛中占据优势。

1984 年洛杉矶夏奥会,中国举重队在男子 4 个小级别项目中夺冠,展示了中国男子的力量。1988 年和 1992 年两届夏奥会,中国举重队都未能站上最高领奖台。

1996 年亚特兰大夏奥会,唐灵生和占旭刚分别获得金牌,开启了中国举重队此后连续不断的夺金道路。

2000 年悉尼夏奥会起,中国女子大力士开始展示自己的实力,成为中国举重队夺冠重要力量。2004 年,中国唐功红在女子 75 公斤以上级比赛中,举起自己此前训练中也无法成功的重量,力克韩国选手张美兰获得冠军。

在东京夏奥会上,中国举重队一共获得了 7 金 1 银的成绩,分别是:

7 月 24 日

金牌　侯志慧　女子 49 公斤级

7 月 25 日

金牌　李发彬　男子 61 公斤级

金牌　谌利军　男子 67 公斤级

7 月 26 日

银牌　廖秋云　女子 55 公斤级

7 月 28 日

金牌　石智勇　男子 73 公斤级

7 月 31 日

金牌　吕小军　男子 81 公斤级

8 月 2 日

金牌　汪周雨　女子 87 公斤级

金牌　李雯雯　女子 87 公斤以上级

传承中国力量

2004 年，石智勇在雅典夏奥会上夺得男子 62 公斤级冠军。几年以后，中国举重队又出了一名石智勇，连夺里约夏奥会和东京夏奥会两届赛事金牌。

传承

在小石智勇身上，充满了传承的故事。1993 年，他出生于广西壮族自治区桂林市临桂区，当时名叫石磊。三年后，从这里走出的唐灵生获得了 1996 年亚特兰大夏奥会举重金牌。

石磊上小学时，先后有几位举重教练相中了他。一开始，石磊不知道举重是什么，就都拒绝了。直到遇到了第三个看中他的举重教练，在其引导下，石磊喜欢上了举重，觉得挺好玩，就开始练下去。10 岁的时候，他进入了学校举重队。

石磊虽然小时很淘气，可是训练从不偷懒。每天早上 6 点大家就要起床，进行晨跑、训练，白天上完课后，晚上要进行训练。虽然训练很苦，但石磊每天训练都非常自觉，按照教练的要求认认真真去完成。

2004 年，中国举重队在悉尼夏奥会上发挥出色，取得 5 枚奥运金牌，其中有一位选手石智勇，冲击力十足，斗志旺盛，给人留下了深刻印象。

2005 年初，浙江省宁波体校举重教练李冬瑜回到广西老家探亲，在学校举重队发现 11 岁的石磊。虽然那时他练举重时间并不久，但协调性、爆发力都很好，是个练举重的好苗子。经过李冬瑜的协调，石磊跟随他前往宁波训练。

李冬瑜告诉石磊，练举重需要智勇双全，因此提议他把名字改成石智勇，从此以后，中国举重又多了一位叫石智勇的名将。到宁波后，石智勇在李冬瑜的指导下，很快在同龄人中脱颖而出，第二年就在全国青少年比赛中夺得冠军。

　　石智勇有股不服输的劲头，有一次训练，他前两举都没有成功，教练让他别举了。个性十足的石智勇不肯放弃，非要成功不可，到第四次，他终于举起来了。他这种不服输的劲头，深受教练喜爱。

　　2011 年，石智勇在全国冠军赛青年组比赛中，获得青年组 69 公斤级冠军。这个成绩让他敲开了国家队大门。

　　但进入国家队后，石智勇因为肩部受伤，成绩受到影响，一直难以提高。石智勇心里很有压力，感觉周围的人能力都比自己强，自己却有力气使不上，干着急没办法。

　　在国家队里，石智勇年龄最小，因此大家都叫他"小石头"。有一次，有人喊他"石智勇"，他愣了一下，因为很久没人这么喊他。他过去一看，喊他的人是 2004 年雅典夏奥会冠军大石智勇。大石智勇拍了拍小石智勇的肩头，说了很多鼓励的话。听到师兄的话，小石智勇回答得很坚决："我会努力，我会加油。"

　　2013 年，中国举重名将占旭刚成为石智勇的教练，他技术成熟、经验丰富，石智勇受益匪浅。

扬威

　　2014 年，石智勇在全国举重锦标赛上顺利夺冠，但回到北京就受伤了，腰不能动了。整整 7 个月，别说比赛，石智勇连训练都不能进行，当年的亚运会和世锦赛都无法参加，这对石智勇的打击非常大。即使受伤，石智勇也每天都去训练馆。看队友们练得热火朝天，石智勇心里不是滋味，也很想上去一块儿练。

　　在教练、队医等人的帮助下，石智勇开始进行康复性训练，慢慢地，他不仅走出了心理阴影，也恢复了比赛状态。当再次举起杠铃的时候，石智勇有种被电流击中的感觉，一下子恢复了信心。

　　2015 年的举重世锦赛，是石智勇第一次参加世界大赛，他获得挺举和总成绩两项冠军，成绩也比以往提高不少。由于夏奥会只看总成绩，这给了石智勇不少信心。

　　里约夏奥会国内举重选拔赛，石智勇没能夺冠，排在第二位，这意味着他很有可能落选夏奥会。但石智勇并没有放弃，而是憋着一股劲，仍然照常进行训练。最终，石智勇登上中国奥运代表团大名单。

尽管做足准备,但石智勇到达里约后,还是感到紧张。比赛前夜,石智勇在床上翻来覆去睡不着,甚至连可能会迟到的问题都想到了。不过石智勇是个比赛型选手,只要站到杠铃前,所有的杂念就会抛开,信心也随之而来。

　　从 2000 年设立男子 69 公斤级举重比赛以来,中国男选手在这个级别体现了强劲的实力,除 2000 年悉尼夏奥会没夺冠外,后三届夏奥会上均站到了最高领奖台。如今该由石智勇登场延续中国举重队的辉煌了。

　　夏奥会的举重比赛和其他赛事不同,没有预赛和决赛,只有 A 组和 B 组比赛,其中成绩较弱的选手在 B 组,B 组比赛先比,成绩较强的选手集中在 A 组比赛,时间晚于 B 组。B 组比赛如果成绩优异,一样可以最终站上领奖台,甚至获得冠军。比赛之所以分开比,是不让选手等待、准备的时间更长,起到保护选手的作用。

　　中国选手在夏奥会的比赛,大多数都是在 A 组进行,由于成绩好、开把重量高,因此往往出场顺序比较靠后。在先进行的抓举比赛中,石智勇的开把重量很高,为 158 公斤。三次抓举,石智勇全部成功,最终比主要对手成绩只差 1 公斤。由于石智勇挺举能力很强,因此 1 公斤差距不会有很大影响。

　　在自己的强项挺举比赛中,石智勇信心非常足,他越晚出场,也会给对手越大压力。但越晚出场,自己第一举要举起的重量也更高,难度加大,因此开把重量非常体验智慧。石智勇在挺举的开把重量是 188 公斤,当他上场时,很多选手已经完成自己所有的比赛,而主要对手、抓举比他高 1 公斤的土耳其选手伊斯马伊洛夫已完成了两次试举。

　　石智勇轻松完成了第一次试举,紧接着伊斯马伊洛夫也举起了 188 公斤,总成绩反超石智勇 1 公斤。2016 年举重规则依然要比体重,对手体重较轻,因此石智勇想夺冠,要多举起 2 公斤。此时石智勇还有两次试举机会,而对手已经没有了。

　　石智勇把杠铃加到了 190 公斤,再次轻松举起,中国举重队再次产生一名叫石智勇的奥运冠军。

东京

　　里约夏奥会结束后,石智勇还年轻,当然会再战 4 年、剑指东京。不过他没想到这次时间是五年。

　　东京奥运周期,举重规则发生巨大变化,级别也相应调整,男子 69 公斤级比赛取消。石智勇很难再减轻 2 公斤进入男子 67 公斤级,于是他选择了 73 公斤级。

石智勇非常喜欢这次级别变更,因为他有了很多机会去破世界纪录。在新的级别里,石智勇无论是国内还是国际比赛,均保持全胜战绩。2019 年,石智勇 5 次打破世界纪录,因此他对东京夏奥会的目标不再满足于获得金牌,而是要改写世界纪录。

无论是训练还是比赛,石智勇在总成绩 360 到 370 公斤范围内不断尝试,所有的重量组合都非常熟悉,已经形成了肌肉记忆。2019 年举重世锦赛,石智勇创造了总成绩 363 公斤的世界纪录,此后他又 3 次在比赛中追平了这一成绩。石智勇给自己定了 370 公斤的目标,希望自己能在退役前实现。这个目标有多惊人?石智勇的教练占旭刚在 2000 年悉尼夏奥会上惊人举出 367.5 公斤最终夺冠,但那是 77 公斤级,比石智勇的重量级要多 4 公斤。

东京夏奥会延期一年进行,让石智勇很难受。和其他选手一样,石智勇本来已经为夏奥会做足准备,突然多了一年,精神思想上都产生了疲劳,也产生很多伤病。

2021 年 6 月 23 日,东京夏奥会开幕前 1 个月,石智勇的左大腿在训练时意外受伤,这导致他 10 多天不能训练。大赛临近,五年准备可能会付之东流,石智勇受到的打击非常大。教练组对石智勇非常有信心,经过积极治疗,石智勇慢慢康复,顺利飞往东京。

2021 年 7 月 28 日,石智勇在伤后只进行了几天正式训练,就踏上了男子 73 公斤级比赛的场地。在抓举比赛中,石智勇就牢牢把握住优势,他最终举起 166 公斤,比第二名高出 10 公斤。

挺举比赛,石智勇开把重量是 188 公斤,这和他在里约夏奥会的开把重量一样。轻松举过头顶后,石智勇向台下的教练团队示意下一把要 198 公斤,因为这个重量如果举起,他就可以打破世界纪录。

教练为了稳妥起见,要了 192 公斤,这是一个有攻有守的方案。因为 192 公斤可以确保石智勇夺冠,然后下一把再要 198 公斤去冲击世界纪录。

192 公斤对石智勇来说难度不大,但他举起之后,裁判却认为他有屈肘动作,判罚试举失败。这一判罚燃起了石智勇斗志,他坚决要了 198 公斤,稳稳举起后,他在获得奥运冠军的同时也以 363 公斤创造了新的世界纪录。石智勇非常兴奋,两手同时竖起食指,做了"第一"的手势。这是近几年石智勇常用的一个庆祝动作,他解释,只有在打破世界纪录时才做,征服了新的重量,会觉得很酷。

展望 2024 巴黎夏奥会,石智勇还想尝试一下,毕竟现在运动员 30 多岁还能出成绩,吕小军 37 岁征战奥运赛场,正是他的榜样。

"军神"永不老

37 岁的吕小军没能在东京夏奥会上打破男子 81 公斤级世界纪录,但他创造了另外一个纪录,奥运历史上年龄最大的举重冠军。上一次创造最年长纪录的地点也是在东京,不过那是 1964 年夏奥会,已经过去了 57 年。

老将

吕小军是一名大器晚成的选手。举重选手需要很强的爆发力,优秀选手往往在 20 出头就可以挑起大梁。占旭刚第一次奥运夺冠时 22 岁,北京夏奥会时龙清泉还不到 18 周岁,而吕小军第一次站上奥运舞台时已是 28 周岁,是十足的老将。

吕小军 1984 年生于湖北省潜江市。小时候,吕小军在一次小学生运动会上跑 200 米,虽然名落孙山,却被几个体育老师看中,当场让他跳了立定跳远。吕小军再一次展示了良好的爆发力,因此进入了潜江市体校练举重。

2002 年,吕小军转到天津进行举重训练,2003 年,他进入国家队。如果按部就班出成绩,吕小军这时并不晚,如果在国家队打磨 5 年,2008 年北京夏奥会应该是他出成绩的时间。

不过吕小军所在的男子 69 公斤级人才济济,从 2004 年到后来的 2016 年,中国举重队在四届夏奥会产生了四位冠军,从未让金牌旁落。再加上吕小军的体型,69 公斤已经是体重下限,每次赛前减重都非常痛苦。在国家队,吕小军欲速不达,越是想提高成绩,伤病越多,训练也就越不系统。

2005 年,吕小军因为打擂失败,被调整回天津队。这让吕小军很失落,几年下来,成绩始终没有长进。不过天津队从未放弃培养吕小军,不仅做他的思想工作,还帮他联系了于杰,后者是国内优秀的举重教练,曾带出奥运冠军。

2009年3月，即将年满25周岁的吕小军第一次见到于杰教练，激动地表示自己愿意完全按照教练的指导进行训练，会使出自己的全部力量，绝不偷懒。于杰被真诚打动，决定先收下来试试看。

于杰告诉吕小军，国内男子69公斤级人才太多，建议他升级到77公斤级，去闯出一片天。这一改，让吕小军不再为每次赛前减重而痛苦。经过近一年的调整，他的体重达到77公斤级的理想标准。

每次训练，于杰都会为吕小军做牵拉、踩背、放松，哪一块肌肉、哪一条韧带状态如何，他都一清二楚。而经过教练摸底，吕小军练起来也更加放心。

2009年11月，在于教练手下训练一年零八个月后，吕小军的成绩突飞猛进，在举重世锦赛上，分别以破世界纪录的成绩获得抓举和总成绩金牌。

2012年伦敦夏奥会国内选拔赛上，吕小军却以一公斤之差屈居亚军。在当时，国际举联规定，每个代表团最多只能有6名男选手参加夏奥会举重比赛（现在是4人）。中国举重队主要以奥运选拔赛来遴选奥运参赛选手，吕小军错失冠军，就意味着可能要错失夏奥会，好在他因为在其他比赛中成绩非常优秀，又有良好的训练状态，最终入选中国奥运代表团。于教练告诫吕小军，是他骄傲轻敌害了自己，要吸取教训。

在伦敦夏奥会，吕小军在抓举比赛中举起175公斤，打破了抓举世界纪录。在挺举比赛中，他又举起204公斤，总成绩379公斤，在打破世界纪录的同时，获得奥运冠军。夺冠之后，他把于杰抱上了举重台，向大家介绍，这就是他的教练。

2016年里约夏奥会，吕小军力争要成为中国第一位30岁以后的奥运举重冠军。这一次，他又获得了379公斤的好成绩，把对手哈萨克斯坦选手拉西莫夫逼入了绝境，对手必须在挺举比赛中举起214公斤，而他最好成绩是207公斤，可以说，吕小军夺冠机会很大。但谁也没想到，对手放手一搏，虽然跌跌撞撞，但却被裁判认定成功。吕小军最后屈居亚军。

吕小军在海外有大量粉丝，他们对比赛提出了质疑，认为拉西莫夫除非使用兴奋剂，否则不可能举起这个重量。吕小军常在网上发他健美的视频，吸引了大量爱好者观看，并称呼他为"军神"。

2021年初，拉西莫夫被国际举联查出在2016年期间有兴奋剂违规的行为，指出他涉嫌有替换尿样的行为。这样，获得亚军的吕小军有望递补金牌。截止2022年1月31日，由于程序漫长，国际举联仍未确认2016年男子举重77公斤级比赛金牌归属问题。

不老

2021年东京夏奥会,37岁的吕小军又来了,不但能夺冠,还放出话来,如果2022年举重世锦赛能看到他,那么他很有可能参加2024年巴黎夏奥会。

在夏奥会历史上,年龄最大的举重冠军出现在1964年东京夏奥会上,当时创造者的年龄是36岁零40天。东京夏奥会,吕小军把这个纪录提高到37岁零4天。

和石智勇一样,吕小军提高了自己的体重,从77公斤提高到81公斤。在新的级别,吕小军依旧拥有统治级的实力,不过和他同场竞技的选手都比他小很多,东京夏奥会主要竞争对手意大利的皮佐拉托才24岁。在国家队,不少队友已经转行当了教练,而一同来征战夏奥会的队友已经有"00后"选手了,不过他们依然叫吕小军为"军哥",这一称呼很符合他永不老的身份。

东京夏奥会多一年备战,吕小军也身心疲惫,尤其因为疫情封闭训练,他不能时常陪伴孩子成长,感觉内心很愧疚。

2021年7月31日,吕小军出战男子81公斤级比赛。在之前的比赛中,中国举重队3个男选手李发彬、谌利军和石智勇已全部夺冠,吕小军自然不甘人后。

不过在抓举比赛中,吕小军第一举就让人担忧,抓举是吕小军强项,开把165公斤是他在77公斤级就能举起的重量,但他竟然试举失败了。吕小军赛后称,自己还是有点轻视这个重量了,因此准备略显不足。在随后两次试举里,吕小军先后举起了165公斤和170公斤。意大利选手皮佐拉托开把也叫了165公斤,同样试举失败。第二举165公斤成功后,第三举再次失败。抓举比赛过后,吕小军领先对手5公斤。

挺举比赛非常体现团队在智力上的角逐。开赛前,吕小军挺举开把重量是200公斤,目的也是震慑对手。在抓举领先后,教练把吕小军的挺举开把重量调低到197公斤,以稳为主,先保证有挺举成绩。吕小军成功举起后,皮佐拉托举起了开把200公斤的重量,依然比吕小军成绩低2公斤。

第二把,吕小军要了204公斤,这是一个让对手非常难受的重量。东京夏奥会,举重比赛是谁举起一个重量谁占先,而不是看体重。如果吕小军成功举起204公斤,意味着对手必须冲击210公斤,这是对手从未举起过的重量。而且吕小军还有最后一举,即使对手能举成功,吕小军依然还有机会。

　　果然，在吕小军举起 204 公斤后，皮佐拉托在第三把冲击 210 公斤，结果失败。吕小军在金牌到手的情况下，冲击了新的世界纪录，可惜没能成功，不过他的最大年龄举重奥运冠军的纪录将永留史册。

　　赛后，皮佐拉托表示，吕小军退役后，他将称霸这个级别的比赛。对此，吕小军笑称，如果 2022 年举重世锦赛自己还在参赛，那么 2024 年巴黎夏奥会，他也会在。

大圣归来

　　因为姓侯又身体灵巧,侯志慧被大家爱称为"猴子"。2016年,已经身在里约的侯志慧因伤最终被召回,无缘夏奥会。2021年,侯志慧在东京夏奥会上成功获得女子49公斤级举重金牌。

痛哭

　　侯志慧1997年出生于湖南省郴州市桂阳县。2008年底,侯志慧被学校选中参加田径比赛。

　　在比赛中,侯志慧很不起眼,身高只有1.3米,体重不到29公斤。别的学校老师看到后,笑称怎么幼儿园的孩子也来了?不过观赛的人群里有人看中了侯志慧,他是一位举重教练,名叫李志平,侯志慧起跑瞬间展示出来的爆发力和协调性让他眼前一亮。

　　赛后,李志平找到侯志慧的学校老师,表明自己想带她去学举重。侯志慧的家人了解情况后,把决定权给了侯志慧。听说练举重挺好玩,侯志慧欣然答应了。

　　学举重后,侯志慧非常刻苦,早上去练一个小时,然后去上课,下午放学后接着再训练。侯志慧非常自觉,从不偷懒,还会自己给自己加任务,这让平时很严厉的李志平不得不劝告她,把节奏放慢一点,别把任务加得太快了。

　　2009年下半年,湖南省举重队来学校选苗子。作为刚练举重没多久的新人,这次选拔本来没侯志慧什么事,她只要看着就行。可侯志慧闲不住,她在边上也跟着举杠铃,而且有点人来疯。按她的体重,能举起40公斤已经非常好了,她平时最多能举47公斤,可这次居然举到了52公斤。省队教练当即表示,这个小孩我们要了。

在省队训练三年后,侯志慧成为正式队员。2015 年,侯志慧进入了国家队。在国内、国际赛场上,侯志慧连连取得好成绩,这让她最终入选了中国里约奥运代表团,19 岁的侯志慧前程似锦。

但没想到的是,侯志慧已经身在里约,又被叫了回去。原来俄罗斯举重队因故被禁赛,中国选手在女子大级别项目中夺冠希望大增;再加上侯志慧本身有伤病,参赛有一定风险。因此中国举重队经过考虑后,选择了换人,召回侯志慧。

得知这一消息后,侯志慧心里非常难过,关上门痛哭了一下午,直到回到国内,整个人都是僵的,整天没有笑容。回到家乡后,李志平告诉侯志慧,她还年轻,有的是机会,2017 年全运会可以证明自己。对此,侯志慧坚定地说,东京夏奥会就是自己的目标,她绝不会放弃。

很快,侯志慧就恢复了训练,比以前更加严格要求自己,她明白,想要取得好成绩,必须更加刻苦训练。

2017 年 8 月的全运会上,侯志慧以抓举 93 公斤、挺举 115 公斤、总成绩 208 公斤的成绩夺冠。2019 年举重世界杯福州站比赛,同时也是东京夏奥会国内选拔赛。侯志慧在女子 49 公斤级比赛中连夺抓举、挺举和总成绩 3 项冠军。

不过举重比赛,一个代表团最多只能派出 4 名女选手,侯志慧想要最终进入奥运阵容,不仅要比同级别的选手强,还要证明自己比其他级别的选手更有夺金实力。要站上奥运舞台,侯志慧还需要加把劲。

欢笑

2020 年 6 月, 著名教练王国新成为侯志慧新的主管教练。王国新告诉侯志慧,要把她从"好猴子",变成"金猴子",这当然是意味着要帮侯志慧成为奥运冠军。

王国新敏锐观察到,2016 年最后时刻落选, 给侯志慧带来的打击实在太大了,整个人都变得忧郁起来,尽管仍很努力去训练,但有好几次会觉得自己练着练着就没希望了。东京奥运周期,侯志慧换了好几任教练,但都没能帮她走出阴影,王国新接手后,决定要帮她重新树立信心。

侯志慧个性非常强,但王国新认为,举重是有规律的,要按规律办事,不能由着个性去训练。王国新告诉侯志慧,比赛不是蒙出来的,是脚踏实地训练出来的,要按照举重规律去走。有时王国新在训练中个性也很强硬,不过他告诉侯志慧,再硬碰硬也要讲道理。

在伤病上,王国新也非常细心,每天都和队医商讨方案,对侯志慧关怀备至。在王国新的精心照料下,侯志慧对教练充满信任,也逐渐恢复了信心。

2021年举重亚锦赛,侯志慧在女子49公斤级比赛中,分别打破抓举和总成绩两项世界纪录,并最终夺冠,总成绩是213公斤,这一成绩领先印度选手米拉拜8公斤。由于这个级别比赛的主要对手都在亚洲,因此这个亚洲冠军含金量基本等同于世界冠军,侯志慧为自己开了个好头。7月14日,中国奥运代表团成立,侯志慧榜上有名。

出发前往东京的前一天,侯志慧在训练中腰部小关节紊乱,疼了起来。在中国举重队全力保障和治疗下,侯志慧才成功控制住伤病,没有重蹈里约夏奥会不能参赛的覆辙,让人虚惊一场。

女子49公斤级的比赛在正式比赛的第一天,是整个夏奥会的第二金。也就是说,如果中国射击队不能获得女子10米气步枪金牌的话,中国队首金重任将落到侯志慧身上。侯志慧也为此做足了准备。

在赛前称体重时,侯志慧的体重超了0.1公斤。于是教练带着侯志慧在太阳底下跑了几分钟,出了一下汗。把汗擦干后,侯志慧惊险过关。不过这也导致侯志慧在比赛中因口渴而频频拿保温杯喝水。网友们后来笑称,每当看到她喝水,就知道她又稳了。

在女子49公斤级比赛中,侯志慧的主要对手仍是印度选手米拉拜,她仍是碾压式取得成功。在抓举比赛中,侯志慧报开把重量91公斤,当看到米拉拜3次试举后成绩是87公斤,因此把自己的开把重量降到了88公斤。即便降低难度,侯志慧登场时,其他所有选手都已完成自己的3次试举,这也给了侯志慧连续进行试举的机会,更容易出状态。最终3次试举后,侯志慧的抓举成绩定格在94公斤,超过米拉拜7公斤。

在挺举比赛中,侯志慧开把109公斤,成功举起后,又先后举起了114公斤和116公斤,总成绩达到了210公斤。米拉拜开把重量110公斤,在举起115公斤后,没有冲击更高重量,只要了117公斤,这一结果意味着她放弃了对金牌的争夺。最终米拉拜冲击117公斤失败,总成绩202公斤。侯志慧再一次以8公斤的优势战胜对手,只是这次她登上的是奥运冠军的领奖台。

夺冠后,侯志慧与王国新紧紧拥抱,喜极而泣,5年前的阴霾一扫而光。

突破项目

我们走在大路上

近些年来，夏奥会为了吸引年轻人以及本地观众，对项目进行多次调整。以东京夏奥会为例，新增了冲浪、滑板、空手道等5个大项，共设33个大项。

中国队在一些传统项目如乒乓球、羽毛球、体操、举重、射击、跳水(跳水实质是中项，不是大项)上具有很强的实力。在东京夏奥会上，这6个项目一共带来28枚金牌，在总共38金中占有绝对优势。

在游泳和田径两个基础大项中，中国队虽然不是传统强队，但在具体小项上有一定突破能力，因此也屡屡能在奥运比赛中体现自己的实力，站上最高领奖台。

在集体项目中，中国队在女排项目上不断创造辉煌，在女篮、女足、女曲、女垒项目上也都曾站上过奥运领奖台。

在其余项目中，中国队则以后来者身份不断突破，国家体育总局也按照项目特点进行归类，给各项目冲击最高领奖台创造条件。

搏击类项目

说搏击类项目也许不是很准确。国家体育总局原有重竞技中心，后来拆分为拳击跆拳道运动管理中心和举重摔跤柔道运动管理中心。

这两个中心包含了5个奥运大项，除了举重，其余4项都是直接身体对抗项目。中国队在这几个项目中都曾有不俗表现，均曾获得过奥运冠军。东京夏奥会上，中国队依旧表现不俗，多次登上奥运领奖台，只是在运气、经验等方面略显不足，最终无缘金牌。

中国队最早取得突破的是柔道项目，在1992年巴塞罗那夏奥会上，庄晓岩以"一本"的优势获得女子72公斤以上级金牌。随后几届夏奥会上，中国柔道队在女子大级别比赛中均展示了实力，先后产生了孙福明、佟文等名将。近几届夏奥会，中国柔道队未能再获得奥运冠军。

中国跆拳道队也有不俗表现。在2000年悉尼夏奥会上，女将陈中为中国代表团获得史上第一枚跆拳道奥运金牌。随后她在2004年雅典夏奥会上蝉联冠军，和她一起夺冠的还有另一位女将罗微。2008年夏奥会，吴静钰首次站上冠军领奖台，此后她又3次出征。2021年东京夏奥会，吴静钰以妈妈选手的身份第四次征战夏奥会。2016年，赵帅成为中国第一位跆拳道男子奥运冠军，他也因此和朱婷一道成为东京夏奥会中国代表团开幕式旗手。

中国拳击开展较晚，第一个获得拳击奥运奖牌的是邹市明，他在雅典夏奥会上获得拳击男子48公斤级铜牌。北京夏奥会，他和张小平为中国拳击队各获得1枚奥运金牌。此后，邹市明在获得伦敦奥运金牌后又转战职业赛场，成为第一个先后在夏奥会和职业赛场取得成就的中国选手。中国摔跤队则曾由王娇在北京夏奥会上夺金。

自剑项目

自行车击剑运动管理中心下辖5个项目，其中自行车和击剑2个项目成绩最好。

1990年，周玲美成为第一个打破自行车世界纪录的中国选手。在奥运赛场，中国选手经过几代人的努力，终于在2016年夏奥会上由钟天使/宫金杰组队，首获自行车奥运冠军。东京夏奥会，钟天使搭档鲍珊菊，再次获得金牌。

击剑项目一直是欧美选手的天下，1984年洛杉矶夏奥会，栾菊杰获得女子花剑金牌，成为中国击剑领路人。进入21世纪，中国选手在男子花剑领域有所突破，团体和个人均获得过世界冠军。2008年北京夏奥会，仲满获得男子佩剑金牌，成为第一个在击剑项目上夺冠的中国男选手。2012年，雷声站上了奥运最高领奖台，为中国花剑男队攀登上新高峰。同样在伦敦夏奥会，中国重剑女队获得团体冠军。在东京夏奥会上，孙一文获得了女子重剑个人金牌。

水上项目

　　水上项目主要有帆船帆板、皮划艇和赛艇等项目。水上项目同样是欧美选手领先的项目，但中国选手一直在努力。

　　帆船和帆板是一个大项中的两个中项。四川选手殷剑在北京夏奥会上首获帆板金牌，上海姑娘徐莉佳则在伦敦夏奥会上夺得帆船金牌创造历史。东京夏奥会，卢秀云获得帆板金牌，延续中国选手在该项目上的竞争力。

　　皮划艇和赛艇也都曾创造辉煌，和帆船帆板在海中比赛不同，皮划艇与赛艇都是在淡水中进行。杨文军/孟关良先后在 2004 年和 2008 年两届夏奥会上获得皮划艇男子双人划艇 500 米冠军。东京夏奥会，徐诗晓/孙梦雅获得皮划艇女子双人划艇 500 米金牌。

　　中国赛艇的传统在女子四人双桨上，东京夏奥会上，中国赛艇队延续北京夏奥会的辉煌，再次获得女子四人双桨奥运冠军。

　　在东京夏奥会上，中国选手在突破项目上最终站上最高领奖台的有 5 个小项，分别是：

7 月 24 日

金牌　孙一文　击剑女子个人重剑

7 月 28 日

金牌　陈云霞/张灵/吕扬/崔晓桐　赛艇女子四人双桨

7 月 31 日

金牌　卢秀云　女子帆板 RS:X 级

8 月 2 日

金牌　钟天使/鲍珊菊　场地自行车女子团体争先赛

8 月 7 日

金牌　徐诗晓/孙梦雅　皮划艇女子双人划艇 500 米

拳拳中国心

邹市明是中国体育第一个在奥运赛场和职业赛场均取得辉煌的运动员,他在两届夏奥会上获得拳击奥运冠军,退役后又获得职业拳击金腰带。

脚步

拳击是世界上职业化发展最好的体育运动之一。和其他项目类似,拳击的小级别比赛在东亚开展较好,而大级别比赛则是欧美选手的天下。

但中国拳击开展较晚,即使在小级别比赛中,冠军也往往被韩国、泰国等国家选手夺走。1990 年北京亚运会上,黑龙江选手白崇光获得拳击项目 81 公斤级冠军,这是中国首次夺得亚运会拳击项目的金牌。但此后,一直没能再有优秀选手涌现,直到邹市明的出现。

1981 年 5 月,邹市明出生在贵州省遵义市。1994 年,13 岁的邹市明到武校学习。

每天早上天一亮,邹市明就起床在训练场上奔跑。邹市明后来评价自己:虽然不是条件最好的学员,却是最不会偷懒的人。如果武校要求跑 3000 米的话,大多数人会选择跑 2900 米,而邹市明会跑 3100 米。

一年以后,邹市明发现自己越来越喜欢拳击,但这时省体校拳击招生已经结束了,于是邹市明自费到省体校旁听。有了更好的平台,邹市明对拳击越来越痴迷。走在路上,每当对面有个迎面而来的行人,邹市明先想着是如何躲闪。当树上掉下一片叶片,邹市明也会把它当成一个对手来对待。面对路人好奇的眼神,邹市明不为所动,依然沉迷于拳击之中。

省体校拳击队又招生了,邹市明兴冲冲去报名。但初试邹市明就被泼了一盆冷水:他的臂展比身高短了一厘米,不合格。由于拳击比赛特别依赖上肢,因此胳膊越长的人越有优势。但这恰恰是邹市明的短处。

复试的时候,邹市明不请自到,恳求教练让他试一试:"我来都来了,您总得让我打一打吧。"

教练为他的真诚所感动,让一个拿了全国少年冠军的小队员和邹市明对打。尽管被打得稀里哗啦、鼻孔窜血,邹市明都不肯停下来擦一下血,而是要求接着打。

打完了,教练非但没有把邹市明赶走,反而对他说:"这个夏天,我带你去打省级比赛。"

虽然胳膊不够长,但邹市明依然有两点打动了教练,一点是胆子大、气势好,遇拳不躲;另一点是柔韧性好、步伐灵活反应快。在日后 20 年的拳击生涯里,邹市明为了弥补身材上的不足,在脚步上花费了无数心思。

而邹市明的这一特点也正好和教练张传良的想法不谋而合。张传良为邹市明量身打造了一套颠覆性的训练方式:别人练拳击都是从挨打开始,邹市明学拳击学的却是怎么才能不被对手打到。

1999 年,邹市明被选入国家集训队,给当时的 48 公斤级全国冠军李正茂当陪练。邹市明一面给李正茂当陪练,一面也在学习对方的长处,不断地添加到自己的训练当中。

出拳

2000 年 5 月 18 日的全国拳击锦标赛预赛上,邹市明打败头号种子李正茂,一举成名。邹市明后来回忆说:"那天是我生日,所以我记得非常清楚,比赛结束后,我立即打电话告诉妈妈,我打败了全国冠军。"

2001 年,邹市明获得全运会冠军,从此以后,他在全国 48 公斤级比赛中罕逢对手,"神奇小子"的名号也渐渐被大家熟知。

2003 年,邹市明参加了在泰国举行的世界拳击锦标赛,虽然在国内已没有对手,但他在世界拳坛还是默默无闻。邹市明第一轮就遇到了古巴名将、卫冕冠军巴特莱尼。当时所有人都认为邹市明必败无疑,但只求他输得不要太难看。

但邹市明居然在第四回合战胜对手,成为最大黑马。无数媒体的话筒伸了过来,邹市明一下子站到了聚光灯下。虽然这只是第一轮比赛,但邹市明一直牢记在心，因为这是他在世界舞台上的第一场胜利。

最终，邹市明一路杀入世锦赛决赛，虽然最终没能夺冠，但亚军的成绩已经创造了中国拳击在世界大赛上奖牌零的突破。

2004年雅典夏奥会，邹市明一路打入半决赛，和他争夺决赛权的，正是一年前曾在世锦赛上败在邹市明拳下的古巴名将巴特莱尼。

比赛到了第二回合，邹市明已经领先对手6个点。由于夏奥会的拳击比赛一共只有3个回合，6个点的优势非常大，因此邹市明和张传良都觉得已经稳操胜券。

但就在这个时候，场上却风云突变，巴特莱尼利用邹市明的一次失误，把邹市明困在一个围角里，狂风暴雨般进攻之后，巴特莱尼在短短几秒钟时间里连得10个点，成功逆转。

世锦赛上战胜巴特莱尼创造奇迹，在夏奥会上又被巴特莱尼阻挡住前进的步伐，这让邹市明非常沮丧。邹市明出局的当天，恰逢刘翔在夏奥会上夺冠，举国欢庆，这让邹市明加剧了心中的遗憾和伤痛。

尽管如此，夏奥会拳击铜牌还是创造了历史，中国媒体也对邹市明报以极大的善意和同情。面对采访，邹市明立下壮志："我还年轻，我还有2008年！"

奥运归来之后，邹市明闭门不出，在家里反思，最终觉得，自己还是应该拼下去，去赢得拳台上的胜利。

2005年，邹市明又一次站到了拳击世锦赛决赛的场地上，这次邹市明没有犹豫、没有给对手任何机会，以摧枯拉朽之势击败对手，获得他个人第一个世锦赛金牌。这是中国拳击历史上的第一个世界冠军。

由于邹市明步伐灵活、拳路神出鬼没，被媒体冠以"海盗拳"的称呼。英国著名的《卫报》则赞誉邹市明"斗志似麻雀，动作像阿里"。

邹市明开始越战越勇。2006年多哈亚运会男子48公斤级决赛上，邹市明以21比1的绝对优势战胜泰国选手，为中国队获得自1990年亚运会后的拳击首金。

2007年拳击世锦赛，邹市明在决赛中全面压制对手，成功卫冕冠军。环顾世界大赛，邹市明只差奥运金牌了。

2008年8月8日，北京夏奥会隆重开幕。邹市明在赛前表示，要在中国同胞面前，把4年前丢掉的奥运冠军拿回来。

为了在夏奥会上夺冠，邹市明克服了重重困难，把身体、状态调整到最好，以一个绝佳的姿态来面对夏奥会。

首轮过关后,邹市明在第二轮遇到了挑战。面对法国选手乌巴利,邹市明一开始以 1 比 2 落后,在最后 30 秒才放手一搏,最后依靠小分优势涉险过关。

随后几轮比赛,邹市明渐入佳境,尤其在半决赛中,邹市明以 15 比 0 的绝对优势战胜对手,闯入决赛。

8 月 24 日,是北京夏奥会闭幕的日子。在这一天的中午,邹市明迎来了夏奥会 48 公斤级比赛决赛。他的对手是蒙古选手塞尔丹巴,是本届夏奥会的一匹黑马。

邹市明身穿红色战服,脚蹬金色战靴,站在拳台上显得威风凛凛,工人体育馆里的观众齐声为邹市明呐喊助威。

比赛开始了,在第一个回合的 2 分钟里,两人试探性接触,在离比赛结束还剩 13 秒的时候,邹市明先声夺人,利用主动进攻先得 1 分。

第二回合开始后不久,塞尔丹巴突然退到台角,和教练说着什么。这时教练向裁判示意,塞尔丹巴因伤退出比赛。这时第二回合刚刚过去 19 秒。

正在全力准备的邹市明先是愣了一下,等反应过来后,他马上拿起一面国旗披在身上,挥拳高呼,眼泪夺眶而出,全场观众也开始热烈庆祝中国奥运史上的首个拳击金牌的诞生。

在赛前,邹市明料定决赛是一场恶战,已做好了最艰苦的准备。对手退赛完全出乎邹市明意料,虽然没能为观众献上一场漂亮的对决,但邹市明认为,赢得金牌最重要。

"为这块金牌,为了中国人在世界上扬起自己的拳头,我付出了整整 8 年。虽然我个子很小,但是我向世界展现了中国人的力量,我用拳头说明,中国强大起来。"邹市明在赛后说:"中国人的金牌,中国人的拳头!"

腰带

2012 年伦敦夏奥会,邹市明在男子 49 公斤级比赛中,成功战胜泰国名将夺冠,蝉联奥运冠军。此后,邹市明决定进军职业拳坛。

31 岁的邹市明进军职业拳坛,意味着要改打法,因为夏奥会拳击比赛属于业余打法,与职业拳击比赛完全不同。在自己职业生涯的末期还要去改变打法,从头适应职业赛事的规律,对邹市明来说是非常大的挑战。

2013 年,邹市明前往美国,开始学习职业拳击。一开始邹市明非常不适应,虽然在练习场上练得好好的,但一旦到赛场上,他会不由自主地使用早已习惯的业余比赛打法。

虽然前两场职业比赛都赢了,但邹市明听到了太多质疑声:"在职业赛场打业余比赛,啧啧。""这是从业余赛场错跑过来的吧?"

面对质疑,邹市明没有躲避,而是迎难而上,苦练力量和体能。第三场职业拳击赛,邹市明以连续的进攻反击质疑,在8回合比赛中把对手打得皮开肉绽。

在赛场上突然开窍,让邹市明信心大增,连续又赢下几场职业拳击赛。2014年11月23日,邹市明和泰国拳王坤比七争夺WBO(世界拳击组织)蝇量级世界拳王金腰带强制挑战权。

在比赛中,邹市明虽然眉骨被撞得鲜血直流、一度血染赛场,但最终还是打满12个回合,最终以点数取胜。邹市明在豪取职业赛六连胜的同时,赢得世界拳王金腰带挑战权。

然而,在争夺世界拳王的比赛前,邹市明肩膀受伤。2015年3月5日,邹市明在与对手打满12回合后,以点数惜败。此后,邹市明因伤暂别拳坛。

2016年,35岁的邹市明复出,在上海的东方体育中心,他与南美洲冠军纳坦·桑塔纳进行比赛中,全面压制对手,并在第八回合TKO(技术击倒)对手获胜。

在6月12日,邹市明凭点数的绝对优势,击败19岁的匈牙利拳手阿伊塔伊,获得了挑战拳王的资格,这时,他离世界拳王只有一步之遥。

北京时间11月6日,邹市明以120比107击败泰国拳手坤比七,成为WBO蝇量级世界拳王金腰带得主,成为中国第一个先后称霸业余拳坛和职业拳坛的选手。

从开始学习拳击,到成为世界拳王,邹市明用了整整21年时间,这个"神奇小子"终于实现了自己的梦想。

一生所爱

从 21 岁在北京夏奥会夺冠,到东京夏奥会成为 34 岁妈妈选手,吴静钰从未放弃对跆拳道的爱。

征服

吴静钰 1987 年生于江西景德镇,这是全国闻名遐迩的瓷都,到处是琳琅满目的瓷器店。吴静钰曾和人开玩笑说,如果没有练跆拳道,说不定长大以后就是一个瓷器店主。

吴静钰虽然小时个子不高,但非常喜欢跑步,是班级里跑得最快的女生。1999 年,景德镇市体校教练到学校挑选队员,选择标准只有一个:看谁跑得快。同学们一致推荐吴静钰,教练于是让吴静钰去试试。

和现在到处都有孩子学跆拳道不同,当时跆拳道是个非常冷门的项目,甚至吴静钰被选去学跆拳道时, 这个项目还没有正式进入夏奥会。2000 年悉尼夏奥会,跆拳道进入夏奥会,陈中成为中国历史上第一个跆拳道奥运冠军。

虽说吴静钰个子不高,但教练认为吴静钰是个天生的跆拳道人才,下肢发育非常好,爆发力和反应能力都很强,此外,吴静钰有一股不服输的精神,也被教练看中。

体育运动不可避免都有一个难关,就是要拉韧带。一开始拉韧带的时候,吴静钰每天都哭,因为她的韧带很难拉开,每次拉都特别疼。一开始吴静钰也有逃避的想法,想回家了。但在家人和教练劝导下,觉得不能半途而废,于是她咬牙努力迈过这道坎。如果吴静钰不是咬牙坚持下来,日后也就没有她下劈腿的绝活了。

练了半年后，吴静钰在一次江西省青少年比赛中夺冠，又过了半年，吴静钰又一次在省级比赛中进入决赛，只是这次是亚军。江西省跆拳道队教练王志杰看中吴静钰的灵气，把她调入省队，前往南昌进行专业训练。

王志杰挑选吴静钰进入江西省跆拳道队时，遭到了队里反对。在当年选拔跆拳道队员时，"身高腿长"是非常重要的用人标准。吴静钰那时只有 1.40 米出头，谁也看不上这个矮个子。但王志杰坚信这个丫头能成才，决定将吴静钰留下。

吴静钰每天跟着王志杰进行专业强化训练，个子也在一点一点长高。最终 1.66 米的身材，在同级别的女选手中已是翘楚。

一年后，吴静钰在全国跆拳道女子 47 公斤级比赛中，为江西队赢得 1 枚金牌，这一成绩也征服了质疑她的那些人。

2004 年，吴静钰进入国家跆拳道青年队，并先后获得全国冠军赛 47 公斤级冠军、全国跆拳道锦标赛 47 公斤级冠军。同年，吴静钰还获得了世界青年锦标赛 49 公斤级冠军，为中国队实现了在青年世锦赛上零的突破。

2005 年 11 月，吴静钰正式入选国家队。在国家队，吴静钰有更广阔的舞台，在各国参赛时都得到良好的评价，被认为是北京夏奥会冠军的有力争夺者。

但连续的几次比赛，吴静钰却非常不顺利。2005 年澳门东亚运动会，吴静钰虽然进入决赛，但与冠军无缘。2006 年亚锦赛，吴静钰闯入决赛后，却因自身失误将金牌拱手让给对手；同年 9 月的世界杯个人赛女子 47 公斤级决赛中，吴静钰再度失利，仅获得了进入国家队后的第三枚银牌。

为什么会是三枚银牌呢？吴静钰不服气，也不愿认输，决心要在年末的亚运会上获得金牌，证明自己的能力。

冲顶

亚运会的跆拳道比赛，虽然级别没有夏奥会高，但难度却一点都不输给夏奥会。

跆拳道运动，缘起于朝鲜半岛。2000 年跆拳道进入夏奥会后，为了让该项目能均衡发展，规定每个代表团最多只能派 2 男 2 女参加 4 个级别的比赛。这也就意味着，夏奥会的参赛资格竞争异常惨烈，想参加夏奥会的选手，不仅要在自己的级别上出类拔萃，还要比别的级别的选手夺金机会更大。

但亚运会却没有这个限制,所有亚洲的好手都可以参赛。由于当年高水平运动员基本都集中在亚洲,因此亚运会跆拳道金牌竞争非常激烈,不亚于夏奥会。2006年多哈亚运会前,中国选手一共获得3枚奥运金牌,但还没获得过亚运会金牌。

12月8日,吴静钰在多哈亚运会跆拳道女子47公斤级的决赛中,以2比1的比分战胜了中国台北名将杨淑君,拿到了自己在国际比赛中的第一个冠军。这是中国跆拳道队历史上第一枚亚运会金牌,19岁的吴静钰夺冠后挥拳砸向地板,多年的付出终于开始有了回报。

2007年,吴静钰在北京举行的世锦赛女子47公斤级比赛中,战胜泰国名将获得金牌,成为世界冠军。

亚运会和世锦赛连续夺冠,为吴静钰参加北京夏奥会增加了重要的砝码。

2008年北京夏奥会开幕前,中国跆拳道队经过反复商讨,向世界跆联递交了参赛级别,把此前从未参赛过的女子49公斤级报了上去。由于吴静钰在该级别上国内没有对手,实质上她已经拿到了参赛资格。

2008年8月20日,北京夏奥会跆拳道女子49公斤级比赛在北京科技大学体育馆开赛。

前两轮,吴静钰表现出色,顺利晋级半决赛,与中国台北名将杨淑君争夺决赛权。吴静钰从一开始就积极主动,第一回合就利用3次进攻得分,取得3比0的优势。最终,吴静钰4比1淘汰杨淑君进入决赛。

吴静钰的决赛对手是泰国18岁的小将贝德蓬。贝德蓬在2006年世青赛上一举成名,夺得49公斤级比赛冠军,但随后两年她都没有在国际大赛上露面。

吴静钰的教练王志杰并没有这名对手的资料,决赛前,吴静钰和王志杰通过贝德蓬在当天比赛的路线来研究对手,制定决赛的战术。由于对贝德蓬了解不多,王志杰告诉吴静钰,在比赛中以我为主、以攻为上,而这点也符合吴静钰一贯的比赛风格。

晚8点,决赛开始了。北京科技大学体育馆人声鼎沸,很多观众都站起来为吴静钰加油,奥运冠军陈中、罗微也现身人群当中。

吴静钰身披黄色风衣走进赛场,好似一位威风凛凛的女拳王。全场"吴静钰加油"的呐喊声此起彼伏。

比赛开始了,吴静钰一直大声喊叫,既为了鼓舞士气,也为了震慑对手。第一回合,吴静钰抓住机会,利用横踢得到1分。此后,贝德蓬一直消极防守,在第三回合为此还被扣了1分。

最终,吴静钰以1比-1的比分,获得北京夏奥会女子49公斤级比赛金牌。

夺冠后,吴静钰非常激动,她向空中连踢了3个飞腿,然后高举双臂欢呼。王志杰也激动得冲进赛场,一把举起吴静钰。吴静钰不停向观众挥手,眼中泪水无声涌出。

在全场的欢呼声中,吴静钰跑向看台接过一面国旗,向空中挥舞,随后她把国旗披在身上,绕场一周,不停地向观众挥手,感谢大家对她在比赛中的支持,全场观众也回报以热烈的掌声。

在场边,吴静钰激动地说,比赛其实非常艰苦,但自己把握住了机会,"夏奥会是神圣的,我等待这次北京夏奥会已经很久了。能夺取金牌我很高兴,我要感谢一直以来给我帮助的教练。"

传统

北京夏奥会后,21岁的吴静钰开始新一轮奥运周期的备战。

2009年开始,吴静钰在国际赛场上多次遭遇西班牙名将布里吉特,成绩均不理想。2009年世锦赛,吴静钰在女子49公斤级比赛的半决赛中,不敌布里吉特获得季军。2010年在北京举行的武博会,吴静钰又一次在同样的级别中在半决赛输给布里吉特。

连续输给同一个对手,让吴静钰很苦恼。教练也为其打造了新的计划。一方面,吴静钰在训练中加大难度和力度,让自己的能力再次回到巅峰。另一方面,教练有意让她多参加53公斤级比赛,在更高级别接受挑战,提高自己的应对能力。

2011年在韩国庆州,吴静钰力克中国台北名将杨淑君,时隔四年重夺世锦赛49公斤级冠军。这让吴静钰恢复信心,也获得了2012年伦敦夏奥会的参赛资格。

2012年伦敦当地时间8月8日晚,吴静钰一路高奏凯歌,进入女子49公斤级比赛决赛,这正是4年前北京夏奥会开幕的日子。

吴静钰决赛的对手正是西班牙选手布里吉特,让她略感遗憾的是,好友杨淑君没能晋级决赛。

比赛一开始,吴静钰依然积极主动,利用正面劈头率先获得3分。在第二回合中,吴静钰依然牢牢把握住节奏,取得了7比1领先优势。最终,3个回合结束后,吴静钰以8比1的总比分,卫冕奥运冠军。

夺冠后,吴静钰的教练打起了太极拳。对此,吴静钰非常自豪,表示教练一直用中国武术的精髓在教导自己,将中国武术加入到训练中,"这是所有中国人的骄傲。"

岁月

都说岁月无痕,但岁月怎么可能真的无痕。

2014 年,27 岁的吴静钰和爱人步入婚礼殿堂。婚后,她没放弃钟爱的跆拳道事业。2016 年里约夏奥会,吴静钰以世界排名第一的身份出征,但最终与奖牌无缘。

这次失利让吴静钰非常痛苦,她洒泪赛场的画面留在许多人的心中。里约夏奥会后,吴静钰选择退役。此后,她生了一个可爱的女儿。然而吴静钰割舍不下跆拳道赛事,最终毅然选择复出。为了获得夏奥会参赛资格,吴静钰到处参赛积累积分。

2021 年东京夏奥会,34 岁的吴静钰成为一名妈妈选手,第四次征战奥运赛场,这是跆拳道历史上第一位 4 次征战夏奥会的女选手。

2021 年 7 月 24 日,东京夏奥会跆拳道女子 49 公斤级比赛开始。吴静钰在第一场比赛中赢得非常干脆,只用两局就轻松晋级八强。

但在四分之一决赛中,吴静钰又输得非常干脆,也是两局就结束比赛,2 比 33,她输给了 17 岁的西班牙小将,对手的年龄只有她一半。

赛后,吴静钰表示,虽然自己的战术和意识都很清楚,但真的老了,很无奈,明明看到机会,但就是上不去。

跆拳道比赛赛制很特殊,如果对手战胜自己后进入决赛,那么即使输掉比赛也可以参加复活赛,去争取铜牌。战胜吴静钰的西班牙小将最终进入决赛,这给吴静钰参加复活赛的机会。在复活赛中,吴静钰对阵塞尔维亚选手博格达诺维奇,2016 年里约夏奥会,正是她让吴静钰无缘 3 连冠。

吴静钰与对手苦战三局,但最终败落,无缘铜牌争夺战。再次无缘领奖台后,吴静钰内心非常平静,她表示自己已经尽力了,但确实逃不过年龄这个坎儿。

展望未来,吴静钰表示以后会把更多的时间留给家庭,也会继续热爱跆拳道,只不过会换一种角色投入到跆拳道事业中。

于无声处听惊雷

从 11 比 13 落后开始连追 4 剑,雷声 15 比 13 战胜埃及选手夺冠,一声长啸,倾诉中国花剑男队 20 年的努力。他也一举打破欧洲人对夏奥会男子个人花剑金牌长达 116 年的统治。

学剑

雷声 1984 年出生于天津,6 岁的时候,他随父母迁居广州。

到广州的第三天,游泳教练去雷声的班级里挑人,雷声因为四肢修长、身材好被选中。当教练拉雷声的韧带时,发现有点硬,于是决定放弃了。但雷声的父母不想放弃,就带着雷声去找教练。教练看到雷声父母的个子很高,断定雷声一定会是大高个,就决定收下这名弟子。

雷声此前从来没学过游泳,但在教练指导下,他很快学会了 4 种泳姿。小雷声曾参加过广州市比赛,很遗憾没进决赛。

10 岁时,广州市击剑队看中雷声,原因很简单,他是左利手。在一对一的对抗比赛中,左利手很有优势,因为左利手更容易出成绩。除了左利手外,雷声的身体素质和潜在的身高,都打动了教练。

不过学击剑和学游泳很不一样,学游泳每天可以一边上课一边训练,而击剑意味着要走专业体育路线,要住在体校。父母考虑走专业体育路线太辛苦,一开始并没同意。当父母和教练让雷声自己决定时,雷声觉得冬天游泳太冷了,决定去学习击剑。

进击剑队要先试训,在体校里先住 3 天。这是雷声第一次离家,妈妈走的时候,雷声还哭过。不过他和队友很快就熟悉了,于是顺理成章地走上了学击剑的道路。

雷声的室友是和他同龄的朱俊。一开始床位不够，教练还曾让雷声和朱俊挤在同一张床上。雷声和朱俊此后又相继进入国家队，在国家队还是室友，并一同出征国际比赛。

在体校，虽然雷声的学习成绩不错，但和普通学校相比还是落后了。雷声的妈妈非常着急，到体校询问情况。雷声的教练李喆对雷声妈妈说："你放心，雷声日后一定会成为世界冠军的。"

雷声后来笑道："教练自己不是世界冠军，他也没有带出过世界冠军。他怎么这么有信心，就能看出我能夺冠？"

进体校后，雷声希望能有一把自己的剑。但刚学击剑的孩子，首先要打的基础是步伐练习。教练总是笑眯眯告诉雷声："你现在拿剑，只能当全国冠军；1个月以后再拿剑，以后可以当世界冠军。"这话把雷声哄得乖乖等了10个月。

一开始，雷声学的是花剑，练了一段时间以后，佩剑、重剑教练也都想要雷声，让他自己进行选择。雷声又一次选择了花剑。不过在和好兄弟朱俊的比赛中，雷声总也打不过朱俊，到了全国比赛，雷声更是早早被淘汰，和朱俊交不上手。

1998年，在广东省第十届运动会，14岁的雷声第一次在比赛中战胜朱俊，获得少年组男子个人冠军。

在雷声学剑的时期，正是中国花剑三剑客王海滨、叶冲、董兆致的巅峰时刻，1999年世锦赛、2000年悉尼夏奥会以及2004年雅典夏奥会，三剑客均获得亚军。由于王海滨训练刻苦、有责任心，被雷声视为偶像。

2002年，雷声在比赛中遭遇偶像王海滨，并以一剑之差落败。随后，雷声进入国家队，和朱俊又一次成为室友。2004年，雷声和朱俊、黄良财一起获得保加利亚击剑世青赛的冠军。

2005年全运会，雷声进入男子花剑个人决赛，最终不敌王海滨获得银牌。王海滨随后退役，成为雷声的教练。

出剑

2005年，国际击剑联合会宣布取消2008年北京夏奥会男子花剑团体赛事。

原来，当时国际奥委会每届夏奥会一共给击剑项目分配10枚金牌。击剑一共有3个剑种，每个剑种均有团体和个人两项比赛，因此男子和女子各有6个比赛项目。10块金牌，就意味着男子和女子比赛需要各有一项比赛缺席。国际击剑联合会每届夏奥会均会在男、女赛事各取消一项团体比赛,北京夏奥会正好轮到男子花剑团体项目被取消。

男子花剑团体比赛一向是中国冲金的重点项目,取消之后,王海滨只好把重点放在男子个人项目上,雷声凭借在一系列比赛中的优异表现,成为重点培养对象。

对于北京夏奥会,王海滨有自己的解读,他认为,世界强队中,意大利保留了雅典夏奥会夺冠的原班人马,而法国、德国都是有两三届奥运经历的队员。而中国类似雷声这批只有二十一二岁的选手,具备了往上冲的实力。因此在平时的训练和比赛中,王海滨也有意针对雷声等年轻选手制定方案。

雷声也确实抓住了机会。2006 年葡萄牙世界杯,雷声获得个人冠军。在年底的亚运会上,雷声和队友合作,获得男团冠军,尤其值得一提的是,他在最后对阵韩国选手崔炳哲的时候,在落后情况下连追 7 剑,反败为胜。

2007 年 5 月,雷声忍着气胸的疼痛,参加北京夏奥会的资格赛。当拿到参赛资格回国后,雷声接受了手术。

此后,雷声在世界杯 3 个分站赛上获得冠军,在俄罗斯世锦赛上获得铜牌。

但 2008 年北京夏奥会,雷声比得特别不顺利,在八进四的比赛中,不敌德国选手,无缘四强。让雷声尴尬的是,他在此前的比赛中刚刚赢过对手,但在夏奥会的比赛却以 7 比 15 大败。

以这样的比分失利,雷声觉得非常不甘心,也对未来感到迷茫,24 岁的他不知将来路该往哪里走。

作为过来人,王海滨最清楚雷声的痛苦,他建议雷声一边读书一边训练。虽然读书会影响训练的时间,但王海滨认为读书可以提高人的思维能力,学会在比赛中思考,大局观会更加明晰。

当年,王海滨也是在痛苦中前往南京大学读书,随后又留学法国,读书后不仅走出阴影,还屡屡创造佳绩。

2009 年,雷声进入北京大学广告专业学习。在读书的同时,雷声还要经常去训练。一开始的学习,雷声感觉非常吃力,但他意识到,自己本来就是来学习的,有差距很正常,自己需要花更大力气去迎头赶上。

雷声的同学们也对他非常照顾,当雷声需要出去比赛时,就帮他把老师的课程录下来,在网上发给他。这样,即使雷声因训练无法上课,也能保持和班级同步。

为了保证雷声的学业,王海滨经常利用晚上和周末的时间为雷声进行训练。雷声也没有辜负王海滨的细心培养。2010 年,雷声排名世界第一。他在 11 月份法国击剑世锦赛花剑男子个人比赛上,一路过关斩将进入决赛,最终获得亚军。

5天后的世锦赛花剑团体赛决赛上,雷声与队友朱俊、黄良财组成的中国队,以45比43的成绩战胜世界头号队伍意大利队获得金牌。

这是中国历史上首次在世界大赛上赢得男子花剑团体冠军。

2011年,雷声和队友马剑飞、朱俊组成的中国队,在意大利世锦赛上,再次进入男子团体决赛,以45比44一剑的优势战胜法国队,蝉联团体金牌。

长啸

2012年7月31日,伦敦夏奥会男子花剑个人比赛开始。

雷声的晋级之路紧张又刺激。在16进8的比赛中,雷声4比4平后,找到克敌制胜办法,打出了一波11比2的高潮,一举击败赛会9号种子、32岁法国老将维克多·辛特斯。

在8进4的比赛,雷声再次上演了连续得分的好戏,他的对手是意大利选手阿斯普罗蒙特,是雷声在2011年世锦赛夺冠时的老对手。这场比赛,双方开始了狂风暴雨般的对攻,只用了一局就结束了。一开始,雷声在前12次对攻中输了8次,以4比8落后,此后,雷声在每一次快攻中都占先,居然连得11分,以15比8的成绩挑落这位世界排名第二的选手,挺进四强。

半决赛雷声的对手也是个老熟人,是曾排名世界第一的意大利选手巴尔迪尼。雷声在2004年获得世青赛团体冠军时,对手意大利队中就有这位巴尔迪尼。

但巴尔迪尼身高只有1.75米,在1.93米的雷声面前,丝毫占不到优势。雷声在4比4平的时候,连中几剑迅速拉开差距,比分达到10比6,第一局结束时已经以13比9领先。第二局一开始,雷声就锁定胜局,以15比11战胜对手进入决赛。这是中国男子花剑个人选手第一次进入决赛。

雷声的决赛对手是22岁的埃及人阿波尔卡西姆,他在年初的比赛中曾一剑定胜负战胜过对手。

决赛一开始,雷声进入状态非常快,2比2平后,迅速连中3剑,以5比2领先。就当大家认为决赛有可能是半决赛或者8进4比赛重演时,却发现随后的比赛一波三折,场外发生的故事远大于场上。

雷声5比2领先后,没有进行过任何身体碰撞的埃及人突然要求暂停比赛,并请求场外治疗。在裁判确认后,比赛进入了10分钟的医疗暂停时间。

在比赛中，当一方状态非常好的时候，另一方往往会想办法拖延时间进行干扰，以打乱对方的节奏。10 分钟时间，足可以让一个选手的状态全无。

雷声坐下来，把一块毛巾顶在头上，"这是为了避免被场外干扰，我在告诉自己一定行的，我一定可以战胜对手。"雷声赛后说，"我一直在告诉自己，冷静，一定要冷静，一剑剑去拼。"

10 分钟后，比赛继续，双方开始你一剑我一剑，进入到胶着状态。9 比 7 后，雷声率先发起攻击，绿灯亮起，雷声认为自己得分，开心得大叫。这时，裁判却向雷声出示了一张红牌，比分变成了 9 比 8，雷声微弱领先。

此后，雷声状态受到波动，被对手反超，以 11 比 13 落后。此时，雷声要求换剑，征得裁判同意后，雷声调整了比赛用剑。换剑之后，雷声士气大振，连中 4 剑，以 15 比 13 逆转成功，获得了男子花剑个人奥运金牌，打破了欧洲选手对这个项目长达 116 年的垄断。

夺冠之后，雷声仰天长啸，好似中国古战场一位威风凛凛的大将，又像一位匡扶正义的大侠。

"此时此刻此情此景，值得记住！"雷声在赛后发出这样的心声，"一股动力支持着我，无论当时多么落后都没有松懈过。"

剑气如虹

东京夏奥会女子个人重剑决赛进入到加赛阶段，一剑定胜负。这是孙一文在夺冠之路的第二次加赛，她毫不犹豫，气势十足的一剑帮她最终获取冠军。

剑势

东京夏奥会前，中国击剑队一共拿过 4 枚奥运金牌，女子个人花剑、男子个人佩剑、男子个人花剑、女子重剑团体，在三大剑种上都有突破。

里约夏奥会上，中国击剑队一共获得 2 枚奖牌，都是在女子重剑项目上获取，孙一文获得个人铜牌，并和队友一起获得团体银牌。东京夏奥会上，孙一文立志要站上最高领奖台。

孙一文 1992 年出生于山东省烟台市。一开始，孙一文的训练项目是中长跑，并因此进入了当地的体校。2005 年，烟台市击剑队教练来选材，孙一文因爆发力和身体条件出众，被选去改学击剑。

孙一文当时虽然个头不高，但给人感觉特别精神利落，眼睛很有灵气。在身体素质测试的时候，孙一文爆发力强，立定跳远很好。虽然耐力相对差一些，但教练认为这可以通过刻苦训练来弥补，因此果断把她收到队中。

一开始，孙一文觉得练击剑比较枯燥，曾产生厌烦情绪，有过离队的想法。教练认为她是非常好的击剑选手，如果放弃会非常可惜，因此常对她进行引导。在教练和家人帮助下，孙一文坚持了下来。

一开始孙一文的技术特点以进攻为主，但因为自身条件影响，不是太有优势。后来她改变打法，以反攻为主，手里的剑也从长柄剑换成了直柄剑，一下子显示出威力。

2010年，孙一文在山东省运会上表现优异，因此进入了山东队。2013年，孙一文进入国家队。当时中国击剑女队刚夺得伦敦夏奥会女子重剑团体金牌，是一支实力强、参赛经验丰富的队伍。队中，李娜和骆晓娟比孙一文年长较多，孙玉洁与许安琪则与孙一文年龄相仿。

2013年5月，孙一文作为新人，与孙玉洁、许安琪两位"老将"一起参加国际剑联女子重剑世界杯里约站，在决赛中战胜乌克兰队夺得冠军。在当年的布达佩斯世锦赛上，孙一文和队友合作获得亚军。

在2015年莫斯科击剑世锦赛女子重剑团体决赛上，中国队对阵罗马尼亚队，孙一文率先出战，逐步帮助中国队建立了领先优势，为中国队最终45比36战胜对手打下良好基础。这也是中国女队在2006年后再次获得世锦赛女子重剑团体冠军。

里约夏奥会，孙一文在女子个人重剑比赛中获得铜牌，第一次站上奥运领奖台。在团体比赛中，孙一文与孙玉洁、许安琪、郝佳露合作，一路打入决赛。这是一年前世锦赛夺冠时的原班人马，决赛对手依然是世锦赛的老对手罗马尼亚，中国姑娘们力争再次战胜对手。

然而在决赛中，罗马尼亚队出色发挥，最终44比38战胜中国队夺冠。中国女队未能卫冕，屈居亚军。赛后，孙一文期待自己在东京夏奥会能走得更远。

剑气

东京奥运周期，孙一文成为队中核心，她在努力训练的同时，也把自己的技术、经验传授给新人，带着她们去征战世界赛场。

2017年击剑世锦赛，许安琪暂别赛场，孙玉洁、孙一文带领两名新秀征战女子团体赛，先后战胜西班牙队、美国队和韩国队进入决赛，但可惜最终不敌爱沙尼亚队获得亚军。但对于更新换代的中国女队来说，这已是非常好的成绩。

2018年击剑世锦赛，孙玉洁也淡出赛场，孙一文成为队中唯一经验丰富的老将，最终她带领大家获得铜牌，又一次站上领奖台。

2019年，老将许安琪复出，在击剑世锦赛上，孙一文、许安琪、朱明叶与林声组队，在决赛中29比28险胜俄罗斯队，时隔4年，再次获得团体冠军。

东京夏奥会延期，孙一文认为不是坏事，因为世锦赛后大家的状态有所下降，正好可以利用延期做更充分的准备。

2021 年 7 月 24 日,东京夏奥会正式比赛首日,女子个人重剑比赛开始。在比赛中,孙一文首场比赛赢得非常轻松,两局就以 15 比 10 晋级。第二场比赛,她对阵队友朱明叶,15 比 8 晋级八强。八强赛,孙一文面对意大利名将费德里察,10 比 10 平后进行一剑加赛,孙一文毫不手软,果断出剑刺中,晋级四强。半决赛 12 比 8 晋级后,孙一文在决赛中对阵罗马尼亚选手波佩斯库。

这是孙一文非常熟悉的老对手了,2016 年里约夏奥会,波佩斯库就是罗马尼亚队中主力,最终罗马尼亚队击败中国队夺冠。

决赛紧张激烈,临比赛结束还有 12 秒,孙一文一剑刺中对手,10 比 9,如果再能坚持 12 秒,孙一文将成为中国队首位女子个人重剑冠军。在击剑三个剑种中,花剑、佩剑均有人获得个人奥运冠军,但重剑还没有。孙一文期待自己能成为中国击剑队里程碑式的人物。

比赛还剩 3 秒,孙一文被波佩斯库刺中,比分变成 10 比 10 平。比赛将进入残酷的一剑加赛,这已是孙一文在东京奥运赛场第二次面临这样的局面。

最后一剑,孙一文气势十足,出剑果敢,完全凭着经验和意识,就一剑封喉。夺冠以后,孙一文欣喜若狂,举起双臂仰天大笑。她的外籍教练也非常兴奋,冲上台去,把孙一文扛在肩头狂奔。

赛后,孙一文表示,决胜那一剑,她在思想上完全集中,全是凭着下意识带动身体,刺出那一剑。因此孙一文一开始自己都不清楚最后到底是如何战胜对手的,赛后反过来去问队友和教练,自己到底决胜一剑做的是什么动作。

站在领奖台上,天生乐天派的孙一文,听着国歌响起、看着国旗升起的时候,湿润了眼眶。

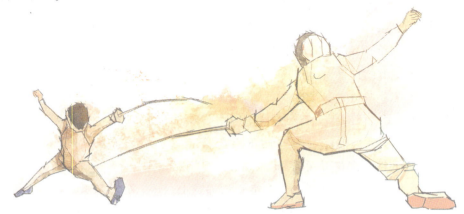

第二部分

冬奥会项目

冬奥会的冰雪豪情

北京冬奥会于 2022 年 2 月 4 日至 2022 年 2 月 20 日在北京赛区、延庆赛区和张家口赛区三地进行。

中国体育代表团在北京冬奥会上取得了优异成绩，无论是金牌总数、奖牌总数均创造历史最好成绩，并首次排名金牌榜第三名。

短道速滑、花样滑冰等项目继续保持很强竞争力，自由式滑雪、单板滑雪、速度滑冰等项目获得突破。

此外，还有一些项目虽然没获得金牌，但仍取得了历史最好成绩，钢架雪车项目首次获得铜牌，也改写了历史。

短道速滑依旧抢眼

短道速滑项目是中国队的强项，在以往五届奥运会，中国队共获得 13 枚金牌，短道速滑队获得其中 10 枚，并且每届奥运会都能站上最高领奖台。

北京冬奥会，中国短道速滑队在卫冕冠军武大靖带领下依然表现抢眼，获得 2 金 1 银 1 铜的成绩。

2 月 5 日，武大靖、任子威、范可新、曲春雨、张雨婷组成的中国接力队获得短道速滑混合团体接力金牌，为中国队取得北京冬奥会开门红。

2 月 7 日，任子威、李文龙则包揽了男子 1000 米比赛的前两名，彰显了中国队实力。

自由式滑雪表现夺目

自由式滑雪空中技巧项目是中国队强项。2006年都灵冬奥会,韩晓鹏获得男子空中技巧金牌。此后三届奥运会,中国队在男、女两个项目上不断对金牌发起挑战,但均未取得成功。

北京冬奥会上,两位老将齐广璞、徐梦桃第四次向冠军发起冲击,最终双双成功,分获男子空中技巧和女子空中技巧2枚冬奥会金牌,他们顽强不屈的拼搏精神催人泪下。

18岁新星谷爱凌使中国队在自由式滑雪项目上竞争力大大增强,谷爱凌一共参加3个项目,取得了2金1银的优异战绩,为中国队增光添彩。

单板滑雪新星闪耀

在以往冬奥会比赛中,中国队多次向女子U型池比赛奖牌发起冲击。本届冬奥会,老将蔡雪桐再次向梦想进发,最终获得第四名,虽然与奖牌无缘,但这依然是她个人最好成绩,顽强斗志让人肃然起敬。

男子赛场则喜讯频传,17岁少年苏翊鸣横空出世,让人眼前一亮。

在单板滑雪男子坡面障碍技巧比赛中,苏翊鸣资格赛获得第一,决赛最终惜败于加拿大名将获得银牌,在单板滑雪比赛中取得重大突破。

一周之后,苏翊鸣在18岁生日前夕,在首钢大跳台赛场,获得男子大跳台金牌,为中国队获得历史上首枚冬奥会单板滑雪金牌。

苏翊鸣现在还非常年轻,未来很有可能是中国队在冬奥会上的王牌之一。

速度滑冰实现突破

近些年,中国速度滑冰男队开始发力,并涌现了高亭宇、宁忠岩等优秀选手。北京冬奥会,高亭宇和女选手赵丹一起成为中国体育代表团开幕式旗手。

2月12日,高亭宇在速度滑冰男子500米比赛中获得金牌,实现了自己的诺言,成为第一个在速度滑冰项目上夺取冬奥会冠军的中国男选手。

在闭幕式上,高亭宇与徐梦桃一起成为中国体育代表团旗手,他也有幸成为了中国体育代表团历史上首位在同一届奥运会上的开闭幕式双旗手。

花样滑冰风采依旧

北京冬奥会上,中国花样滑冰队表现同样出色。

在团体赛上,中国队第一次进入自由滑阶段(即决赛阶段),创造了历史最好成绩。在男单赛事中,金博洋创造赛季最好成绩,成功战胜了自己。冰舞项目成绩则大幅提升。

2月19日,隋文静/韩聪获得双人滑冠军,这是2010年申雪/赵宏博夺冠后,中国选手又一次站上了最高领奖台。颁奖时,韩聪把队友隋文静托举到领奖台上,引起全场观众热烈的掌声。

中国体育代表团在北京冬奥会上共获得9金4银2铜,分别是:

2月5日

金牌　武大靖、任子威、范可新、曲春雨、张雨婷　短道速滑混合团体接力

2月7日

金牌　任子威　短道速滑男子1000米

银牌　李文龙　短道速滑男子1000米

银牌　苏翊鸣　单板滑雪男子坡面障碍技巧

2月8日

金牌　谷爱凌　自由式滑雪女子大跳台

2月10日

银牌　徐梦桃、贾宗洋、齐广璞　自由式滑雪空中技巧混合团体

2月11日

铜牌　闫文港　钢架雪车男子

2月12日

金牌　高亭宇　速度滑冰男子500米

2 月 13 日

铜牌　范可新、曲春雨、韩雨桐、张楚桐、张雨婷　短道速滑女子 3000 米接力

2 月 14 日

金牌　徐梦桃　自由式滑雪女子空中技巧

2 月 15 日

金牌　苏翊鸣　单板滑雪男子大跳台

银牌　谷爱凌　自由式滑雪女子坡面障碍技巧

2 月 16 日

金牌　齐广璞　自由式滑雪男子空中技巧

2 月 18 日

金牌　谷爱凌　自由式滑雪女子 U 型场地技巧

2 月 19 日

金牌　隋文静/韩聪　花样滑冰双人滑

才俊·腾飞的滑雪天才

在滑雪赛场上，中国体育代表团产生了两个少年有为的天才选手，分别在单板滑雪和自由式滑雪项目上，改写中国奥运史。

童星

2022 年 2 月 18 日，谷爱凌在自由式滑雪女子 U 型场地技巧比赛中获得金牌，这是她在冬奥会上的第三枚奖牌，也是第二枚金牌。此前，她还曾获得女子大跳台的冠军以及坡面障碍技巧的亚军。

在赛后发布会上，谷爱凌听说当天是单板滑雪选手苏翊鸣 18 岁生日，于是笑着说："祝生日快乐，现在我们是同样的年龄了，所以我不能把他当成小孩了，他现在已经是大人了。"

被谷爱凌祝贺生日的苏翊鸣，在他年满 18 周岁的前三天，在首钢大跳台场地，拿到了单板滑雪男子大跳台金牌，给自己送上最好的生日礼物。

其实在 2 月 6 日，苏翊鸣在单板滑雪男子坡面障碍技巧的预赛中已经改写中国队的冬奥会征战史，他以预赛第一的成绩闯入决赛，并在第二天的决赛中获得亚军，赛后面对判罚争议的时候，他也显得非常大气，让世人看到他广阔的胸怀，虽然此时他还是一个 17 岁少年。

苏翊鸣的故事要从 2014 年说起，甚至要从 4 岁时说起。

2004 年 2 月 18 日，苏翊鸣出生于吉林省吉林市，东北著名的江城。4 岁的时候，苏翊鸣跟随父亲到滑雪场滑雪，从那时起，他就喜欢上了这项运动，尤其当自己在空中飞起来的时候，就会变得更兴奋。

练习滑雪就免不了受伤，苏翊鸣 7 岁时因滑雪腿部受伤，但他并不抱怨，依然喜欢这项运动。

因为滑雪能力出众,苏翊鸣 10 岁时出演了著名导演徐克执导的电影《智取威虎山》,他在其中扮演一个滑雪水平很高的少年"小栓子",那句"你们撵不上"给人留下深刻印象。

2015 年,苏翊鸣得知北京联合张家口申办冬奥会成功以后,立志将来要参加北京冬奥会,并为此退出了演艺事业,专心练习滑雪。苏翊鸣 11 岁时,曾在一场比赛后留下了采访视频,他在视频中说:"2022 年冬奥会,就是我的目标,我希望到时候能够代表中国参加单板滑雪比赛。"

2018 年 8 月,苏翊鸣进入了国家队,时逢"日本单板滑雪教父"佐藤康弘成为国家队主教练,两人开启了一段师徒情。在教练指导下,苏翊鸣训练非常用心,进步也很快。佐藤教练认为,苏翊鸣非常信任自己,对滑雪事业也非常热爱,因此训练非常自觉、注意力很集中,这也是苏翊鸣能不断提升水平的原因之一。

2021 年 1 月 2 日,苏翊鸣在训练中完成了个人也是中国单板史上首个反脚外转 5 周 1800 度动作,这意味着苏翊鸣达到世界顶级选手水平。10 月 28 日,苏翊鸣在训练中成功完成内转 1980 度抓板超高难度动作,成为世界上首位完成单板滑雪内转 1980 度抓板动作的男选手,并因此登上了吉尼斯世界纪录。

同年 12 月,苏翊鸣在单板滑雪大跳台世界杯美国斯廷博特站上获得金牌,这是他个人乃至中国男子单板滑雪的第一个世界冠军。

2022 年 2 月,17 岁的苏翊鸣第一次登上了冬奥会赛场。

礼物

2022 年 2 月 6 日,冬奥会张家口赛区传来一个爆炸性的消息,在单板滑雪男子坡面障碍技巧赛上,苏翊鸣以资格赛第一的成绩闯入决赛。

在大家印象中,中国选手在单板滑雪项目上的主攻目标是女子 U 型场地技巧赛,现在有男选手能在坡面场地障碍技巧赛上取得突破,大家都充满期待。

2 月 7 日,男子坡面障碍技巧赛决赛开始,比赛按照资格赛晋级名次倒序出发,每名选手有三轮比赛机会,取最高得分为最终成绩。比赛有 12 名选手,苏翊鸣最后一个出发。

苏翊鸣第一轮比赛获得 78.38 分,暂列第四。第二轮比赛,大家都提高了难度,加拿大选手马克斯·帕罗特获得了惊人的 90.96 分,名次上升到第一位。苏翊鸣也提高了难度,在道具区平稳过关后,在跳台区连续做了 1440、1620 和 1800 动作,并平稳落地。苏翊鸣完成 1800 后,全场给予热烈地欢呼。88.70 分!苏翊鸣排名第二。第三轮苏翊鸣并没有超越这个得分,他因此获得银牌。

赛后,有不少网友认为加拿大裁判给苏翊鸣打低分,为其鸣不平。对此,苏翊鸣显得非常大气,他表示自己没有在意每个裁判给自己的打分,能得到这样的成绩已经非常开心。苏翊鸣称夺冠的马克斯·帕罗特为"大神",表示自己是看着他的比赛视频长大的,能一起登上领奖台,苏翊鸣"感觉非常荣幸"。此后,苏翊鸣开始全力准备一周以后的男子大跳台比赛。

2 月 14 日,苏翊鸣在男子大跳台的资格赛中位列第五晋级决赛,不过他在第一跳获得全场最高的 92.50 分。马克斯·帕罗特获得资格赛第一。

2 月 15 日,男子大跳台决赛举行,这一天离苏翊鸣 18 岁生日只差 3 天。和男子坡面技巧赛略有不同的是,男子大跳台成绩是取三轮中两个最好的成绩相加,比赛依然按照晋级名次倒序出发。

在决赛中,苏翊鸣第一跳是外转 1800 度,获得 89.50 分。第二跳,苏翊鸣选择内转 1800 度,获得 93.00 分。两跳之后,苏翊鸣以 182.50 分暂列第一。决赛的第三跳按前两跳的名次倒序出发,苏翊鸣将最后一个登场。

在苏翊鸣起跳前,其余选手都已完成比赛,没人超过他的总分,这意味着苏翊鸣已提前获得冠军。最终苏翊鸣以一个简单的动作顺利完成比赛,夺得中国冬奥会史上第一块单板滑雪金牌。

赛后,苏翊鸣解释,如果他不能提前夺冠,第三跳会选择尝试 1980 的高难度动作。当看到自己两跳夺冠了,他更想享受胜利的喜悦。

苏翊鸣把冠军看成是自己最好的生日礼物,他认为没有任何礼物比这更来之不易、更珍贵。苏翊鸣动情地表示:"在家门口站上奥运最高领奖台,披上五星红旗,是我过去 4 年每个晚上的梦想。"

"我特别感激自己,那个时候能够有这样的梦想。"苏翊鸣说。

逆转

苏翊鸣夺冠时,还曾表示,他是受了谷爱凌的激励。在他比赛之前几个小时,谷爱凌获得了自由式滑雪女子坡面障碍技巧赛的银牌。

虽然项目不同,苏翊鸣是单板滑雪,两脚同时踏在一块雪板上,没有雪杖;谷爱凌是自由式滑雪,两个雪板,手里是两支雪杖;不过两个人的训练场地是一样的,都有大跳台和坡面障碍场地,因此从小经常在一起训练,两人也非常熟悉。

谷爱凌2003年9月3日出生,比苏翊鸣大将近半岁,15岁时就曾获得自由式滑雪女子坡面障碍技巧比赛新西兰站冠军。

2月15日,谷爱凌在北京冬奥会自由式滑雪女子坡面障碍技巧比赛决赛中,第一跳表现平平,第二跳出现重大失误,两跳之后仅名列第八。第三跳,她选择了一个高难度动作,获得86.23分,凭借这一跳,谷爱凌实现大逆转,最终获得银牌。

这不是谷爱凌第一次在北京冬奥会上实现惊人逆转。2月8日,她在自由式滑雪女子大跳台比赛就曾逆转夺冠,那次更惊心动魄。

女子大跳台决赛,每个选手的成绩也是取三轮中两个最好的成绩相加。谷爱凌的第一次跳跃非常出色,她做了一个翻转1440的高难度动作,得到了93.75分。法国选手泰丝·勒德则做了一个1620的超高难度动作,这个动作比谷爱凌的动作难度更高,而且在她之前还从未有人挑战过这个难度。泰丝的得分是94.50分,超越了谷爱凌。

第二跳,谷爱凌获得了88.50分,而泰丝·勒德又跳出一个90分以上的高分。两跳过后,谷爱凌总分排在了第三位,泰丝·勒德则排名第一。决赛的最后一跳要按照前两跳的名次倒序出发,成绩排名第三的谷爱凌倒数第三个出场。在谷爱凌出场前,已经有九名选手完成了比赛,但最终都没能超越她的分数,这意味着谷爱凌已经确定站上领奖台,至少可以获得铜牌,这是中国冰雪史上一个重大突破。

在第三跳前,谷爱凌和妈妈通了电话,妈妈建议谷爱凌跳一个1440的动作,冲击一下银牌。谷爱凌告诉妈妈,她想挑战1620,虽然自己在训练中都未曾跳成功过这个动作,但她想挑战自己,打破自己的极限。

出发了,谷爱凌一跃而下,之后又腾空而起,向左偏轴转体两周1620度,稳稳落地。成功完成动作后,谷爱凌喜极而泣,用手捂住嘴,能成功完成这个动作,她自己都难以想象。94.50分!加上第一跳的93.75分,188.25分,谷爱凌成为全场最高分。这给最后两名等待出发的选手带来很大的压力。

后面出场的两名选手,瑞士的格雷莫德和法国的泰丝·勒德都出现了失误,谷爱凌获得自由式滑雪女子大跳台冠军,这一纪录同样改写了中国冬奥会历史。

泰丝·勒德跪在地上痛哭流涕,谷爱凌则轻轻拍她的后背,给予她支持,最终谷爱凌与泰丝·勒德、格雷莫德抱在一起。

在赛后,谷爱凌表示,自己之所以能获胜,是受对手的激励,因此她非常感谢这些对手,大家一起携手向人类的极限去挑战。

　　国际奥委会主席巴赫对这场比赛给予高度的评价，他说："谷爱凌令人赞叹，其他两位获奖选手也很出色。这是一场惊险刺激、让人难以呼吸的比赛。"

卓越

　　谷爱凌在北京冬奥会上一共参加 3 个项目的比赛，都是自由式滑雪大项下的小项，分别是女子大跳台、女子坡面障碍技巧、女子 U 型场地技巧。

　　如果说前两个项目的 1 金 1 银，谷爱凌是靠逆转取胜，那么最后一个项目的金牌，谷爱凌靠的是卓越的技术，她在这个项目中出类拔萃、独树一帜。

　　2 月 17 日，在自由式滑雪女子 U 型场地技巧资格赛中，谷爱凌排名第一进入决赛，队友张可欣、李方慧也顺利晋级。

　　自由式滑雪女子 U 型场地技巧决赛，一共有 3 轮比赛，3 轮中最高成绩即为每个选手的最终得分。比赛按照晋级名次倒序出发，谷爱凌因资格赛排名第一，每轮最后一个登场。

　　第一轮比赛，李方慧为中国队选手开了一个好头，她获得 81.75 分的高分。谷爱凌出发前，场上的最高得分是 89.00 分，由加拿大选手凯茜·夏普所创造。

　　谷爱凌从 U 型场地的一端一跃而下，动作轻松自如，表现非常完美，把得分拉高到 93.25 分，排名第一，网友们纷纷惊呼谷爱凌"自成一档"。

　　第二轮比赛，李方慧表现可喜，86.50 分，进一步提升了自己的分数。卫冕冠军凯茜·夏普获得 90.00 分，也迈进 90 分大关。

　　谷爱凌同样提高了动作的难度，开场滑出两个方向的 900 转体，最高腾空高度达到了 3.9 米。一套动作下来，裁判纷纷亮出超高分，95.25 分！谷爱凌的优势无可撼动。

　　第三轮比赛，只有凯西·夏普依旧有实力冲击一下 90 分，90.75 分，依然无法接近谷爱凌。而中国选手张可欣在努力挑战高难度动作时，在赛场上摔倒，久久没能站起。好在经过医疗人员入场救治后，她才得以起身离开。

　　当看到自己锁定金牌后，谷爱凌和教练拥抱在一起，全场观众也开始欢呼。随后，谷爱凌以一个简单动作完成了比赛。谷爱凌赛后解释，当时赛场的风对自己影响很大，张可欣摔倒也让她意识到要以安全为主，所以选择了一个简单动作收尾。

　　获得女子 U 型场地技巧比赛冠军后，谷爱凌以 2 金 1 银的成绩，成为第一个在一届冬奥会上收获 3 枚奖牌的自由式滑雪运动员,创造了新的纪录。

　　在颁发纪念品仪式上,谷爱凌头上戴着"冰墩墩"熊猫帽,高兴地说:"太骄傲了,比赛中克服压力、做到最好是我最大的目标,我做到了。"

　　谷爱凌同时希望能有更多女孩子投入到冰雪运动中去,她表示,很久以来,极限运动都是以男性选手为主。她现在实现了自己 15 岁时的梦想,证明女性也能驾驭这项运动,希望能让更多的年轻人,尤其是女孩子,从冰雪运动中找到快乐。

梦想·四朝元老不负韶华

在自由式滑雪空中技巧项目上,有3位征战四届冬奥会的老将,是他们勇于付出、不懈坚持,换来北京冬奥会2金1银的不俗战绩。

安慰

中国队在自由式滑雪空中技巧项目上一直有很强竞争力。

1997年,郭丹丹在世界杯自由式滑雪系列赛澳大利亚站比赛中,获得女子空中技巧冠军,这是中国滑雪史上第一个世界冠军。

1998年长野冬奥会,徐囡囡获得女子空中技巧亚军,这是中国选手在雪上项目的第一枚冬奥会奖牌。

2006年都灵冬奥会,中国选手在空中技巧项目迎来大丰收。在男子比赛中,韩晓鹏获得冠军,为中国队获得第一枚冬奥会雪上项目金牌。同时在女子项目中,李妮娜获得女子空中技巧亚军,也取得不俗战绩。

2010年温哥华冬奥会,3个不满20岁的中国新秀首次出战,分别是女选手徐梦桃和男选手贾宗洋、齐广璞。那一次,他们虽然都没能站上领奖台,但大家相信,经过大赛洗礼后,他们会迅速成长起来。

然而,2014年索契冬奥会和2018年平昌冬奥会,徐梦桃、贾宗洋等人虽然多次站上领奖台,却始终与金牌无缘。北京冬奥会,徐梦桃、贾宗洋、齐广璞第四次踏上了追逐奥运金牌的旅程。

北京冬奥会,自由式滑雪空中技巧项目新增了混合团体项目,参赛队伍为1名女选手与2名男选手,中国队派出了徐梦桃、贾宗洋和齐广璞3位四朝元老。

2月10日，空中技巧混合团体决赛举行。在决赛第一轮，3位选手发挥出色，尤其是贾宗洋跳出了124.78分的高分，中国队以336.89分的高分晋级决赛第二轮。

在决赛中，中国队的主要对手是美国队。美国队在女选手失误的情况下，第二名出场的男选手克里斯托弗·利利斯跳出难度系数5.000的动作，这是男选手的最高难度，他一举成功，得到135.00的全场最高分。最终美国队获得338.34分，暂列第一。

中国队出场了，徐梦桃打头阵，106.03的高分非常出色。贾宗洋第二个出场，难度和第一轮一样，但他落地出现较大失误，仅获得96.02分，比第一轮少了近30分。齐广璞最后出场，122.17分，发挥出色，但中国队324.22分的总分已无力追上美国队，最终获得银牌。

赛后，出现失误的贾宗洋泪流满面，连连说对不起。这位为奥运金牌梦想而拼搏的老将，曾因伤在双腿中植入22颗钢钉，被称为"钢铁侠"。回想4年的努力，贾宗洋哽咽着说，对不起队友，对不起教练，对不起……贾宗洋决赛第二轮，跳的是自己最有把握的动作，每一天都在练习，曾无数次成功落地。贾宗洋也搞不清，为何决赛中偏偏失误了。

同样渴望金牌的徐梦桃紧紧拥抱贾宗洋，虽然她也非常想站上最高领奖台，但此时她只想给队友最好的安慰，齐广璞也走了上来，三人紧抱在一起。三个有梦想的人，彼此安慰对方，不顾自己身上、心里也都是满满的伤痕。

热泪

想夺冠的内心，徐梦桃不比任何人差。

徐梦桃1990年7月12日出生于辽宁省鞍山市，她的姨姥姥是著名评书表演艺术家刘兰芳。刘兰芳给孩子取名"梦桃"，是祝福她快乐、幸福地成长。

2013年，徐梦桃在自由式滑雪空中技巧世界杯和世锦赛中，先后获得女子冠军。2014年索契冬奥会，徐梦桃是夺冠最大热门之一，但在决赛中她的动作出现瑕疵，最终获得亚军。

2016年冬运会，徐梦桃在比赛中受伤，此后接受了左膝前交叉韧带重建手术，切除了左膝外侧60%的半月板。

　　2018 年平昌冬奥会，徐梦桃带着腿里植入的钢钉，发出"不夺冠就退役"的誓言。然而，命运又一次开了玩笑，这一次，徐梦桃没能进入决赛。赛后，徐梦桃泪流满面，27 岁的姑娘，真的要退役吗？退役，徐梦桃并不甘心，可是要再坚持 4 年，那又是充满煎熬的 1400 多个日夜……

　　平昌奥运会后，徐梦桃又一次进行了手术，切除了左膝内侧 60% 的半月板。康复之后，徐梦桃义无反顾投入到北京冬奥会备战中去，无论冬夏，她日复一日刻苦训练，为的就是实现心中的梦想。

　　2022 年 2 月 14 日下午，女子空中技巧资格赛第一轮举行，徐梦桃第一跳就获得 101.10 的高分，排在第三位，这意味着她可以直接晋级决赛第一轮，而不用再去比资格赛第二轮。

　　几个小时后，女子空中技巧的决赛开始，比赛分两轮，其中第一轮进行两跳，取最好一跳成绩进行排名，前六名进入第二轮。第二轮只有一次比赛机会，需要每个选手拿出最好的竞技状态来较量。

　　第一跳，徐梦桃选了难度系数为 4.293 的动作，这是女选手能达到的最高难度，103.89 分，她排名第二。由于出发顺序是按照预赛晋级名次倒序进行，徐梦桃在第二跳之前已确保晋级，因此她选择免跳。美国选手阿什莉·考德威尔以 105.60 的成绩排名第一。

　　决赛第二轮，徐梦桃倒数第二个出发，依然是 4.293 的最高难度动作，起跳、空中转体、落地一气呵成，108.61 分！这是徐梦桃在北京冬奥会混合团体赛和女子比赛中 5 次跳跃的最高得分。这个分数也在已完成比赛选手中列第一位。

　　最后一个出发的是阿什莉·考德威尔，但她挑战 4.293 这一难度失败，最终获得 83.71 分。这意味着徐梦桃经历四届冬奥会的拼搏，终于实现梦想，为中国队获得史上第一枚冬奥会自由式滑雪女子空中技巧金牌。

　　梦想成真那一刻，也许是因为等了太久，徐梦桃不敢相信眼前这一切是真的，反复在确认："是我吗？我是第一吗？"因紧张，她的声音都开始发抖，在得到确定答案后，徐梦桃瞬间泪流满面。

　　阿什莉·考德威尔走了上去，与徐梦桃紧紧抱在一起，祝贺她在家乡赢得了奥运冠军。阿什莉·考德威尔表示真心佩服徐梦桃，看到徐梦桃能获得这样的成就，她也落泪了。

　　随后，徐梦桃眼含热泪、身披国旗，向观众致意，她感慨说："这么多年我太难了，努力可能会迟到，但不会白费！"

难度

　　徐梦桃实现梦想后,她在混合团体赛中的队友贾宗洋、齐广璞也向着自己的梦想进发。

　　贾宗洋1991年3月1日出生于辽宁省抚顺市,在过去的三届冬奥会上,他从第六名到铜牌再到银牌,一次比一次成绩更好。北京冬奥会男子空中技巧比赛,是他第四次冲击这个项目的金牌。

　　队友齐广璞1990年10月20日出生于江苏省徐州市, 和中国滑雪冬奥首金得主韩晓鹏同乡。齐广璞也是第四次征战冬奥会,不过在前三届赛事上,他从未站上过领奖台。这并不意味着他没有竞争力。相反的是,齐广璞是世界上第一个在比赛中征服5.000难度的选手。

　　2009年,白俄罗斯选手安东在世锦赛上使出了直体翻腾三周、转体五周的动作,难度系数高达5.000,他虽然最终没能成功,却让对手们感受到压力。

　　此后,中国选手也开始研究这一动作,齐广璞是第一个吃螃蟹的人。经过4年时间一点一点琢磨,齐广璞终于"通关",在2013年世锦赛上成功完成这一动作,以138分的高分夺冠。在此后的比赛中,齐广璞多次完成这一动作,成为世界难度之王。但很遗憾,在几次冬奥会上,齐广璞都与领奖台无缘。

　　在2月15日举行的男子空中技巧资格赛第一轮比赛中, 齐广璞和贾宗洋分列前两位,直接晋级2月16日晚的决赛第一轮。

　　参加决赛第一轮比赛的有12名选手,经过两跳后,成绩最好的前六名晋级决赛第二轮。男子比赛竞争异常激烈,两跳过后,第一名为129分,第六名为123.53分,差距居然不到5.5分。齐广璞以125.22分名列第四,晋级决赛第二轮。贾宗洋非常遗憾,他以0.08分之差排名第七位,无缘晋级。

　　在决赛第二轮,选手们都提高了动作难度,前五位选手都选择跳5.000难度的动作。在前两名选手都有失误的情况下,齐广璞出场了,一气呵成的动作,稳稳落地的表现,让裁判给出了129分的高分,暂列第一。看到这一成绩,在场边的贾宗洋拼命给队友鼓掌,以示鼓励。

　　又有两名选手出场了,都有瑕疵,得分均不理想。最后一个出场的选手则降低了难度,得分也失去了竞争力。最终,齐广璞以129分的成绩,获得男子空中技巧冠军,这是中国队时隔 16 年后再次获得这个项目金牌。

得知自己夺冠的消息,齐广璞眼泪止不住流下来,这四年,他太不容易了。2019 年 3 月,齐广璞女儿出生,他回家陪伴妻女。孩子满月后,齐广璞在国家队召唤下回归,带着对妻女的思念,备战北京冬奥会,把家里都留给妻子照应。

尽管最近很少做最高难度动作,但齐广璞决定在最后一跳还是拼一把,"必须去拼,只有拼才有机会。"

决赛五人冲击 5.000,只有齐广璞一个人成功了,这证明他依然是空中技巧难度之王。齐广璞身披国旗激动地说:"今天,有了天时地利人和,才有成功,感谢祖国、感谢团队!"

传承·冰上尖刀永恒主题

在冰上项目,中国队一直有较强竞争力,无论是短道速滑,还是速度滑冰、花样滑冰,传承是不变的话题。

短道

短道速滑项目之所以有个标志性的短道称呼,是和速度滑冰相比的,它的场地一圈为 111.12 米,比速度滑冰的 400 米要短得多,因此它被称为"短道",相应地,速度滑冰有时也会被称为"大道"。

短道速滑项目是中国队的强项,在每一届冬奥会上,中国短道队都肩负着为中国队夺取首金的重任,北京冬奥会也不例外。

2022 年 2 月 5 日是北京冬奥会正式开赛的第一天,晚 9 时 30 分举行的短道速滑混合团体接力项目,是中国队第一个夺金点。为中国队取得开门红,是他们责无旁贷的重任。

在中国队的上场阵容中,武大靖、范可新都是第三次参加冬奥会了。武大靖刚进入国家队的时候,给女队员当陪练,这是中国短道队的传统。年轻男队员给女队员当陪练,对双方的成长都非常有帮助。几年磨炼下来,武大靖成长迅速,2014 年索契冬奥会获得男子 500 米银牌,2018 年平昌冬奥会获得男子 500 米金牌,取得不俗战绩。

武大靖当陪练时,场上的女选手就有范可新。范可新是七台河人,杨扬、王濛的同乡,也是她们的小师妹。在 2014 年索契冬奥会上,她获得女子 1000 米银牌。北京冬奥会,范可新渴望成为第三个来自七台河的冬奥会冠军。

和他们并肩作战的,还是第二次参加冬奥会的任子威和曲春雨,经过 2018 年平昌冬奥会的洗礼,他们已成长为队中的核心力量。年轻的张雨婷则第一次参加冬奥会,是中国短道速滑的新生力量和未来。

比赛略显波折,四分之一决赛,中国队四位经验丰富的选手轻松以第一的成绩晋级。半决赛,张雨婷替换老将范可新,让师姐保存体力全力准备决赛。因对手干扰,中国队第三个冲过终点。经过漫长等待后,裁判认定对手犯规,中国队晋级决赛。

在决赛上,中国队继续派出四分之一决赛的参赛阵容:一棒范可新、二棒曲春雨、三棒任子威、四棒武大靖。在比赛中,范可新发挥了老将经验丰富的特点,守住自己的位置,曲春雨和任子威则利用年轻力壮的优势,反超对手到第一位并扩大优势。最终武大靖在冲刺时奋力一搏,抢在对手之前冲线,帮中国队获得北京冬奥会第一金。

赛后,武大靖和范可新两位老将都哽咽落泪,而曲春雨和任子威则开心得笑了,对于胜利,四名选手都不约而同归功于团队的力量。

短道速滑队的故事还没有结束,两天之后,任子威与刚刚 21 岁的新秀李文龙包揽男子 1000 米比赛的前两名。作为年轻选手,李文龙正沿着武大靖、任子威的轨迹前行,短道速滑队的未来可期。

2 月 13 日,中国女队获得女子 3000 米接力铜牌,这是短道速滑队贡献的第四枚奖牌。赛后,范可新跪在地上亲吻冰面,这一幕感动了无数冰迷。

大道

在速度滑冰项目上,中国选手一直在追逐奥运金牌的道路上不懈努力,过程也非常曲折。

1963 年,罗致焕夺得速度滑冰世界冠军,这也是我国在冬季项目上第一个世界冠军。

1980 年, 中国首次登上冬奥会的舞台之后, 速度滑冰运动员一度成为 "尖兵",是突破冬奥会"零"金牌的拳头项目。1992 年阿尔贝维尔冬奥会,名将叶乔波获得速度滑冰女子 1000 米银牌,中国冬奥军团第一次获得冬奥会奖牌。

此后,一代又一代速度滑冰选手在前人的帮助下取得优异成绩,但始终与金牌无缘。2014 年索契冬奥会上,经过几代选手的努力,张虹取得突破,她在 2014

年索契冬奥会上获得速度滑冰女子1000米金牌，为中国队夺得速度滑冰冬奥会首金。

2018年平昌冬奥会，中国男选手也不甘示弱，向金牌发起冲击，20岁的黑龙江小伙高亭宇获得男子500米铜牌，并立志要在北京冬奥会上夺取金牌。

速度滑冰比赛项目非常多，一共有14枚金牌，是冬奥会第一大项，堪称是冬季赛场的"田径"比赛，其中500米比赛距离最短，竞争也最激烈。

2022年2月12日下午，北京冬奥会速度滑冰男子500米决赛进行。比赛为每两名选手一组，一共有15组，高亭宇被分在第七组。巧合的是，8年前，张虹也是在第七组出发并最终夺冠。

速度滑冰比赛并不止和同组对手比，还要和那个看不到摸不着的最好成绩比，而实力越强的选手出发得越晚，因此场上选手只能按照自己的节奏尽快滑行。

在前100米，高亭宇滑出9.42秒的成绩，非常出色。此后，他大幅领先同组选手，最终以34.32秒的成绩夺冠，打破了34.41秒的奥运纪录。

看到自己创造了新的奥运纪录后，高亭宇并不高兴，反而觉得怎么才超越0.09秒。他在赛前，给自己定下的目标是34.10秒。

此后是漫长的等待，在接下来的七组比赛中，没有一名选手能超越高亭宇，这意味着中国队已确定收获1枚奖牌，观众席沸腾了。大家焦急地等待最后一组比赛进行。当最后一组选手冲过终点线后，高亭宇依然高居榜首，金牌！观众席掌声雷动。

看到这一幕，年过八旬的老冠军罗致焕动情地说："这是中国体育代表团分量最重的一块金牌！相当于赢得田径场上'百米飞人'大战！"

夺冠后，高亭宇也非常兴奋，他仰天长啸，然后高举国旗环绕全场，向观众兴奋地大喊。在颁奖仪式上，高亭宇一跃跳上最高领奖台，兴奋地挥拳庆祝。

作为颁奖嘉宾，张虹为师弟高亭宇进行颁奖。合影时，两代速度滑冰冠军都笑得很开心。

花滑

在北京冬奥会前，中国花样滑冰队一共夺取过8枚冬奥会奖牌。其中，女单选手陈露获得2枚铜牌，其余6枚奖牌均来自于双人滑。

2002年美国盐湖城冬奥会，申雪/赵宏博率先在双人滑上取得突破，获得铜牌。此后,中国选手在双人滑项目上一直保持竞争力。2010 年温哥华冬奥会,申雪/赵宏博获得双人滑冠军,为中国队首次取得冬奥会花样滑冰金牌。

2022 年,已转身为教练的赵宏博,带领弟子隋文静/韩聪征战北京冬奥会。

在北京冬奥会上,隋文静/韩聪组合是整个中国队最早登场的选手之一。2 月 4 日下午,北京冬奥会尚未开幕,两人就征战了花样滑冰团体赛双人短节目的比赛。两人又是整个中国队最晚登场的选手之一,直到北京冬奥会闭幕前一晚,才进行双人滑自由滑的比赛。

这十几天,等得隋文静心急,她几度落泪。教练也一直安慰她,帮她稳定情绪。

隋文静 1995 年出生于黑龙江省哈尔滨市,和韩聪是老乡,比他小 3 岁。有意思的是,隋文静和韩聪都是看了 2002 年冬奥会申雪/赵宏博的比赛后,喜欢上花样滑冰。

2007 年,隋文静和韩聪开始搭档,但一开始因为自身条件的限制,前途不被人看好。2009 年下半年,14 岁的隋文静和 17 岁的韩聪刚一亮相国际赛场就表现优异,他们在两站国际滑联青年组中都以较大优势夺冠。

然而,因伤病的影响,隋文静/韩聪的花滑之路并不平坦。错过 2014 年索契冬奥会后,隋文静/韩聪在 2015 年和 2016 年世锦赛上均获得银牌。但 2016 年 5 月,隋文静因伤几个月上不了冰场。那年夏天,韩聪在一次表演中,上演了一场一个人的双人滑,甚至还作了托举动作,一个没有同伴的托举动作。表演后,韩聪把隋文静推上冰场,观众们掌声雷动,很多人眼里都含着泪花。

2017 年世锦赛,隋文静/韩聪夺冠,这是两人的第一个世界冠军。2018 年平昌冬奥会,隋文静/韩聪以 0.43 分之差,痛失金牌,隋文静泪洒赛场。

备战北京冬奥会期间,隋文静和韩聪先后出现伤病,但他们始终加紧训练,没有丝毫放松。2020 年 4 月,韩聪进行髋关节手术,在漫长的康复过程中,隋文静为了寻找比赛感觉,甚至拉主教练赵宏博代替韩聪练习托举。

2022 年 2 月 18 日,隋文静/韩聪在北京冬奥会双人滑短节目中,获得 84.41 分的高分,以第一的成绩进入自由滑阶段。三对俄罗斯组合紧随其后,名列二到四名,比分咬得非常紧,其中塔拉索娃/莫洛佐夫仅落后隋文静/韩聪 0.16 分。想要取得金牌,隋文静/韩聪必须拿出最顶尖的技术动作。

自由滑比赛是按照短节目比赛晋级名次倒序出发,塔拉索娃/莫洛佐夫倒数第二组出场,自由滑 155.00 分,这个成绩高出隋文静/韩聪赛季最高分近 10 分。

一曲《忧愁河上的金桥》响起,隋文静/韩聪一开场就做出捻转四周动作,他俩是全场唯一做这个动作的选手。韩聪双手发力抛起隋文静,后者飞起后在空中旋转四周,韩聪稳稳接住,而后隋文静优美地落到冰面上。当比赛进入尾声,音乐声渐渐停止,四周掌声雷动,隋文静的眼泪已止不住流下来。

自由滑 155.47 分,隋文静/韩聪总分达到 239.88 分,以领先第二名塔拉索娃/莫洛佐夫 0.63 分的微弱优势夺冠,这是中国花样滑冰队史上第二枚冬奥会双人滑金牌。

在颁奖仪式上,韩聪托举隋文静上领奖台,又引来观众热烈的掌声。

第三部分

职业赛场

开拓体育新篇章

职业体育发展比现代奥运会要早,英格兰足球联赛 1888 年成立、温布尔登网球公开赛 1877 年创办,首次现代奥运会 1896 年在雅典举办。

奥运会举办初期,是和职业体育赛事划清界限的,只有业余选手才能参加奥运会。因此在 1924 年,职业比赛高度发达的网球赛事退出了奥运会。

1984 年洛杉矶奥运会后,奥运会对职业选手开放。1988 年,网球项目重返奥运会,德国名将、拥有大满贯单打冠军最多的选手格拉芙成为汉城奥运会网球女单冠军。1992 年巴塞罗那奥运会,篮球项目和足球项目均对职业选手开放,美国男篮由乔丹等巨星组成了梦之队,篮球比赛也成为奥运会最受欢迎的赛事之一。现任曼城队主教练瓜迪奥拉代表西班牙队登场,并最终与队友恩里克、阿贝拉多、费雷尔等人一起,夺得男足奥运冠军。

中国体育也开始探索职业化道路,1994 年,中国足球联赛开始职业化探索。随后,中国男子篮球联赛也进行职业化改革。

除了联赛职业化外,中国也开始引入职业化比赛。上海最早引入了网球公开赛,随后北京在 2004 年举办了中国网球公开赛。同样在 2004 年,上海第一次举办了 F1 赛事,赛车的轰鸣声吸引了大量车迷前往赛场观看。

2000 年后,高尔夫、斯诺克等大量职业体育赛事也进入中国,并推动了中国职业选手的发展。

丁俊晖成长源于中国斯诺克的大力发展,而他成长为世界一流球员后,又反过来带动中国球员走入职业化道路,如今有一批中国球员活跃在斯诺克职业赛场中。

在乒羽网赛场,网球是世界上职业化程度最高的项目之一,中国选手在网球赛事上屡屡取得突破。郑洁/晏紫在 2006 年澳网首次获得女双冠军,2011 年李娜获得法网女单冠军,均获得了阶段性突破。如今,中国又一批网球小花征战在网球职业赛场。乒乓球和羽毛球赛事也均在积极推进职业化,中国选手在一系列公开赛中成绩优异。

在拳击赛场,中国选手也有不俗表现。2012 年 11 月 24 日,中国选手熊朝忠战胜墨西哥选手马丁内斯,获得 WBC 迷你轻量级世界拳王金腰带,成为中国首位世界职业拳王。此后,邹市明、徐灿先后曾获取世界拳王金腰带。

在格斗赛场,中国女选手张伟丽在 2019 年 42 秒速胜巴西女选手安德拉德,夺得 UFC(终极格斗冠军赛)草量级世界金腰带,成为中国首个、也是亚洲首位 UFC 世界冠军。

在智力赛场,中国选手也有不俗的表现。1988 年,应氏杯与富士通杯先后创立,拉开了围棋国际职业化赛场大幕。中国选手马晓春在 1995 年先后获得东洋证券杯和富士通杯冠军,成为首个获得世界冠军的中国棋手。进入新世纪后,古力等"80 后"选手崛起,在职业赛场与韩国队形成对抗局面,多次问鼎世界赛事冠军。如今以柯洁为首的新时代棋手在国际大赛上依然有不俗表现,柯洁也以世界大赛八冠的成绩追平古力,成为中国围棋史上最年轻的八冠王。

中国围棋选手的主要对手来自日韩,中国国际象棋选手则要面对欧美选手进行突破。自谢军战胜格鲁吉亚选手齐布尔达尼泽后,中国棋手在国际象棋赛场依然有不俗表现,诸宸、许昱华先后获得国际象棋棋后头衔。在如今的国际象棋赛场,侯逸凡成为女子棋手第一人,丁立人等棋手则为男子世界棋王头衔而努力。

进入职业赛场后,中国体育选手的路越来越宽,不断有选手在各项目寻求突破,愿他们早日获取成功。

我来自中国，我代表中国

2005 年 4 月，18 岁的丁俊晖在中国公开赛上，一举战胜台球皇帝亨德利争得冠军。丁俊晖以一人之力改变了斯诺克运动，在他夺冠之后，有越来越多的斯诺克赛事在中国举行，也有越来越多的中国选手投身到斯诺克赛事中。

学球

斯诺克是个非常绅士的运动，不仅要求选手有很高的素养，对观众也有很高的要求。20 世纪 80 年代，美式台球比赛进入中国，大大小小的城市里，到处都有美式台球桌。随着台球在中国迅速普及，一种更为高雅、难度更高的台球比赛——斯诺克也引进了中国，传奇球星戴维斯、亨德利等选手成为家喻户晓的明星。

丁俊晖的父亲丁文钧也在这个时期迷上了打台球，丁俊晖在小学一年级第一次接触到台球。丁俊晖开始不断进行台球练习，每天放学后都会练上几个小时。等丁俊晖有一定台球基础后，又在丁文钧的指导下学习斯诺克。

有一次，丁俊晖发现，已经是周围小有名气的父亲居然在一次比赛中落后对手，前两盘都输了。第三盘，丁文钧虽然落后，但如果能把台面上所有球都打入袋中，依然有机会取胜。此时，丁文钧决定去一下洗手间，稳定一下心情。

在周围人的鼓励之下，丁俊晖拿起了球杆，走到球台面前瞄了瞄。对手很惊异地看着他，但没有阻止。当时红球已全部落袋，需要顺序把剩下的 6 颗彩色球打入袋中。丁俊晖先瞄准 2 分值的黄球，一个长距离的推杆，黄球脆生生落袋。

四周围观的人不禁发出惊叹，丁俊晖紧接着把 3 分值的绿球和 4 分值的咖啡球也打入袋中。丁文钧回来了，远远看着儿子打球，并没有出声。周围鸦雀无声，大家想看看丁俊晖能否把最后 3 个球打入袋中。

　　5分值的篮球和6分值的粉球相继落袋，台面上除了白色的母球，只剩下最后一颗7分值的黑球，但丁俊晖因为个子矮，没有办法出手击球。

　　按照斯诺克的规则，选手是不可以趴在球台上击球的。虽然对手微笑着同意丁俊晖趴上去，但丁俊晖不愿破坏规则，执意不肯。这时，丁文钧走上来，把他举起来，丁俊晖稳稳出杆把黑球打入袋中，反超比分，取得胜利。

　　那人走上前来，很有礼貌地和丁文钧握手，之后依次和丁俊晖握手。后来，丁俊晖知道对手是宜兴市当地有名的高手，而他因为战胜对手，在宜兴市名声大噪，大家都知道有个会打斯诺克的小神童。

　　10岁的时候，丁俊晖获得南京一个斯诺克比赛的冠军，这是他第一次夺冠，获得了1000元钱的奖金。

　　那时，丁俊晖能参加的比赛，还仅限于江苏省内或者全国少年级别的比赛。丁文钧考虑到，参加这些比赛并不能提高丁俊晖的技术水平，他需要更强对手的磨炼。

　　丁文钧决定把丁俊晖带到广东去，因为当时中国的斯诺克代表性选手基本都在广东，除了本地高手以外，也聚集了一批全国高水平选手。通过一本杂志，丁文钧联系上了国内顶尖球员蔡剑忠和李建斌，把丁俊晖带到广东省东莞市学习斯诺克。

　　一开始，全家的条件非常艰苦，住在8平方米的出租屋里，房间里又闷又热，夏天只能铺凉席打地铺。但值得欣慰的是，丁俊晖岁数虽然小，但打球的天赋非常高，在大家的帮助下，球技提高非常快。

　　丁俊晖学球的地方，经常有国内顶尖选手来打球，这些球员也很愿意与丁俊晖这个小不点切磋球技，并时不时传授一些打球的技巧。

　　蔡剑忠是当时全国排名前5的选手，经常会去找丁俊晖练球。打着打着，他有时会停下来，告诉丁俊晖刚才出杆时遇到的问题，不厌其烦地进行讲解。

　　有一次丁俊晖练球，一个本来不算难进的球，丁俊晖反复打了8次都没有打进，他不明白这么简单的事情，自己怎么就做不到了？想到这里，泪水唰的一下就涌出来。

　　丁文钧看到此处，告诉丁俊晖今天先不练了，然后把灯关掉。在黑暗中，丁文钧什么都没说，只是把丁俊晖搂在怀里，直到丁俊晖慢慢平静下来。第二天，丁俊晖重新摆好昨天的角度，又打了10次，10次球都应声落袋。

留学

2002 年，丁俊晖 15 岁，他迎来了收获的一年。

丁俊晖获得全国青少年台球锦标赛冠军。5 月份，丁俊晖代表中国出征亚洲锦标赛，成为最年轻的亚洲冠军。8 月底的世界青年锦标赛上，丁俊晖为中国赢得历史上第一个世界级台球比赛冠军。

10 月，亚运会在釜山进行。男子个人比赛一共有 32 个人，比赛采取淘汰赛制，这也意味着想夺冠，必须要 5 连胜。让很多成年选手始料不及的是，丁俊晖居然一路打入决赛。在决赛中，丁俊晖毫无心理负担，越打越好，最终战胜泰国选手，夺得单打冠军。这是中国选手第一次在亚运会上夺冠。在团体赛上，丁俊晖和队友合作获得亚军。

这一年，丁俊晖还参加了世界锦标赛，这是业余比赛中最高级别的赛事，也是通往职业比赛的敲门砖。

在 16 进 8 的比赛中，丁俊晖遇到了自己的老师、国内第一人庞卫国。在 9 局 5 胜制的比赛中，前 8 局两人战成 4 比 4 平。在决胜局，丁俊晖利用庞卫国的一次失误上手，但此时，他已落后很多，必须把球台上所有球都打进，才能逆转。

当球台上除了白球外，只剩 7 分值的黑球时，丁俊晖觉得有点紧张，他示意裁判擦拭一下白球。其实球并不脏，丁俊晖只是想拖延一下时间，平复一下心情。当白球擦完后，丁俊晖又要求擦拭黑球，这种举动在比赛中很少见。黑球擦完后，丁俊晖恢复了平静，一杆收掉黑球，获得比赛胜利。

赛后，庞卫国询问丁俊晖最后一个球怎么回事，当得知原委后，他笑着说："你真是人小鬼大。"

如果说广东是中国斯诺克高手云集之地的话，英国伦敦就是世界斯诺克高手云集之地。在成为职业选手之前，丁俊晖前往英国留学，在斯诺克的发源之地开辟自己的天地。

2003 年 1 月 31 日，是农历马年的最后一天，丁俊晖登上了飞往伦敦的班机，亲友们纷纷祝愿他"马到成功"。丁俊晖也在心里暗暗告诉自己："我要让那些斯诺克故乡的英国人认识我、领教我，我叫丁俊晖，我来自中国。"

到英国之后，一看见球台，丁俊晖马上就进入状态。在英国练球和在国内差不多,只是身边的球员大部分都是外国人。丁俊晖和很多人都曾在各种比赛中碰到过,因此也算是老相识。

每天上午 10 点,丁俊晖都会准时出现在练球房,一直打到下午 5 点再离开,中午只是简单吃一点水果和面包。在英国的丁俊晖,对吃、住都没什么要求,心里想到的只有打球。

虽然练球不是正式比赛,但丁俊晖只要站到球台面前,就兢兢业业,绝对不讲情面。丁俊晖认为,最终的胜利都是来自于平时的积累。"我是个中国人,我能打败他们,无论是对我自己,还是对我身后所有中国人,意义绝非一般。"丁俊晖说。

2004 年 4 月 1 日,丁俊晖迎来 17 岁生日,这是他在异国他乡第一次过生日。2002 年世锦赛冠军艾伯顿送给丁俊晖一本书作为生日礼物。在扉页,艾伯顿写道:"你比世界上的每个人都更加努力,付出多少一定会得到多少。如果你想赢得10 次世界冠军,你一定能做得到! "

2004 年温布利大师赛,丁俊晖凭借国际台联的外卡参赛。在决赛阶段,丁俊晖打入 16 强,与斯蒂芬·李争夺 8 强。丁俊晖在 5 比 2 的优势下,太想获得胜利,反而被对手翻盘。虽然最终输球,但丁俊晖认为这是他在成功路上必须要经历的坎儿,会让自己成长。

很快,丁俊晖在 18 岁生日之际,迎来第一个夺冠的机会。

冠军

2005 年 3 月,丁俊晖从伦敦飞回北京,备战中国公开赛。在当时,中国公开赛是英国本土之外举行的四大世界职业台球排位赛之一,赛事级别非常高,世界顶尖好手都参加了。

先后战胜马克·戴维斯和艾伯顿后,丁俊晖进入了第三轮,将和宾汉姆争夺 8 强。第一局和第二局,丁俊晖手感非常好,都取得了单杆过百的成绩。5 局过后,丁俊晖 4 比 1 领先,剩下 4 局中只要赢得任意一局都会晋级。

第七局,丁俊晖胜利在望的时候,却出现了一个低级失误,最终把胜利拱手让给对方。这是一局不该输掉的球。第八局,丁俊晖陷入苦战,被对手把总比分扳成4 比 4 平。在决胜局,丁俊晖从落后开始追分,当追到 41 比 47 时,台面只剩几颗彩球,只要全进就可以胜利,但如果失误,就会被淘汰。

丁俊晖击打 4 分值的咖啡球,在袋口,球碰了一下没有进。丁俊晖愣住了,他呆呆看着球台,这意味着他被淘汰了。这时咖啡球缓缓向前滚,居然落进了另外一侧的球袋里。关键时刻,丁俊晖得到了幸运女神的青睐,赢得了胜利。

先后战胜傅家俊和达赫迪后,丁俊晖闯入决赛,将对阵"台球皇帝"亨德利。亨德利是斯诺克界最富有传奇色彩的选手之一,他 7 次获得世界冠军。1990 年,21 岁的亨德利第一次获得世锦赛冠军,这时丁俊晖还只有 3 岁。决赛的赛程也要艰苦得多,17 局 9 胜,比之前的比赛几乎要长出一倍。

下午的 8 局比赛,丁俊晖在 1 比 4 落后时,连赢 3 局,把比分扳成 4 比 4 平。晚间的比赛,成为丁俊晖一个人的表演,连续进攻得手,把比分拉大到 8 比 5,只要再赢一局就将获得胜利。

在第 14 局,丁俊晖丝毫没有手软,单杆打出 106 分的成绩,以 109 比 0 获取胜利,也成为中国第一个获得排位赛冠军的选手。

作为中国人,能在北京获得冠军,丁俊晖感到非常骄傲和自豪:"因为,我为中国赢得了荣誉。"

首次夺冠后,丁俊晖开启了在斯诺克舞台上的成功之路,先后获得了英国锦标赛、温布利大师赛、威尔士公开赛等比赛冠军。截止 2021 年底,丁俊晖已获得 14 个排位赛冠军,并在 2014 年底首次排名世界第一。

丁俊晖也带动了斯诺克在中国的发展,在他影响下,有越来越多的人拿起球杆参与比赛。如今,中国已占据世界斯诺克赛事版图的半壁江山。

中国女性的力量

张伟丽做过幼儿园老师、前台、健身房教练等很多职业,但她割舍不下格斗比赛,最终仍回到了格斗场。

兼职

张伟丽出生于河北省邯郸市一个煤矿工人家庭。她从小活泼好动,非常有体育天赋,上小学时,张伟丽在学校的田径队中表现出色,为将来从事职业体育赛事打下了良好的基础。

从小张伟丽就很想学习武术,8 岁时,她曾央求母亲去武校学习。但当时因为年纪还小,而且学武术太辛苦,因此没有答应。张伟丽 12 岁的时候,因亲戚的劝说,她被母亲送到武校学习散打。

刚到武校的时候,张伟丽并不太适应,再加上常被比自己大的孩子欺负,张伟丽常常会想家。后来武校换了老师,要求很严格,也加强了纪律。张伟丽显示出良好的天赋,在老师的指导下,进步很快。14 岁的时候,她获得了河北省散打冠军。

张伟丽在训练的时候很用功,这让她的成绩突飞猛进,但也给她带来很多伤病。看到女儿身体出现问题,张伟丽的父母很担心,因此劝她退役。张伟丽最终听从父母的建议,离开散打队。

进入社会中后,张伟丽先后做过很多职业,比如幼儿园老师、宾馆服务员、健身房教练等。因为割舍不下对体育的热爱,张伟丽一边工作,一边还在坚持训练。每天工作之余的时间,她常常用来做一些基础性的训练,以保持自己的状态。

工作几年之后,张伟丽扩大了社交圈子,也认识了一些格斗方面的选手,经常向他们学习和交流。2012 年,张伟丽开始学习巴西柔术,因为觉得自己耽误了好几年时间,因此张伟丽练得格外努力,她想把失去的时间追回来。

2013 年,23 岁的张伟丽迎来人生首场 MMA(综合格斗)比赛。当时她练习巴西柔术才没几个月。比赛前两天,张伟丽才被人告知有这么一个赛事,希望她能去参赛。张伟丽当时还是健身房教练,于是请了假,作为业余选手去比赛。

那次比赛,张伟丽至今都有点糊涂。明明说好要打 56 公斤级的比赛,但称重后,却又让她去打了 60 公斤级。本来说好打三局的赛事,却打了两局就结束了,然后裁判就判对手赢了。

这是张伟丽职业生涯的首场败绩,也是她在 MMA 比赛中唯一一场败绩。张伟丽觉得很搞笑,自己当时明明是业余的,结果最终却算到了职业战绩里去,她显得很无奈。

这场比赛失利后,张伟丽开始反思,觉得自己一边工作一边训练,精力、体力都不够,不足以支持她参加职业比赛。经过慎重思考后,张伟丽辞去了健身房的工作。

辞去工作后,张伟丽开始专业的 MMA 训练。全身心投入训练后,张伟丽开始取得一连串的成绩,多次在比赛中战胜对手,开始崭露头角。

张伟丽介绍,她在训练中,会把中国传统武术的精髓带入到自己的比赛中去,把中国武术的博大精深发扬光大。张伟丽不认为格斗运动暴力,表示这是一个非常热血的运动,其中包含着大量的智慧。在比赛中,并非力量强就能解决所有问题,张伟丽喜欢用脑来打拳,她享受这样的过程。

格斗

在 MMA 比赛中展示实力后,张伟丽在 2018 年 5 月与 UFC(终极格斗冠军赛)签约。

2018 年 8 月 5 日,张伟丽在美国洛杉矶开始自己的 UFC 首秀。由于签证问题,张伟丽的教练无法陪同她一起前往美国,因此到了美国后,张伟丽只能孤身一人备战,进行赛前准备。

在比赛中,张伟丽对阵的是美国本土选手丹尼尔·泰勒。在比赛中,张伟丽严密防守,并利用腿法优势频频给对手施压。最终三局过后,3 名裁判一致判张伟丽以 29 比 28 获胜。

11 月 24 日，张伟丽在北京迎战墨西哥老将杰西卡·安吉拉尔，对方是一名地面巴西柔术高手。在比赛中，张伟丽扬长避短，一直在后撤着空出距离。在比赛中，张伟丽的出拳精准，连续击中对手的面部。最终裁判判定张伟丽以 3 比 0 获胜。

在主场比赛，张伟丽感觉非常兴奋，她认为这次比赛才真正表现了自己。赛后，张伟丽感谢了从各地来看比赛的支持者，感谢大家对中国力量的支持。

这场比赛展现出张伟丽良好的能力和技巧，也引起了更多注意。3 天以后，张伟丽就接到 UFC 电话，让她对阵排名世界前十的选手特西娅·托雷斯。

2019 年 3 月 3 日，张伟丽战胜了世界排名第七的托雷斯，成为史上第一位击败官方排名榜内选手的中国运动员，并把自己的排名提升到世界前十。这场胜利，让张伟丽得到了挑战 UFC 女子草量级冠军、巴西女选手杰西卡·安德拉德的机会。如果获胜，她将成为首个获得 UFC 金腰带的中国选手。

2019 年 8 月 31 日，比赛在深圳进行。在赛前采访时，安德拉德表示，她研究过张伟丽的招数，并对其了如指掌。安德拉德称教练团队已经帮她制定了很多措施来应对张伟丽的技术。"除非她使出之前从来没有用过的招数，但那时我也会有应对的办法。"

但让安德拉德没想到的是，张伟丽果然采用了新战术。赛前，张伟丽的教练团队针对安德拉德的特性进行研究，认为对手是从大两个级别的体重降下来的，力量非常恐怖，因此不能和她比力量。此外，教练团队告诉张伟丽，在比赛中不能跑，越跑对手打得会更顺手。

张伟丽在比赛中往前压对手，这一压让安德拉德非常不舒服，因为从来没有人压过她。比赛进入了张伟丽的节奏，经过一轮暴风骤雨般袭击后，张伟丽仅用 42 秒就 TKO（技术性击倒而获胜）对手，首次获得 UFC 金腰带。

张伟丽说，她参加 UFC 就是要来拿冠军的，要让世界看到中国女性、亚洲女性的力量，她成功实现了自己的诺言。

自古英雄出少年

2015 年 1 月，17 岁的柯洁在第二届百灵杯世界围棋公开赛的决赛中，战胜邱峻九段，获得世界冠军，并直升为九段。2017 年，柯洁作为世界围棋排名第一的选手，应战 AI 软件阿尔法围棋。

落子

与中国古代围棋相比，现代中国围棋少年英雄辈出。老一辈棋手中，陈祖德、吴淞笙和聂卫平均是少年成名。新一代棋手中，古力作为聂卫平弟子，19 岁就获得了全国冠军，此后他在世界大赛中 8 次夺冠，成为世界棋手的佼佼者。柯洁也是中国围棋年少成名的代表人物之一。

柯洁 1997 年出生于浙江丽水，他的父亲是一名围棋爱好者，经常和棋友对弈。柯洁从小兴趣广泛，上过很多兴趣班，练过游泳、篮球。柯洁下棋时非常专注，也很自信。为了能让柯洁学好围棋，他的父亲请来当地高水平教练来辅导。学棋一年后，柯洁获得丽水市同年龄组冠军。

柯洁 8 岁的时候，跟随父亲来到位于北京的聂卫平道场学习。这是由中国著名功勋棋手聂卫平创办的围棋学校，是职业棋手的摇篮，很多孩子在这里学习后，通过了定段赛，走上了职业棋手的道路。定段赛是职业棋手的必由之路，只有在一定岁数前获得初段，才能走上职业道路。

当时聂卫平道场的孩子，普遍比柯洁岁数都要大。而且想进入聂卫平道场，需要有业余 3 段以上的水平，当时柯洁没有该段位的资格证书。于是道场破例找了个孩子与柯洁对弈，柯洁取得两连胜，因此留了下来。

学棋的时候,柯洁每天早上 6 点多起来,就一个人在房间里做围棋的题目。大家看到他自觉的样子,都认为他将来一定会有出息。

2007 年 8 月,柯洁在全国少年儿童围棋锦标赛上首次夺得个人全国冠军,并因此获得了进军当年世界青少年围棋锦标赛的资格。

2008 年 7 月,即将年满 11 岁的柯洁在定段赛中 9 胜 4 负,排名第 17 位,最终凭借年龄小的优势惊险定段成功。这虽然不是中国围棋史上最年少升段纪录,但也超越了绝大多数棋手。

然而,想要走职业化道路,定段只是开始,而不是终点。一旦定段成功,成为一名职业初段后,另一扇大门就打开了。在这里,柯洁面对的,都是职业棋手,仅仅在中国,九段棋手就有三十多位,另外还有大量年轻的棋手,无论段位还是等级分,远比刚入门的柯洁要高。屡战屡败后,柯洁一度很迷茫,他和家人定了三年之约,如果在三年时间里下不出来,他就回去上学。

天才不会被埋没,柯洁迎来了曙光。2011 年的围棋甲级联赛,14 岁的柯洁首次出战,6 胜 10 负的战绩让人眼前一亮。尽管还是负多胜少,但毕竟他要和很多成年棋手对弈。同样在 2011 年,柯洁在国家少年围棋队选拔赛中夺得第一名。此后,柯洁获得第 28 届应氏杯世界青少年围棋锦标赛参赛资格,并最终获得青年组冠军。

在 2012 年围棋甲级联赛上,柯洁的棋力和成绩明显上涨,他获得 9 胜 8 负的成绩,并升到四段。

天元

2013 年,柯洁在围棋甲级联赛中的战绩又提升了一个层次,他出战 21 次,获得了 15 胜 6 负的成绩。值得一提的是,他在比赛中 9 次作为队中的主将,取得了 7 胜 2 负的不俗战绩。

在围棋甲级联赛中,主将的战绩至关重要,主将是队中棋力最强的棋手,每轮比赛,主将都要和对方主将对决。如果两队四名棋手战成 2 比 2 平的时候,主将获胜的棋队将获得胜利。柯洁在小小年纪能成为棋队的主将,体现了他的棋力和大局观。柯洁也因此获得该赛季的最佳新秀奖。

2014 年,柯洁走上了棋力上升的快车道。在联赛中,他 18 胜 2 负,帮大连队获得冠军,个人获得最有价值棋手称号。在国内赛场,柯洁战胜另一位新星唐韦星，获得阿含桐山杯中国围棋快棋公开赛冠军，这是他职业生涯的第一个冠军。2014年8月，柯洁的等级分升到世界排名第一。

同样在2014年，柯洁在第二届百灵杯世界围棋公开赛上，在八强赛和半决赛中，先后战胜韩国围棋一流选手崔哲翰和朴廷桓进入决赛。决赛中，柯洁与中国选手邱峻九段进行五番棋对决，并最终以3比2的成绩夺冠。赛后，柯洁按照中国棋院升段规则，以夺得世界冠军的战绩，从四段直接升到九段。

2015年12月，柯洁在三星火灾杯上2比0战胜中国棋手时越九段，成为年轻棋手中第一位两获世界冠军的棋手。

这一年，柯洁的奇迹还没结束，他在梦百合杯世界围棋公开赛半决赛上，2比0战胜韩国棋手朴永祥，将和韩国第一人李世石进行五番棋决战，角逐最后的冠军。

赛前，柯洁放出话来，说李世石夺冠的可能性仅有5%。这话引起韩国棋迷的不满。事后，柯洁解释，这是自己想在气势上压倒李世石，只是信心上的表示，实际在棋盘上，大家还是五五开的。

前四盘比赛，柯洁和李世石打成2比2平，在第五盘决胜局，在中盘（下棋阶段之一，分为布局、中盘和收官）的时候，柯洁曾一度以为自己要输，他当时想好，如果输棋，回来就剃光头，表示削发明志，这是棋手下决心的一种方式。好在最后柯洁赢下比赛，3比2获得胜利。

由于夺冠的时候，距离他首夺世界冠军尚不足一年时间，因此一年三冠的伟业也创造了围棋史上的一个神话。

2017年5月，柯洁以世界排名第一的身份，作为人类棋手代表，与人工智能阿尔法围棋进行三番棋对决，最终人工智能获得全胜。曾有一句话叫，想知道AI有多傻，就让它去下围棋。如今AI战胜人类最杰出的棋手，这具有划时代的意义。

到2022年初，柯洁已获得八个世界冠军，追平了古力的纪录，他还将为新的纪录而努力。

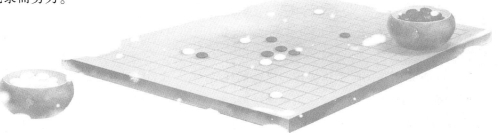

天才少女

2010年，16岁的江苏兴化姑娘侯逸凡在国际象棋世锦赛决赛中战胜队友阮露斐，成为国际象棋史上最年轻的棋后。

开局

侯逸凡身上的标签很多，她不仅是国际象棋史上最年轻的棋后，也在女棋手中世界排名第一，她还是深圳大学最年轻的正教授。

侯逸凡1994年出生于江苏省兴化市，那里是著名国际象棋之乡，出过很多有名的棋手。

侯逸凡5岁的时候，在少年宫接触到国际象棋，因为觉得棋子好看，她决定开始学棋。2001年，侯逸凡前往山东济南，拜著名教练童渊铭为师，进行系统性训练。刚去的时候，童渊铭为了测试侯逸凡的棋力，安排了几个棋院的孩子和她对战，结果侯逸凡击败了所有对手。这让童渊铭眼前一亮，觉得眼前这个孩子对国际象棋非常有灵感，断定她是个学棋的好苗子。

为了挖掘侯逸凡身上的潜力，童渊铭给侯逸凡下了不少功夫，常常对她开小灶进行专门指导。在教练的带动下，侯逸凡对国际象棋的变化有了更深的理解，棋力大增。

接下来则是国际象棋界传颂已久的佳话。有一次，中国国际象棋总教练、曾指导谢军夺得世界冠军的叶江川来到济南，与一些小棋手进行车轮战。这是一种一对多的比赛，叶江川将同时和几十个小朋友一起下棋，年幼的侯逸凡也在这群孩子当中。

叶江川发现,有一个小姑娘棋力很厉害,每一步棋都往他最难受的地方走,非常有韧劲和战斗力。于是,叶江川留意上了这名叫侯逸凡的女孩。当比赛接近尾声,局势基本是和棋,但侯逸凡却不甘心,她拒绝了叶江川提和的请求,这种斗志和不怯阵的劲头令人刮目相看。这场比赛没多久,侯逸凡就被调到国家队。

进入国家队后,侯逸凡显示出天才少女的实力。中国国际象棋标志性人物谢军曾夸赞她:"侯逸凡是为国际象棋而生的。"

2006年,侯逸凡开始代表中国国际象棋女队参加世界性成人比赛。

2006年6月,侯逸凡和队友一起获得第37届国际象棋奥林匹克赛女子团体第三名,她个人获得台次银牌。此外,侯逸凡还获得世锦赛中国区选拔第一名,成为有史以来参加世锦赛年龄最小的棋手。

2000年,国际棋联进行赛制改革,举办世锦赛,冠军将产生新的棋后,谢军是新赛制下的第一任棋后。

12岁的侯逸凡在比赛中先后战胜俄罗斯棋手大科辛采娃和乌克兰棋手茹科娃,进入到16强。但在第三轮比赛中,侯逸凡0比2不敌格鲁吉亚一名老将,被淘汰出局。

2007年1月,还不满13周岁的侯逸凡成为有史以来最年轻的国际象棋女子特级大师。

2008年,侯逸凡再一次冲击世界冠军头衔,这一次她在世锦赛半决赛中战胜印度选手科内鲁,进入决赛,与俄罗斯选手科斯坚纽克争夺冠军。在激战四局之后,侯逸凡以1.5比2.5落败。虽然与冠军无缘,但侯逸凡拿到了第三个国际象棋男子特级大师等级分,获得男子特级大师称号(实质上这个称号是特级大师,男、女都可以获得,因绝大部分头衔都被男棋手获得,因此被称为男子特级大师)。

赛后,14岁的侯逸凡主动伸手祝贺新任棋后科斯坚纽克,表现出少有的成熟,这一点被叶江川大为赞扬,认为她展示出良好的心态。

变招

2010年,侯逸凡第三次参加世锦赛。在比赛中,侯逸凡先后战胜了包含印度棋手科内鲁在内的诸多世界名将,与队友阮露斐会师决赛。在决赛的四盘棋中,侯逸凡与阮露斐战成2比2平,最终在加赛中3比1力克对手,成为史上最年轻的女子世界冠军。

2011 年，侯逸凡在国际象棋冠军对抗赛中，以 5.5 对 2.5 的悬殊比分战胜科内鲁，卫冕女子世界冠军，成为史上第一位 18 岁前两夺棋后的女选手。

虽然侯逸凡已经两次获得世界冠军，她却还没有成为女子第一人，这是因为排名女子世界第一的匈牙利棋手朱迪特·波尔加并不参加女子比赛。侯逸凡既没有直接战胜对手，等级分也没有超越。

2012 年 1 月底，侯逸凡参加了直布罗陀国际象棋公开赛，这是一项男女混合参加的比赛。侯逸凡在比赛中战胜了传奇女选手朱迪特·波尔加，终结了对手 20 年来对女棋手不败的神话。在这次比赛中，等级分 2605 的侯逸凡先后与七位等级分超过 2700 分的男棋手交手，取得其中四局比赛的胜利。最终，侯逸凡获得该比赛的亚军，上演了一场巾帼不让须眉的好戏。

2012 年，侯逸凡决定在一边下棋的情况下一边求学。九月份，侯逸凡成为北京大学国际关系学院一名新生。之所以会选择这个专业，侯逸凡是希望以后能够在国际舞台上为推广国际象棋多做一些贡献，并为其吸引更多资源。

在北大学习期间，侯逸凡并未放下棋艺。2013 年，侯逸凡在世界女子国际象棋冠军赛上，以四胜三和的成绩，5.5 分比 1.5 分击败乌克兰棋手乌什尼娜，第三次登上世界棋后的宝座。

2015 年，侯逸凡等级分超越朱迪特·波尔加，成为女子世界排名第一的棋手。这是自 1989 年以来首位集女子世界排名第一和女子世界冠军头衔于一身的棋手。

2016 年 3 月，侯逸凡在世界女子国际象棋冠军赛上以 6 比 3 的成绩，提前一轮战胜乌克兰棋手小穆兹丘克，第四次成为世界棋后。同时侯逸凡在北大的成绩也非常优异。2017 年底，侯逸凡获得全球竞争最激烈的奖学金之一——罗德奖学金。2018 年 8 月，侯逸凡以罗德学者身份进入牛津大学就读公共政策专业。侯逸凡表示，这个专业对自己未来的职业规划比较契合。在牛津大学，各种论坛讲座、学习和小组讨论也开拓了侯逸凡的眼界。侯逸凡表示，那些充满求知欲的人给她留下了深刻印象，而她自己也对生活怀有一颗好奇之心，愿意去探索不同的事情。

2020 年 6 月，侯逸凡成为深圳大学最年轻的正教授，为人生又打开新篇章。